비고츠키 선집 10

비고츠키 청소년 아동학 II

성애와 갈등

• 표지 그림

청소년이 지그재그로 흔들리는 다리를 통해 위험스러운 강을 위태롭게 건너는 모습을 보여 주고 있다. 이 책에서 비고츠키는 어린이가 성인으로 건너가기 위해 만들어진 청소년기라는 다리가 어떻게 하나가 아닌 세 개, 즉 일반 해부학적, 성적, 사회문화적 이행을 갖는지를 보여 준다. 비고츠키는 이 책에서 어린이가 성장이나 학습을 멈추는 순간이 아닌 재생산의 준비가 되는 계기인 성적 이행기에 초점을 두고 있다.

비고츠키 선집 10

비고츠키 청소년 아동학 II
성애와 갈등

초판 1쇄 인쇄 2019년 1월 11일
초판 1쇄 발행 2019년 1월 17일

지은이 L. S. 비고츠키
옮긴이 비고츠키 연구회
펴낸이 김승희
펴낸곳 도서출판 살림터

기획 정광일
편집 조현주
북디자인 꼬리별

인쇄·제본 (주)현문
종이 월드페이퍼(주)

주소 서울시 양천구 목동동로 293, 22층 2215-1호
전화 02-3141-6553
팩스 02-3141-6555
출판등록 2008년 3월 18일 제313-1990-12호
이메일 gwang80@hanmail.net
블로그 http://blog.naver.com/dkffk1020

ISBN 979-11-5930-086-8 93370

이 도서의 국립중앙도서관 출판예정도서목록(CIP)은
서지정보유통지원시스템 홈페이지(http://seoji.nl.go.kr)와
국가자료공동목록시스템(http://www.nl.go.kr/kolisnet)에서 이용하실 수 있습니다.
(CIP제어번호: CIP2019000795)

비고츠키 선집 10

비고츠키 청소년 아동학 Ⅱ

성애와 갈등

살림터

청소년기의 세 봉우리: 생물학적, 성적, 문화적 성숙 자유의지로의 인격 발달과 동의로의 성적 계몽

몇몇 부모나 교사, 심지어 청소년들조차 유년기로부터 성인에 이르는 이행적 시기를 폭발로 경험할 수 있다. 이 폭발은 환경에 의해 어느 정도 억눌려 왔던 성의 힘을 갑자기 발견하면서 일어난다. 여기서의 강조점은 환경적 제약을 약화할 것인가, 강화할 것인가에 있다. 또 어떤 이들은 이행적 시기를 유년기에 형성된 순진한 세계관의 처참한 붕괴로 본다. 이 붕괴는 청소년 자아의 기반 자체에 영향을 미치는 냉소주의, 회의론, 의심에 토대한다. 여기서의 강조점은 기초 지식과 신념 체계를 강화하고 자신감 구조를 섬세하게 다듬는 데 있다. 이 책에서 비고츠키는 미래에 확고한 주의를 기울이며 이제 막 시작하려고 하는 청소년기의 고된 생물학적, 성적, 사회문화적 등정을 설명한다.

비고츠키는 이 여정을 방대한 역사적 파노라마 속에 위치시킨다. 루소가 쓴 것처럼 청소년은 인공적 탄생이자 두 번째 탄생이다. 청소년기는 원시 인간이 다른 동물보다 이른 시기에 젖을 뗌으로써 유년기를 창조한 결정에 버금가는 역사적 중요성을 가진다. 음식을 생산할 준비가 되지 않았음에도 생물학적으로는 어른의 음식을 소비할 수 있는 어린이의 능력이 유년기를 가능하게 하고 필요하게 만들었듯이, 가족을 형성하고 사회와 문화를 재생산할 준비가 되지 않았음에도 음식 생산 및 생식 능력을 갖춘 10대에게는 청소년기가 나타나는 것이다. 이 여정의 경로는 자연적으로 발견될 수 없으며, 그 경로를 밟는 이들과 그 경로를 지나간 모든 이들에 의해 창조되어야 한다.

이와 같이 모든 세대는 개체발생적으로, 먼저 발달하고 나중에 이해하게 되는 생물발생적 발달 경로로부터 두 번째 경로인 먼저 이해한 다음 계획, 설계, 교육하는 사회발생적 경로로의 이행을 재창조한다. 우리의 두 번째 등정은 아직 여전히 더디고 위태롭다. 생물학적 출생으로 결정된 가족이라는 세계로부터 친구와 낯선 이들로 구성된 사회라는 세계로의 이행은 여전히 진행 중이다. 그러나 이 이행은 청소년기의 성장, 성적 성숙, 문화화라는 세 개의 별개 봉우리를 드러내는 부수적 효과를 가지고 있다. 동물의 경우 이 세 봉우리들은 하나의 봉우리처럼 보이며, 비고츠키에 따르면, 심지어 전근대적 인류의 경우에도 하나의 봉우리로 보였다.

비고츠키가 지적했듯이 청소년기를 탐험하는 이전의 시도들도 청소년기를 하나의 봉우리로 간주하려 했던 것처럼 보인다. 블론스키와 아랴모프와 같은 생물학적 아동학자들은 청소년기를 대체로 생물적 성숙으로 간주하였고, 슈프랑거와 같은 독일 낭만주의자들과 프로이트와 같은 정신분석학자들은 대체로 성애 또는 성적 성숙으로 간주하였으며, 레비-브륄과 투른발트와 같은 인류학자들은 문화화의 문제로 간주했다. 이 책의 5장에서 첫 번째 봉우리를 등정하고, 그래야 두 번째 봉우리의 모양이 가시적으로 드러나게 될 것이다. 생리적 설명 이후에, 6장과 7장에서 성 성숙 심리를 설명할 것이다. 그 이후에야 현대화가 수반하는 사회문화적 성숙이 점점 더 지연됨으로써 나타나는 지그재그 산길이 8장에서 명확히 드러난다. 이 탐험은 이후 출간 예정인 청소년기 아동학 3권과 4권에서 지속될 것이다.

이 책에 대한 비고츠키 스스로의 비판

비고츠키는 동료나 외국 학자들에 대한 비판에 그치지 않는다. 2018년 출판된 그의 공책에는 자신의 저서에서 발견되는 오류에 대한 지적이 광범위하게 기록되어 있다. 다음은 그중 일부이다.

NB!(Nota Bene!, 중요!-K) 청소년기(청소년기 아동학-K)의 세 가지 주요 오류들

(a) 세 부분, 즉 정서, 개념, 문화로의 성장은 올바르게 공식화되었다. 그러나 이들 사이에 연결이 없다—(정서로부터) 존재로부터 의식으로의 직접적인 이행. 개념 내에서 역동적-의미론적 연결과 체계 없음. Inde(이로부터-K) 의식으로부터 존재로의 역방향 이행(의지)의 연결도 없음.

(b) 두 번째와 세 번째, 즉 개념과 문화로의 성장 사이에 연결(의사소통으로부터 일반화) 없음. (a)에서와 마찬가지로 첫 번째와 두 번째 사이의 연결이 없음.

(c) 그러나 주요한 오류는 두 번째 부분, 개념 발달의 역사에 있다. [계속해서 연필로 씀] 매 단계(혼합적 전체, 복합체, 개념)에서 우리는 낱말-의미-대상의 관계를 새로 연구하면서 발달상 각 단계가 이전 단계의 일반화에 의존한다는, 즉 일반화의 일반화에(관념에 대한 관념에) 의존한다는 사실을 무시하였다. 즉, 새로운 일반화의 구조는 대상에 대한 일반화가 아니라 이전 단계(복합체)에서 일반화된 대상 일반화로부터 나타난다는 사실을 무시한 것이다. 개념 발달에서 진정한 자기-운동, 단계들 사이의 내적 연결이 없는 것은 이 때문이다. 우리는 이와 반대되는 비판

을 받아 왔다. 그들은 우리가 자기-발달을 주장한다고 비판하며, 매 단계를 외적 요인으로부터 추론해야 한다고 말한다. 사실, 자기-운동이 끝까지 나아가지는 않는다. 의사소통(인과 관계의 위치 변화)에 외적인 것(운동-K)이 있다. 이는 실험과 실험조건으로부터 기인한다. 개념은 다만 복합체 다음에 나타날 뿐, 복합체로 인해 나타나지 않았다(2018: 369).

세 번째 자기비판, 즉 비고츠키가 전 개념적 생각에서 발견한 복합체를 마치 그와 사하로프가 고안한 블록실험에서 복합체적 생각이 나타났듯이 너무 경험적으로 다루었다는 지적은 『생각과 말』 6장을 읽은 독자들에게 익숙할 것이다. 6장 마무리에 나타나는 자기비판에서 비고츠키는 자신과 사하로프가 첫 번째 일반화(연합 복합체)에 뒤이어 나타나는 일반화들이 사실상 이전 일반화에 대한 일반화라는 것을 적절히 제시하지 못했음을 말한다. 예컨대 수집체 복합체는 단순히 구체적 대상의 수집체가 아니라 연합 복합체의 수집체이며, 사슬 복합체는 수집체 복합체의 사슬이고, 여러 사슬 복잡체가 분산복합체로 확산됨을 제시되지 못했다는 것이다. 이러한 일반화의 일반화 과정은 어떻게 개념이 비개념으로부터 나타나는지 설명한다. 이 자기비판은 중요하다. 이는 개념 중심 교육과정을 부과함으로써 개념 형성이 어떻게 나타나는지를 설명하라는, 비고츠키에게 주어진 압박에 그가 어떻게 대응했는지 이해할 수 있게 해 준다. 또한 이는 청소년기 개념 형성을 위한 기반 작업이 초등학교에서 어떻게 다져지는지를 이해하는, 즉 근접발달영역 혹은 다음발달영역을 이해하는 열쇠가 된다. 그러나 이 세 번째 비판은 비고츠키 『청소년 아동학』 다음 책(3권)에서 주로 다룰 내용이다. 이 서문에서 우리는 이 책과 관련되고 나아가 이 책을 설명해 주는 첫 번째와 두 번째의 비판을 설명하고자 한다. 먼저, 비고츠키가 도출한 결론을 보며 이것이 오늘날 우리 성교육에 주는 함의가 무엇인지 살펴보자.

청소년기에는 세 개의 봉우리를 올라야 하므로 신형성 역시도 하나가 아닌 세 가지이다. 내분비계의 생물학적 성숙에 따라 호르몬의 커다란 변화를 경험하면서 청소년은 새롭고 낯선 감각과 느낌을 마주하여 완전히 새로운 태도와 감정을 발달시켜야 한다. 유년기에 발달시킨 큰 동작들과 일반화된 지각의 부적합성에 당면하여 청소년들은 완전히 새로운 개념적 구조를 세워야 한다. 이 개념적 구조는 수학, 도덕, 국어 등 핵심 교과 내 전 개념적 구조를 대체할 뿐 아니라 체육교육과 예술교육의 새로운 지식 형태(발레나 한국 전통무용과 같은 복잡한 규칙 기반 체계의 숙지, 수묵화와 같이 서필을 기반으로 한 회화 체계와 유화와 같이 외양 묘사를 기반으로 한 회화 체계의 숙지)도 포함한다. 비고츠키의 자기비판은 청소년에게서 일어나는 감정의 변화와 새로운 개념 형성의 변화 사이의 연결이 이 책에서 충분히 밝혀지지 않았다는 것이다. 『청소년 아동학』은 감정이 개념 형성에서 하나의 발달 노선으로 어떻게 기능하는지, 반대로 개념 형성은 감정 발달상 하나의 노선으로서 어떻게 기능하는지 보여 주지 못한다.

　그것은 이 책이 비고츠키가 소비에트식 행동주의(베흐테레프의 반사학)와는 단절했지만 생각과 말 사이 연결의 토대로서 '역동적-의미론적 연결'을 발견하기 이전에 쓰였기 때문이다. 이 연결은 청소년이 사용하는 낱말들의 의미의 변화와 그에 따른 낱말 의미의 실현을 위한 사고 패턴의 변화가 청소년의 인격 발달에 중추적이라는 것이다. 예컨대 '남자'와 '친구'라는 낱말이 어린이가 초등학교, 중학교를 거쳐 고등학교에 가면서 어떻게 '남자친구'라는 말로 발달하는지 생각해 보자. '남자친구'는 당연히 친구이기도 하지만, 거기에는 새로운 정서적 요소와 개념적 요소가 존재한다. 동시에 청소년 의식의 형성, 즉 청소년 인격의 형성 또한 이 역동적-의미론적 연결에 영향을 미친다. 그 역동적-의미론적 연결을 통해 정서와 개념 형성 양쪽에 영향을 미치는 것이다. 비고츠키에게 청소년의 윤리적 인격 형성은 그가 청소년의 '성 계몽'이라 부른 것에서 가장 중요한 개념이다. 자신의 자유의지 발달과 타인의 자유의지에 대한 인정은 아마도 우리의 실천적 성교육에서 가장 시급히 필요한 것이다. 그것이 비고츠키의 자기비판 (a)이다.

비고츠키의 자기비판 (b)는 이로부터 따라 나온다. 첫째, 비고츠키가 신형성들(정서, 개념, 문화로의 '내적 성장')의 산출에 대해 말하는 모든 것은 그것들을 이끄는 과정적 발달 노선에도 해당되어야 한다. 실제로 그 연결들이 '역동적-의미론적 연결'이 되어야 한다고 말함으로써 비고츠키는 이미 많은 것을 전제하고 있는 것이다. 그렇다면 이러한 역동적-의미론적 연결, 즉 낱말 의미와 사고 패턴 간 연결에서의 변화는 어떻게 일어나는가? 비고츠키는 주요 발달 노선이 이중적이라고 말한다. 그것은 사회적 의사소통(예컨대 남자친구, 여자친구, 선생님, 부모와의 대화)과 개인-내적 일반화(예컨대 경험이나 이야기 그리고 최초의 자전적 기억의 의미에 대한 숙고)이다. 둘째, 비고츠키가 정서와 개념 발달 간의 연결에 대해 말하는 것은 개념 발달과 문화화 간의 연결에도 적용된다. '남자'와 '친구'의 개념이 최소한 일생의 동반자가 될 수 있는 후보로서의 '남자친구'가 되듯이, '내가 커서 되고 싶은 것'을 둘러싼 욕망과 소망의 복합체는 하루아침에 변하는 듯 보인다. 유년기의 욕망의 복합체가 좋아하는 동물, 만화 캐릭터, 아이돌 가수와 같은 것이라면 청소년기에는 그것이 구속력을 가지게 되고, 지속적인 영향을 끼치기 때문에 더 이상 지체할 수 없는 실질적으로 중요한 일생의 결정이 된다.

일터에서의 비고츠키: 최선의 실천이 충분하지 않을 때

명시적이고 철저하고 때에 따라서는 장황하기도 한 학생 대상의 강의와 달리, 자신을 대상으로 한 비고츠키의 메모들은 생략적이고 격언적이어서 이해하기 어렵다. 그러나 자신의 『청소년 아동학』을 다시 생각하고 있던 바로 그 시기에, 비고츠키는 또한 돈스카야 병원에서 '문제 청소년들'을 대상으로 한 광범위한 임상적 연구를 수행하고 있었다. 따라서 이러한 이론적 고찰과 함께 그의 임상 기록을 읽는 것은 유익하다. 예컨대 약 11세 소녀 리올랴는 화장실에 갈 때마다 목소리가 들리는 정신병적 증상을 겪기 시작했다. 40세가량의 엄마는 최근 리올랴보다 고작 9살 많은 하숙생과 결혼했고, 이 소녀는 속옷 바람으로 뛰어다니면서 소년들이 자신을 괴롭힌다고 불평하는 등의 지나친 성적 행동을 보이는 것으로 보고되었다. 비고츠키의 기록에 의하면 이 소녀는 새아버지가 병이 났을 때 닭이 갓 낳은 따뜻한 달걀을 갖다 주는 등 자신의 새아버지를 매우 부드럽게 보살폈으며, 엄마가 근처에 있을 때만 새아버지를 시기하고 화를 내는 것처럼 보인다. 즉 이 소녀는 엄마의 관심을 새아버지와 나누어야만 하는 상황에서만 즉각적으로 반응하는 것으로 보인다. 비고츠키는 이 어린이가 정신분석학적 해석처럼 엄마를 시기하는 것이 아니라, 새아버지를 시기하는 것이라 결론 내린다. 이 소녀는 육체적인 '성욕'을 동반하지 않는 '성애', 즉 남자친구에 대한 정서적, 미적 관계를 갖는다.

반대로 라리사는 14세가 넘었지만, 비고츠키에 따르면 발달 연령은 대략 10세이다. 그러나 라리사는 고도적 성적인 환경(그녀의 엄마는 17번 임신을 했고 그중 14번을 유산했다)에서 자랐으며 7, 8세 무렵부터 자위를 시작했다. 비고츠키의 주된 관심은 라리사가 학교에서 낙제를 했으며 세 번 낙제하면 무조건 학교에서 쫓겨날 것이라는 말을 듣고 자살을 시도했다는 것이다. 그 직후 라리사는 학교를 떠났다가 다시 돌아왔고, 그녀의 학교 성적은 신기하게도 향상되었다. 비고츠키는 학교가 더 이상의 자살 시도를 막기 위해 그녀의 점수를 올렸다고 의심하면서 개인적으로 조사했으나 학교는 이를 부인하였다. 비고츠키는 그녀가 독립 의지를 발달시키는 데 실패했다고 결론짓는다. 라리사는 자매들이 자신을 잘 대해 줄 것이라 기대하면서 종종 그들의 덧신을 깨끗이 닦았고, 학교에서 자신의 남자친구를 어떤 불편한 감정도 없이 다른 여자친구와 기꺼이 공유할 수 있다고 기록한다. '남자친구'에 대한 라리사의 역동적-의미론적 의미는 리올랴와는 정반대인, 성애 없는 성욕으로 보인다(2018: 451).

*Vygotsky's Notebooks*의 편집자인 반 데 비어와 자베르쉬네바는 비고츠키의 임상적 절차가 전통적인 '독일'적 특징을 지닌다는 점에서 놀라움을 표한다(2018: 437). 즉, 비고츠키는 사례 중심적이고 서사적이며, 어린이 각각의 특수한 가정 환경과 학교 환경의 세부적인 사항들에 세심한 주의를 기울인다. 그는 무의식적인 성적 욕망에 대한 정신분석학적 일반화나 경제적·사회적·문화적으로 어려운 조건에 대한 사회학적 일반화를 피한다. 그러나 이러한 특징은 비고츠키의 아동학 저술과 상당히 일치하는 것이다. 환경의 역할에 관한 강연에서 비고츠키는 가족 기능에 문제가 있는 가정에 대해 언급하면서, 세 명의 다른 연령대의 자녀들이 동일한 알코올 중독 어머니에게 매우 다른 방식으로 반응한다는 점을 들었다(비고츠키, 2015: 152~153). 무엇보다 사례 중심적이고 서사적이며 상세한 접근 방식은 역사적 자료에 대한 순수 사회학적 접근보다는 인류학적 접근에 대한 그의 관심과 일치한다. 또한 이러한 접근은 역동적-의미론적인 연결에 토대하여 발달을 설명하는 데 문화적이며 동시에 고도로 조건적인 현상인 말을 중심에 놓는 입장과도 일치한다.

비고츠키는 일반화를 회피하지 않았다. 그의 조국 전역에서 이루어질 청소년 성교육에 대한 결론을 도출해야 했기 때문에 회피할 수도 없었다. 그러나 비고츠키의 일반화는 슈프랑거의 독일 낭만주의적 일반화도, 프로이트의 정신분석적 일반화도 아니었으며, 개념 형성이 교수요목의 단순한 반영이었던 스탈린의 일반화와는 거리가 멀었다. 비고츠키의 일반화는 개인적인 동시에 사회적인 변수, 즉 어린이의 나이, 어린이가 자신의 환경에 관계하는 방식, 그리고 언어와 다른 의미 체계를 통해 습득하도록 하는 환경의 중요성에 확고한 기반을 두고 있다. 예를 들어, 8장에서 우리는 부르주아 청소년과 노동자 청소년의 성숙의 세 봉우리의 불일치가 매우 다른 방식으로 일어난다는 것을 알게 된다. '부르주아'가 실제 자본과의 관계라기보다는 봉건 귀족처럼 세습적인 것처럼 보이는 것은 이상해 보인다. 그러나 청소년들은 인생에서 두 가지 중요한 선택, 즉 삶의 동반자와 직업의 선택에 직면해 있다. 누군가에게는 첫 번째 결정-동반자-이 우선적인 것이고, 다른 이들에게는 삶의 동반자를 포함한 모든 것이 직업 선택에 달려 있음은 쉽게 알 수 있다.

자유의지 실천의 교수와 동의 실천의 학습

이 책의 7장(7-106~7-108)에서 비고츠키는 성교육의 실시에 관해 아론 잘킨트의 세 명제를 요약하는데, 그것은 통합, 포괄, 점진이라는 세 단어로 표현된다. 첫째, 성교육에 별도의 독립된 수업은 있을 수 없다는 것이다. 그 대신 성교육은 성의 생물학적 측면, 성적 측면, 사회문화적 측면에만 관여하는 협소한 학문으로 배타적으로 분리되는 대신에 다른 모든 교과, 다른 모든 수업과 빈틈없이 통합되어야만 한다. 여성에게 직업인뿐 아니라 엄마나 아내로서의 역할을 단순히 '추가'할 것을 요구하는 식으로 우리 교육과정에 성교육을 '추가'할 수 없다. 둘째, 따라서 성교육과 무관한 과목이 있을 수 없다는 것이다. 일반적으로 소녀는 소년이 할 수 있는 일을 다 할 수 있다는 것에 모두 동의한다. 하지만 성적 매력을 갖는 것은 여전히 소녀들에게 주어지는 사회적 압박이다. 셋째, 성교육을 하기에 너무 어리거나 너무 나이 든 집단이 존재하지 않는다는 것이다. 비고츠키가 말했듯이, 성교육은 이성과의 관계 속에서 행동을 형성해 나가는 것이기 때문이다.

다음 그림을 살펴보자. 성교육 수업이라 생각하지 말고, 예술이나 역사, 또는 문화 간 소통에 대한 평범한 수업처럼 생각하자. 이 그림은 서양 미술 전통의 일부인 유화이다. 중국의 그림이 문자와 함께 발전하여 주요 주제로 자연을 취했던 것과 달리, 유화는 초상화와 함께 발전하여 인간의 얼굴과 몸을 주요 주제로 취했다. 이 유화는 17세기 이탈리아에 살았던 노동 계급(당시 화가는 하층 계급에 속했다)의 청소년이었던 17

세의 아르테미시아 젠틸레스키Artemisia Gentileschi의 작품이다.

비고츠키는 이 그림이 승화의 강력한 요소를 가지고 있다고 말할 것이다. 주제는 다니엘서 13장이다. 수산나가 목욕을 하는데 두 원로가 접근한다. 그들은 자신과 성관계를 맺지 않는다면 그녀가 불륜을 저질렀다고 소문을 낼 것이고, 그러면 그녀는 사형에 처해질 것이라고 협박한다. 그녀가 거절하자 그들은 소문을 낸다. 하지만 선지자 다니엘은 두 장로들에게 그들이 본 것이 무엇인지 물었고, 그들은 서로 모순된 대답을 하여 결국 수산나는 풀려난다.

아르테미시아의 그림이 유명해지자 그녀의 아버지는 그림을 가르칠 유명한 화가 아고스티노 타씨를 고용하는데, 타씨는 친구를 불러들여 함께 자기 학생을 강간할 음모를 꾸민다. 그 당시에는 아버지의 동의가 곧 여성의 동의를 의미했다. 강간 사건이 벌어진 후 아르테미시아의 아버지는 타씨가 딸과 결혼할 것이라 믿고 사태를 묵인한다. 그러나 타씨는 이미 결혼한 상태였고, 이 강간 사건은 재판을 받게 된다. 아르테미시아는 이렇게 증언한다.

"우리가 침실 문 앞에 서 있을 때 그가 나를 밀어 넣고 문을 잠갔다. 그는 나를 침대 가장자리로 던지고 손으로 가슴을 눌렀다. 그리고 내 허벅지 사이에 무릎을 넣어 오므리지 못하게 했다. (중략) 나는 있는 힘껏 소리를 질렀다. 그의 얼굴을 할퀴고 머리카락을 힘껏 당겼다. 자유롭게 되었을 때 나는 탁자 서랍에서 칼을 꺼내 아고스티노에게 다가가 '내 명예를 더럽히다니, 이 칼로 당신을 죽일 거야'라고 말했다. (중략) 그의 가슴에 살짝 상처가 났고 피도 약간 나왔다. 하지만 칼끝이 거의 그에게 닿지 않았기 때문에 피는 아주 조금만 나왔을 뿐이다."

이 증언의 진실성을 검증하기 위해 아르테미시아는 뼈가 부서지도록 엄지손가락을 누르는 고문을 당했다. 이것은 강간 재판에서 남자와 여자의 말이 서로 다를 때 흔히 사용되는 기술이었다. 아르테미시아는 살아남았다. 타씨의 죄는 입증되었으나 아무런 벌도 받지 않았다. 그녀의 그림들 중 다수는 이 그림처럼 여성을 희생시키는 남자들을 보여 주며, 다른 그림들에는 남성에게 피의 복수를 하는 여성이 등장한다. 우리가 이 책 각 장의 표지로 선택한 아르테미시아의 그림들은 그녀의 인격을 보여 주는 작품들이다. 그녀는 살아남아 자신이 강간과 고문을 당한 것을 승화시켰을 뿐 아니라, 그 사건들을 극복하고 고통을 초월하는 작품들을 창조해 낸 숭고한 예술가이다.

우리는 다섯 개의 작품을 선택하였다. 청소년기에 대한 비고츠키의 접근을 보여 주는 5장의 표지 그림 두 점은 그림을 그리고 있는 뮤즈와 류트를 들고 있는 음악의 뮤즈, 아르테미시아 자신이다. 성적 성숙의 생물학을 기술하는 6장의 그림은 비너스로 표현된 아르테미시아다. 비너스 옆에 있는 아기 큐피드는 비너스와는 완전히 대조적이다. 이 그림은 청소년의 기다란 몸과 작은 머리가 유아의 짧은 몸과 커다란 머리와 대조적이라는 비고츠키의 해부학적 관찰을 시각적으로 아주 잘 보여 준다. 성 성숙 심리학을 다루는 7장의 그림은 두개골과 묵주를 바라보면서 은밀한 황홀경에 취한 마리아 막달레나를 보여 준다. 이행적 연령기의 갈등과 모순을 다루는 8장의 그림은 아기가 물어뜯어 상처를 입은 젊은 어머니의 모습이다. 그런데 이 아기의 얼굴은 성인 남성의 얼굴처럼 보인다(어떤 사람들은 이 아기의 얼굴이 타씨의 얼굴이거나, 함께 강간을 공모한 그의 친구일 수도 있다고 의심한다).

물론 성 계몽이라는 비고츠키의 목적과 이 그림들이 직접적인 관계가 있는 것은 아니다. 여성 신체의 세부 묘사가 이야기의 일부로 표현된 것과 마찬가지로, 강압에 대한 저항, 동의라는 권리를 향한 투쟁, 성적 외상의 극복과 같은 메시지는 그림의 배경에 스며들어 있다. 하지만 이것은 스스로 의미를 만들어 내는 청소년의 새로 발견된 능력에 의존하는 청소년 교육학의 일부이다. 이 능력은 간인격적 폭발이나 인격의 내적 폭발처럼 느껴질 수 있지만, 청소년을 유년기 밖으로 이끄는 것은 폭발이 아니라, 계속되는 탐험이다. 한때 이 능력은 우리 모두를 원시 인간의 기원 밖으로 끌어내어 인간성이라는 이름에 걸맞은 인류가 발생하도록 이끌었다. 인간성이라는 말에는 한 사람 한 사람의 탄생이 자유의지와 동의하에 이루어져야 한다는 의미가 담겨 있다. 물론 이러한 인류의 발생은 아르테미시아 젠틀레스키에게는 머나먼 미래의 일이었다. 우리에게도 이것은 여전히 올라야 할 산이다.

|참고 문헌|

Vygotsky, L. S.(1994). The problem of the environment. In R. van der Veer and J. Valsiner (eds.). *The Vygotsky Reader*. Oxford and Cambridge. MA: Blackwell. 338-354.

Vygotsky, L. S.(2018). *Vygotsky's Notebooks: A Selection*. R. van der Veer and E. Zavershneva (eds.). Singapore: Springer.

Выготский, Л.С.(1929). Педология подростка. Задание 1-8. Москва: Издание бюро заочного обучения при педфаке 2МГУ.

Выготский, Л.С.(1934). Мышление и речь. Москва: Соцэкгиз.

비고츠키, 레프 세묘노비치(2015). 『성장과 분화』. 서울: 살림터.

차례

제5-1장
이행적 연령기의 일반적 개요

회화적 비유로서의 자화상(A. 젠틸레스키, 1638~1639)
젠틸레스키는 단순히 그림을 그리고 있는 것이 아니라 회화의 여신인 뮤즈로서 자신을 그리고 있다. 그녀의 몸, 의상, 붓이 이루는 곡선에 주목해 보자. 이번 장에서 비고츠키는 생물학적 성숙, 성적 성숙, 사회문화적 성숙의 불일치에 토대한 새로운 청소년기 이론을 그려 내고 있다.

수업 내용

이행적 연령기의 고유성과 특징의 토대인 성적 성숙, 일반—유기체적 성숙, 사회—문화적 성숙의 불일치—이행적 연령기의 해부—생리학적 특징—이행적 연령기의 위기적 성격—집중적 성장 과정—이행적 연령기의 신체 비율—이 시기 골격계, 근육계, 혈관순환계, 신경계의 성장—청소년 신체 발달의 일반적 성격—이행적 연령기 운동 능력의 변화—청소년기의 피로감과 일상생활—성적 성숙기 체육교육의 아동학적 토대

학습 계획

1. 가능하다면 참고 문헌을 포함하여 전체 강의 개요와 계획을 세운다.

2. 여러분 학교의 청소년들의 신체 발달 자료(키, 몸무게, 주요 인체 측정 지표)를 강의 교재에 제시된 자료와 비교하고, 그들의 신체 발달이 대량 연구 자료와 비교하여 이런저런 측면에서 얼마나 차이가 나는지 확인한다.

3. (여러분의 학교와 초기 유년기 어린이를 담당하는 기관의) 청소년과 어린아이의 신체 비율을 비교하고, 이 연령기를 통과하면서 신체 구조에

발생하는 가장 중요한 변화가 무엇인지 확인한다.

4. 여러 청소년들의 일상생활 일정을 만들어 보고, 이 개요에서 제시된 자료와 비교한다.

5-1-1] 이행적 연령기의 모든 특징의 근본 토대에는 세 가지 성숙의 불일치가 있다. 성적 성숙은 청소년의 일반-유기체적 발달이 끝나기 전에 그리고 청소년이 사회-문화적 형성의 최종 단계에 도달하기 전에, 시작하고 끝난다. 성적 측면에서 성인과 청년 유기체 간의 차이가 완전히 사라질 만큼 충분히 성적으로 성숙한 청소년은 그럼에도 불구하고 다른 두 발달 과정, 즉 일반-유기체적 발달과 사회적 발달의 종착점에는 아직 이르지 못한 존재이다. 청소년은 세 개의 최종 지점, 즉 발달의 세 정점에 서로 다른 시기에 도달한다.

5-1-1] 이행적 연령기의 가장 근본적이고 심오한 특징은 바로 다음의 사실이다. 간단히 말해 청소년의 유기체는 성적 성숙이 이미 완성 단계에 도달한 이후에도 그의 사회적 인격과 마찬가지로 계속 성장하고 발달한다. 거듭 말하지만 이는 확고부동하게 확립된 사실이다. 그러나 더 나아가 이 사실을 설명하고 그 기원을 밝히려는 순간, 이행적 연령기의 징후복합체를 설명하는 모든 실마리를 이 사실로 환원하려 하는 순간, 우리는 다소간 대담하고 신빙성 있는 가정과 개연성 있는 추측의 영역으로 들어가게 된다. 작업가설에 토대하고 있지 않은 추측은 결코 그 어떤 과학적 가치도 없을 것이며, 작업가설 없이 과학의 새로운 장의 연구 영역으로 나아갈 수 없다. 작업가설은 과학 지식 발달의 특정 단계에서 부족한 과학적 이론을 대신한다.

5-1-3] 우리는 이행적 연령기에 대한 과학적 이론이 아직 만들어지지 않았음을 이미 알고 있다. 그것은 미래의 일이다. 그래서 이 영역에서 우리가 가진 것은 일련의 가설들이며, 이것은 사실에 의해, 다른 가설에

의해, 그리고 이런저런 현상의 설명에 적용하려는 시도에 의해 검증될 필요가 있다. 이행적 연령기의 특성에 대한 설명의 토대를 세 지점, 즉 성숙의 세 정점 간의 불일치에 놓으려는 우리의 시도 역시 우리가 후속하는 청소년 아동학 강좌에 과감히 제안하는 연구 작업가설에 불과하다. 왜냐하면 그저 그것이 우리 눈에 가장 완벽하고, 사실들에 대한 큰 과장이나 억지 없이 이행적 연령기의 거대하고 복합적인 모든 현상들의 다양성을 통합체로 이끌며, 잠정적 설명을 제공하기 때문이다.

> 본문에서 말하는 '다른 가설'이란 그로스, 뷜러, 슈프랑거 등의 이론을 가리킨다(『분열과 사랑』 4장 참조).

5-1-4] 그러나 우리는 이 가설에 대한 도식적 총괄적 개요에 국한할 것이다. 우리는 그 뼈대를 가장 간결한 방식으로 그려 내고자 노력할 것이며, 그 후 전 과정에 걸쳐 그것으로 돌아가 이 개요를 구체적 내용으로 채우고, 그 뼈대에 사실들의 살과 피를 입힐 것이다. 그와 함께 우리가 선택한 경로는 우리 가설의 검증 경로이자 풍부한 자료에 가설을 적용해 보는 실험이 될 것이다. 청소년에 관한 학설의 체계적 설명에 이처럼 연구 작업가설을 도입하는 것은, 이행적 연령기의 아동학이 지금 위치한 단계에서 볼 때 결코 피할 수 없어 보인다.

5-1-5] 고등 동물일수록 어린 개체의 발달 기간이 길어지고 일반-유기체적 성숙이 완성되는 시기와 유년기가 끝나는 시기가 늦어지는 것과 더불어, 진화 과정에는 성적 성숙 시기의 지연이 존재하며, 이 두 계기, 즉 유년기의 종료와 성적 성숙 사이에 직접적 연결이 존재한다고 추측할 많은 생물학적 근거가 있다고 우리는 믿는다. 이 연결은 직접적인 생물학적 필연성에 기인한다는 생각이 든다.

5-1-6] 미성숙하고 완전히 형성되지 않은 동물은 독립적으로 생존

투쟁에 참여할 만큼 충분히 무장된 상태가 아니다. 유년기는 부모에게 의존하는 시기이다. 이 시기에 기본적으로 필요한 것은 자기 자신의 발달이다. 아직 강하지 않고 생존의 독립적 국면에 들어서지 않은 이 존재에게 자손을 낳아 그 생존을 보장하고, 어린 것을 보호하고 키우는 것은 불가능할 것이다. 유기체적 측면에서 아이를 갖고 출산하고 먹이는 것과, 생존 투쟁의 측면에서 식량을 얻고 자손을 보호하는 것은 모두 발달이 미완성된 유년기와 생물학적으로 양립할 수 없다.

5-1-7] 이는 스탠리 홀의 발생반복설, 즉 계통발생과 개체발생이 평행하다는 주장에 대한 근본적 반대로서 당시 손다이크에 의해 제기되었던 상황임을 기억해 보자. 손다이크는 속屬의 역사에서 빨기 본능은 아주 늦게 (포유류에서만) 나타나지만 개체발생에서는 처음부터 나타나고, 계통발생에서는 거의 일차적인 생식 본능은 어린이 발달의 역사에서 마지막으로 나타나는데 어떻게 평행론이 가능하냐고 반박한다. 이 저자는 이러한 본능 출현의 '자연적' 순서의 뒤섞임에서 충분한 증거를 갖고 진화 전체의 바탕에 놓인 하나의 동일한 기제, 즉 유용한 변이 선택의 작용을 본다. 이렇게 성적 성숙의 계기는 생물학적 필요성으로 인해 유년기의 끝, 유기체 자체의 성숙의 종착점까지 미뤄진다.

5-1-8] 그러므로 동물에게서 이 두 계기, 일반-유기체적 발달과 성적 성숙의 완성이 대체로 동시에 일어난다고 가정할 수 있을 것이다. 그 밖에도 많은 다른 상황들이 이를 뒷받침한다.

5-1-9] 우리가 가장 중요하게 보는 것은 포유류 중 유일하게 인간만이 발달 과정에서 출생 직후 첫해와 성적 성숙 시기에 두 번의 강력한 성장의 고비를 겪는다는 것이다. 다른 모든 포유류는 첫 번째 고비만 있다. 프리덴탈이 지적했듯 유인원조차 성적 성숙 시기에 두 번째 집중적 성장의 고비를 보이지 않는다.

비고츠키는 인간과 달리 유인원조차도 청소년기에 급성장하지 않는다고 말한다. 만약 우리가 유기체 발달에 신경의 성장을 포함시키고, 신경의 성장에 학습과 조건 반응, 습관을 포함시킨다면 비고츠키의 요점은 명확하다. 오직 인간만이 발달의 두 봉우리, 두 정상을 가지고 있다는 것이다. 하나는 출생 직후의 시기이며, 다른 하나는 성적 성숙 직후의 시기이다. 비고츠키는 이 관점이 프리덴탈의 것이라고 밝힌다.

*H. W. C. 프리덴탈(Hans Wilhelm Carl Friedenthal, 1870~1942)은 베를린 대학교에서 가르쳤던 인류학자이며 생리학자다. 그는 청소년을 위한 성교육의 초기 옹호자였으며, 결혼 상담에 대한 많은 책을 썼다. 또한 인간과 유인원 간의 혈청(혈연) 유사성을 입증했고, 유태인은 인종이 아니라 종교적 공동체임을 입증하기 위해 형태학적 변이를 사용했다. 그는 유태인으로 나치에 의해 살해되기 직전에 스스로 생을 마감했다.

5-1-10] 진화 계통수에서 인간과 가장 가까운 친척인 유인원을 포함한 동물의 경우, 성적 성숙 시기는 성장 과정의 재개가 아닌 완료로 특징지어진다. 성장 곡선은 점진적으로 감소하며 성적 성숙의 문턱에서 멈춘다. 일반-유기체적 성숙 과정은 성적 성숙 과정과 일치한다.

5-1-11] 따라서 다수의 지표에 따라, 동물에 대한 직접 관찰과 이 과정에 대한 연구가 다음과 같은 사실을 확증한다고 볼 수 있다. 즉 우리가 제공한 생물학적 자료를 토대로 예상할 수 있듯이, 동물은 성적 성숙 시기에 전체로서 모든 발달 과정을 완료한다.

5-1-12] 이렇게 동물의 성적 성숙 시기는 인간과 완전히 상이한 특성을 갖는다. 동물에서 이 시기는 어떤 측면에서도 전혀 위기적이거나 이행적이지도, 전환적이지도 않다. 여기서는 이 시기의 인간을 특징짓는 성적 성숙과 일반-유기체적 성숙의 정점 간의 불일치의 흔적이 전

혀 보이지 않는다. 동물에서 이 시기는 최종적이고 끝에 도달하여 발달 과정의 모든 굴곡을 완만하게 만든다. 여기서 위기에 대해 이야기하는 것은 생물학적으로 불가능하다.

5-1-13] 이로부터 우리는 인간에서 세 성숙 지점의 불일치는, 발달 기간의 연장, 유년기의 확장, 성적 성숙의 경계를 넘은 발달 노선의 확장에 기인하여 생겨난다고 감히 결론을 내린다. 우리는 아직 유년기 생물학에 대해 아는 것이 너무 없기 때문에, 이것이 언제 어떻게 일어났는지 어떤 추측도 할 수 없다. 그러나 유년기의 지속 기간에 대한 우리의 지식에 비추어 한 가지는 지금도 이미 확실해 보인다. 즉 인간 유기체와 그 적응 형태의 복잡화, 인간의 주위 환경의 복잡화는 바로 인간 유년기의 연장과 성적 성숙의 경계를 넘어선 확장을 야기했음이 분명한 두 가지 근본적인 계기이다. 동물에서 유년기의 길이는 유기체 복잡도와 환경 가변성의 함수임을 상기하자. 더 나아가 유년기의 생물학적 기능 자체가 변덕스러운 환경 조건에 대한 유전적 기질의 적응에 있음을 상기한다면, 우리는 인간 유년기의 연장이 인류의 역사적 생활의 시작과 연관되어 있다고 바르게 추측할 수 있다.

5-1-14] 블론스키는 유년기 말의 어린이가 소위 '초기 인종', 즉 성적 성숙 시기 이후 시작되는 발달 시기를 결여한 채 유년기에서 성적 성숙 단계로 곧장 넘어가는 어떤 원시 부족들의 인류학적 유사물이라는 심오한 생각을 표현했다. 투른발트에게서 성적 성숙 시기가 이 원시 부족 어린이들에게 위기가 된다는 지표들이 발견된다. 그 어린이들은 학령기에는 문화화된 민족과 동등한 학업 성취를 보이지만, 성숙 이후에는 흔히 진보를 멈추고, '원시성으로의 회귀'를 보이며 모든 부족의 일반적인 수준으로 내려간다.

물론 블론스키는 모든 것을 생물학적으로 설명하려는 아동학자이다. 예를 들어 블론스키는 어린이의 치아가 고기 섭취를 가능하게 하고, 고기 섭취가 어린이의 에너지를 증가시켜 역사적으로 학교가 필요하게 되었다고 믿는다. 비고츠키는 왜 이러한 블론스키의 명백히 인종주의적이고 발생반복론적인 생각에서 '심오함'을 발견한 것인가? 왜 그는 생물학적인 블론스키에서 나치 식민지 인류학자인 투른발트까지 넘나드는가? 투른발트는 기능주의자로서, 선물 증여와 같은 관습이 사회적 기능(前 자본주의적 교환)을 통한 잉여 재화의 소진으로 설명될 수 있다고 믿었지만, 또한 진화론자로서 기능은 역사에 의해 설명되어야 한다(전자본주의적 교환은 저축이 아니라 소비를 지향하는 문화역사적 배경에서 나타난다)고 믿었다. 이는 비고츠키의 관점과 매우 가깝다.

*R. 투른발트(Richard Thurnwald, 1869~1954)는 오스트리아의 인류학자로, 남태평양과 동아프리카에서 연구했으며, 후에 베를린 대학교의 교수가 되었다. 베를린 대학교 교수 시절, 투른발트는 에바 저스틴의 박사 논문의 심사자였다. 집시어를 사용하는 간호사였던 에바 저스틴은 나치의 '인종 위생학' 프로그램을 지원하기 위해 집시 어린이 집단을 연구하고자 했다. 박사 학위를 받은 후에 그녀는 그 아이들을 모두 아우슈비츠에서 몰살시키려고 했다. 이들의 대부분은 이렇게 죽고, 일부 아이들은 죽기 전 생체 해부학을 전문으로 하는 요제프 멩겔레 박사의 실험 대상이기도 했다. 투른발트는 그 논문에 'B'를 주었다.

1930년 독일 식민지였던 탕가니카(오늘날의 탄자니아)에서 죽음기로 말을 녹음하고 있는 R. 투른발트.

5-1-15] 또한 이 부족에서 이행적 시기가 고도로 축약된다는 것, 유년기가 성적 성숙과 매우 인접한다는 것을 생각하면, 이 사람들이 왜 그렇게 성적 성숙을 사회적 성숙 시기로서 기념하는지(좀 더 문화화된 사람들에게도 전통으로 그 일부가 남아 있다) 분명해진다. 성숙한 어린

이가 성인 환경 속으로 입문하는 것을 축하하는 특별한 예식, 의례, 의식이 열린다. 많은 연구자들, 특히 스탠리 홀은 이 의식이 시민으로서의 성숙, 전사와 시민에게 요구되는 능력을 증명하고, 부족의 전통과 관습, 신념에 봉헌하는 데 그 의미가 있다고 말한다. 이러한 모든 의식들은 이 부족에게서 성적 성숙의 계기가 사회적 성숙의 계기와 일치한다는 사실을 나타낸다. 성숙에 따라오는 청소년의 운명이 이 사실을 증명한다. 그의 발달은 끝나고, 그는 글자 그대로의 성숙 연령기에 입문하는 것이다.

5-1-16] 블론스키는 다음과 같이 제안한다. "청년기는 영원한 현상이 아니다. 이는 생물학적 관점에서 매우 늦게 나타나며, 역사의 눈앞에서 인간성의 성취와 더불어 나타난다." 모든 후기의 성취가 그러하듯, 청년기는 안정적이거나 규정된 반복적 현상이 아니며 대단히 강력한 변이를 나타낸다. 따라서 청년기의 경로는 그 기간이나 특성이 종족마다 다르며 현대 사회의 기본적 두 계급에서도 다르다.

5-1-17] 블론스키는 말한다. "청소년 노동자는 전체로서의 인류가 이 성취를 공고히 해야 하듯이 여전히 긴 청년기를 쟁취하지 않으면 안 된다." 이것은, 모든 후기의 성취들과 마찬가지로, 병리적 사례에서 가장 먼저 사라진다. 잘 알려진 법칙에 따라 그러한 와해는 발달과 정반대의 노선으로 나아간다. 이들 후기 성취는 가장 불안정하여 제일 먼저 소멸된다.

5-1-18] 이 모든 것을 요약하여, 우리는 문화적 발달의 가장 낮은 단계에 있는 원시적 인간들에게 성적 성숙 시기는 위기적이라기보다 오히려 최종적인 것이라고 말할 수 있을 것이다. 상대적으로 단순하고 원시적인 환경에서 발달의 세 정점의 불일치는 아직 거의 눈에 띄지 않으며, 그다지 중요하지 않다고 말하는 것이 맞을 것이다. 사회적 성숙은 일찍 도래하며 아직 성적 성숙과 눈에 띄게 분화되지 않았다. 우리가

가진 빈약한 자료 내에서 가능한 한 판단해 보았을 때 일반-유기체적 발달 역시 성숙이 도래한 후 오래지 않아 중단된다.

5-1-16에서 블론스키는 청소년기가 '역사의 눈앞에서' 발명되었다고 말한다. 인간다움의 근원은 문자를 가지게 된 사람들의 기록으로부터 비로소 흔적을 찾을 수 있다. 낭만적 사랑이나 문해 자체와 같이, 이러한 인간 고유성으로부터 느지막이 발달하는 것이 바로 청소년기라는 것이다. 문자를 가지게 된 이들의 기록은 역사의 세대가 나아감에 따라 인간의 생식 가능 연령은 더욱 앞당겨진다는 것을 보여 준다. 그러나 다른 한편으로 생산 가능 연령, 즉 노동 참여 시기는 더욱 늦춰진다.

약 9,000년 전의 유골을 토대로 그리스 과학자들이 복원한 선사 시대의 청소년의 모습을 예로 들어 보자. 9,000년 전이라면 문자가 발명되기 훨씬 전으로 역사의 여명은 아직 밝지 않았다. 지금 보면 이 그림은 중년의 여자로 보인다. 아마 당시 기준으로는 실제로도 그랬을 것이다. 그림의 주인공 당시의 과거 인류의 기대 수명은 30~40년에 불과했을 것이기 때문이다. 사망 당시 그녀는 15~18세 사이였다. 당시 사회에서 그녀는 이미 아이를 낳아 기르고 있었을 수 있다. 사망 원인 역시 출산과 연관되었을 가능성이 있다.

오늘날에도 성적 성숙과 사회적 성숙이 일치하는 경우를 찾아볼 수 있다. 부유층이나 귀족층에서는 여성이 노동을 하지 않는데, 그들에게 결혼은 성적 성숙과 사회적 성숙의 일치이다. 고대 그리스 예술이 여전히 우리에게 '고전적' 정서를 불러일으키듯, 오늘날의 토지 임대 제도가 중세 봉건적 관계의 흔적을 지니고 있듯, 근대 결혼제도는 노예 관계의 자취를 가지고 있다. 특히 결혼과 관련해서는 이러한 관계가 재벌가의 '딸 사고팔기'에서 선명히 반영된다. 인간의 해부가 유인원 해부를 위한 열쇠를 제공한다는 마르크스의 말에서와 같이, 현대인의 관습에 대한 비판적 분석은 더 초기 형태 즉 과거 인류를 분석하는 열쇠가 된다.

5-1-19] 성 기관의 때 이른 작용은 동물에게조차 유기체 전체의 발달에 해로운 영향을 미친다는 흥미로운 관찰이 있다. 클로제와 포그트는 암컷과 같이 자라 성생활을 일찍 시작한 강아지는 가슴샘이 빨리 퇴화되어 일반적 발달 과정이 정체된다는 것을 보여 주었다. 많은 저자들이 가정하듯 원시사회 인간의 이른 성생활은 발달 과정의 단축과 정체를 일으킨다. 성생활과 생식은 유기체에게 매우 많은 것을 요구하므로, 대체로 일반적 발달을 그 대가로 치르고 미숙한 유기체가 된다는 것은 이해할 만하다.

5-1-20] 이 자료에 비추어 볼 때, 이행적 시기의 위기적 성격은 문화의 성장과 함께 증가하게 된다는 코레의 생각은 새로운 의미를 획득한다. 이것은 우리에게 아주 정상적이고 자연스러운 것으로 보인다.

*A. 코레(Armand Corré, 1841~1908)는 수면병과 황열병을 전문으로 하는 프랑스 해군의 의사였다. 1884년 과들루프에서 찍은 이 사진의 맨 앞줄 왼쪽에서 세 번째가 그다. 그는 여러 곳을 여행하였고, 독이 있는 물고기에서 사회학까지 광범위한 분야에 대한 책을 썼다. 비고츠키는 아마도 1882년에 쓴 『인종에 따른 어머니와 아이La mère et l'enfant dans les races humaines』라는 책을 언급하고 있는 것 같다. 이 책에서 그는 인종 간의 엄격한 위계 구조가 있다고 주장했으며, 이 문단에서 비고츠키가 말한 것과 같이 아동기의 길이를 발달의 준거 중 하나로 삼았다. 그는 분명 인종주의자이며 식민주의자였지만, 마다가스카르에서 현지인들의 권리를 지키느라 곤경에 처하기도 했다. 식민지 제독은 코레를 현지인과 똑같이 사슬에 묶어 노예처럼 프랑스로 돌려보내기로 결정했다. 그 후 프랑스에 정착하여 교사가 되었다. G. S. 홀은 청소년기에 대한 책에서 코레를 인용하지만 그저 범죄학자로 다룰 뿐이다.

5-1-21] 이런 생각은 이행적 시기가 루소의 말처럼 자연의 손을 떠날 때는 완벽했지만 인간의 손에서 타락했다는 것을 뜻하지는 않는다. 오히려, 자연은 완벽하고 자연 속의 모든 것이 합목적적이라고 생각하는 지지자들이 인간의 이행적 연령기의 문제에 목적론적 관점을 적용할 수 있다는 것을 증명하려면 상당한 노력이 필요할 것이다. 미리 예언하자면, 그러한 시도들은 실패하게 되어 있다. 이행적 연령기에 대한 목적론적 해석은 전혀 기대할 것이 없어 보인다. 이는 단지 목적론적 접근이 일반적으로 전 과학적 사고의 특징이라거나 과학적 인식의 기본 전제 조건과 상충하기 때문만은 아니다. 어떤 유기체의 기본적인 생존 과업의 충족과 관련된 기능이나 기관의 생물학적 합목적성에서 발견되는 진정한 '목적론'은 오랜 적응과 선택 과정의 결과로 일어나는데, 이러한 생물학적 적합성을 인간의 이행적 연령기에서는 찾아볼 수 없기 때문이다.

5-1-22] 동물의 성적 성숙의 시점, 이 계기가 유년기 끝으로 연기되는 것에는 특정하고 명백한 생물학적 의미가 있다고 우리는 이미 말하였다. 그러나 이 '의미'는 인간의 성적 성숙에서 균열이 생기고 무너져 와해된다. 여기서 성적 성숙의 시점이 유년기와 청소년기의 경계, 즉 유기체 자체의 발달이 미처 끝나지 않은 시기라는 것은 명백히 합목적적이지 않다. 합목적성 자체가 얼마나 자연과 이질적인지 명백히 보여 주는 사례를 찾고자 한다면 인간의 이행적 연령기를 언급하면 될 것이다. 메치니코프가 이행적 연령기를 기본적인 '인간 본성의 불협화음' 중 하나라고 지칭한 것은 그럴 만한 이유가 있다.

*И. И. 메치니코프(Илья Ильич Мéчников, 1845~1916)는 파리에서 파스퇴르와 함께 일했던 유명한 생물학자로, 1908년 노벨상을 받았다. 그는 사워밀크와 요구르트를 마시고 130세까지 사는 법을 포함하여 다양한 주제에 관한 글을 썼다. 그는 적어도 세 번의 자살을 시도했는데,

그중 한 번은 박테리아 감염을 이용한 것이었다. 비고츠키가 말하듯 자연에 대한 그의 생각은 루소와 톨스토이를 따랐으며, 헤켈주의자로서 그는 자연 상태에서 '개체발생은 계통발생을 반복한다'고 믿었다. 그러나 인간은 자신의 장腸을 나쁜 외부 박테리아로 채움으로써 반복을 방해하므로, 이를 중화

톨스토이와 메치니코프

하는 유일한 방법은 요구르트와 사워밀크를 통해 다른 좋은 박테리아를 섭취하는 것이다. 그것이 바로 그의 이름을 딴 유명한 요구르트 상표가 있는 이유이다. 다논 요구르트 회사 또한 그의 제자 중 한 명인 다논이 설립한 것이다.

5-1-23] 그러나 이 불협화음, 즉 성숙의 세 지점 사이의 불일치를 확인하는 것만으로는 충분하지 않으며, 그 발생을 추정하여 설명하는 것도 이와 똑같이 부적절하다. 이행적 연령기를 정확하게 이해하기 위해서는 전자와 후자 모두 매우 중요할 뿐 아니라 필수적인 것이다. 어떤 현상이든 생물학적 합목적성이 존재할 때 우리는 그 사실을 간단히 지나칠 수 없으며 최대한 정밀하게 그것을 확인하고 그 기원에 대한 자연적 설명을 찾고자 노력해야 하듯이, 우리는 실제로 존재하는 비합목적적인 사실 역시 확인하고 설명해야만 한다. 그렇게 하지 않으면 우리는 관심 대상에 대한 정확한 생물학적 관점에 접근할 수 없다. 그러나 이 것만으로는 충분하지 않을 것이다.

5-1-24] 여전히 우리는 이 사실로부터 그 필연적 결과를 이끌어 낼 수 있어야 하며, 청소년 발달에서 이 불협화음이 의미하는 것은 무엇인지, 그 역할은 무엇인지, 이 사실이 왜 이행적 연령기 아동학의 토

대에 놓일 수 있는지 이해해야만 한다. 이것이 이 장의 개요를 시작할 때 언급했던 두 번째 과업이다. 그러나 본질적으로 이 문제의 해답은 후속 강좌 전체와 각 구성 부분들의 과업이다. 청소년 인격의 구조와 역동을 탐구하는 마지막 장에서 우리는 전 강좌의 결과를 하나로 종합하고 모아서 이행적 연령기 아동학의 근본 문제에 대한 잠정적 해답의 윤곽을 그리고자 시도할 것이다. 우리가 보기에 이행적 연령기에 대한 대다수 이론들은 바로 전체 연구의 최종점을 미리 예단하고 맨처음부터 성적 성숙기 발달의 모든 내용, 구조, 의미를 하나의 단순한 공식—대개는 주지주의적 특성의 일부—으로 환원하려는 결함을 가지고 있다.

5-1-25] 이 공식은 어느 정도 성공적이고 올바르며 영리하고 내용이 풍부할 수 있다. 성숙의 생물학적 의미는 '짝에 대한 갈망'에 있다는 C. 뷜러의 공식, 이행적 연령기의 특성은 정신적 공명의 법칙으로 설명된다는 호프만의 공식, 성숙의 한 해 한 해가 인격적 가치와 비인격적 가치의 경계를 긋는 시간이라는 W. 스턴의 공식, 성숙의 시기는 내적 세계를 정복하는 시기라는 툼리르즈의 공식 등등. 물론 이들 모두는 어떤 진실의 낱알을 가지고 있지만 마치 실제 발달 과정이 인간의 인위적 계획에 따라 조직되고 건설된 듯, 주지주의적 공식으로 그것을 설명할 수 있다는 동일한 생각에서 비롯된다.

5-1-26] 따라서 우리는 그런 실수를 피하기 위해 의식적으로 노력하고 있으며, 청소년 인격의 구조와 역동에 대한 일반적 생각의 공식화를 우리의 여정 끝으로 연기할 것이다.

5-1-27] 그러나 이러한 일반적 공식화의 가능성을 준비하고 앞으로 고찰해 나갈 길을 내기 위하여, 우리는 이러한 일반적 진술을 마무리 지으면서, 우리 과정 전체에서 해결해야 할 바로 그 문제 자체를 명확하게 제시해야 한다고 생각한다.

5-1-28] 코레의 생각으로 돌아가 그 생각을 더 확장시켜 보면, 우리는 문화의 성장이 이행적 연령기의 위기를 증폭시킬 뿐 아니라, 일반적으로 문화가 이 위기를 처음으로 만들어 낸다고 말할 수 있다. 문화적 발달을 빼고 이행적 연령기의 위기에 대해서 전혀 말할 필요가 없다. 문화와 인간의 역사적 발달은 성숙을 세 개의 정점으로 각각 나누고 연령기 전체의 기본적 모순을 형성하면서 성숙의 생물학적 조화를 깨뜨린다.

5-1-29] 그러나 이는 발달을 추동하는 모순이며, 이로부터 이 시기의 모든 기본적 발달 과정이 시작되는 것으로 보인다. 우리는 자연적 형태에서 성숙 과정이 발달 과정의 종결과 종점, 완성과 완결을 의미함을 보았다. 동물에서 성적 성숙 시기는 발달의 최종 지점이다. 인간에게 그것은 종착점임과 동시에 발달 과정의 출발점이기도 하다. 원시적 성숙 형태에서도 이를 매우 분명하게 볼 수 있다.

5-1-30] 성적 성숙 시기는 두 번째 탄생이고 인간은 두 번, 즉 한 번은 존재하기 위해 한 번은 종족을 보존하기 위해 태어난다는 루소의 생각은, 성숙의 시기를 표시하는 분기점과 발달의 파국을 비유적으로 아름답게 표현한다. 루소는 두 번째 탄생이 새로운 정신과 신체 조직이 창조되는 말 그대로 위기의 시대"라고 말한다. 원시 사회에서 성적 성숙기에 사회적 성숙이 시작된다는 것을 의미하는 의식과 의례는 이러한 루소의 생각을 물질적 형태로 실현한다.

> 본문의 '위기의 시대' 뒤에 나오는 따옴표(1929년판)는 그 내용이 루소의 직접적 인용인 것처럼 보이게 한다. 하지만 그렇지 않다. 루소는 다음과 같이 말한다.
>
> "말하자면 우리는 두 번 태어난다. 한 번은 존재하기 위해 한 번은 살기 위해, 한 번은 종을 위해 한 번은 성을 위해. 여성을 불완전한 남성으로 여기는 사람들은 의심할 여지 없이 틀렸지만, 외적 유사성은

그들의 편이다. 혼기가 찰 때까지 두 성의 어린이들을 뚜렷이 구분해 주는 것은 아무것도 없다. 같은 얼굴, 같은 모습, 같은 안색, 같은 목소리. 모든 것이 똑같다. 소녀도 어린이고, 소년도 어린이다. 너무 비슷하기 때문에 같은 이름으로 충분하다. 이면의 성적 발달을 방해 받은 남성은 평생 이런 유사성을 유지한다. 그들은 언제나 큰 어린이다. 그리고 여자는 동일한 이 유사성을 결코 잃어버리지 않기 때문에 많은 측면에서 결코 그 밖의 다른 어떤 것이 될 수 없어 보인다. 그러나 남자는 일반적으로 언제나 유년기에 머무르도록 만들어지지 않는다. 그는 자연에 의해 예정된 시기에 유년기를 떠난다. 그리고 이 위기의 순간은 상당히 짧을지라도 훨씬 큰 영향을 미친다"(Rousseau, J. J.(1762/1978). *Emile, or On Education*. New York: Basic Books, p. 211).

5-1-31] 레비-브륄(에 따르면-K) 많은 연구자들의 다수의 관찰에 근거하여 확립되었듯 원시적 사회에서 어린이는 성적으로 성숙하기 전까지는 전적으로 '완전한' 공동체 무리의 일원이 아니다. 일련의 온갖 사실들은 어린이가 아직 부모에게서 떨어지지 못한 존재로 간주된다는 것을 명백히 보여 준다. 오직 성적 성숙이 시작됨에 따라 특별하고 신비한 성년식이 거행되고 이것만이 어린이를 사회적으로 성숙하고 독립적인 사회적 공동체의 일원이 되게 한다. 각 부족마다 서로 다른 모든 다양한 의식을 분석하면서 레비-브륄은 이 모두가 본질적으로 한편으로는 죽음의 의식을, 다른 한편으로는 탄생의 의식을 상기시키고 의미한다는 결론에 이른다.

*L. 레비-브륄(Lucien Lévy-Bruhl, 1857~1939) 현장 조사 없이 인류학을 연구한 '안락의자 인류학자'였다. 프랑스에 살면서 철학과 역사를 가르쳤으며, 역사를 가르치는 동안 사회학을 역사와 독립된 과목으로 확립하고자 했던 뒤르켐의 영향을 받게 되었

다. 레비-브륄은 뒤르켐의 원칙을 전근대 사회에 적용하여 현대 인류학을 창설했다. 레비-브륄이 발달시킨 '집합 표상'과 '융즉'은 비고츠키에게 영향을 주었다.

집합 표상, 즉 '복합체'는 개념이 아니라 일종의 일반화된 이미지로서 토템(신령한 동물)이나 옛날이야기(사악한 계모, 착한 요정 등)에서 볼 수 있다. '융즉'은 신, 영혼, 운명에 의해 발생하는 신비한 연관성, 비논리적이고 비인과적인 관계이다. 이 두 가지 개념을 바탕으로 그는 소위 '열등하다'고 말했던 사회에서의 인간의 생각에 대한 책을 저술하고, 또한 죽음과 출생 의례에 대한 연구를 하였다. 이러한 모든 의례들은 한편으로 공동체 구성원들 사이에 일반화된 표상과 관련이 있고, 다른 한편으로 공동체에 삶과 죽음을 다스리는 신비한 힘을 제공하는 융즉과 관련이 있다. 비고츠키 사후에 레비-브륄은 자신의 이론이 인종주의적이라고 스스로 비판하고, 우리와 소위 '열등한' 사회의 사람들 사이에 질적인 차이가 없다고 주장했다.

5-1-32] 청소년들은 어린이와 여성으로부터 분리되며 죽었다고 선언된다. 청소년들은 다양한 시험을 겪게 된다. 그것들은 의무이자 고통이며, 때로는 실제 고문으로까지 나아간다. 수면과 음식 박탈, 채찍과 몽둥이질, 머리 때리기, 이빨이나 머리털 뽑기, 상처 내기, 곤충 독 쏘기, 살을 꿰어 갈고리에 매달기, 불 체험 등, 이러한 모든 의식의 목적은 청소년의 용기, 고통에 대한 저항과 인내 등과 같은 전사로서 필수적인 자질만을 시험하는 데 있는 것이 아니다. 이 모든 의식의 신비적 의미는 낡은 정신을 죽이고 새롭게 태어나는데, 부모와의 신비적 연결을 끊고 사회 집단, 즉 부족과의 신비적 연결을 확립하는 데 있다.

레비-브륄에 근거한 이 설명은 당대의 청소년 심리학이 그랬듯이 여성을 무시하고 남성으로 제한된 것이다. 그러나 여성의 성인식은 더 두드러지고(첫 월경) 더 널리 퍼져 있다. 예컨대 흉터 내기, 여성 할례와 같은 아프리카 여성의 성인식을 살펴보자. 사진의 소녀 복부에 남겨진 흉터는 출산의 고통을 견딜 수 있는 능력과 의지를 증명하는 것이다. 이러한 의식은 생리학적 적응이 아닌 부족의 일원으로서의 편입이라  는 복합체적 사고로부터 나타난다. 종종 이 의식들은 여성들이 실제 아이를 낳을 때 심각한 합병증을 유발하거나 심지어 죽음에 이르게 할 수도 있다.

5-1-33] 동물의 특징인 자연적 형태로부터 오늘날 청소년을 특징짓는 문화적 형태로 나아가는 이행적 형태인 이 원시적 성숙 형태에서 우리는 사회적 성숙, 두 번째 출생의 계기가 신비한 의식 안에 이미 구분되어 의식되고 있음을 본다. 그렇다고 하더라도 사회적 성숙은 여전히, 어쨌든 시간적으로, 성적 성숙의 계기와 거의 일치한다.

5-1-34] 투른발트가 지적했듯이 성숙의 시작은 일반적으로 원시적 청소년이나 문화적 청소년에서 동일하지만, 원시적 청소년에서 성적 성숙의 시작과 함께 심리적 발달이 중단되는 것은 모든 연구자들이 동의한 확립된 사실로 취급될 수 있다. 호카트와 자신의 관찰을 참고하여 투른발트는 원시적 종족들에게 15세는 정신적 힘과 능력이 가장 만개하는 시기라고 지적한다. 비네 척도와 같은 정신 발달에 관한 우리의 실험은 정신 발달이 16세에 완성됨을 확립했음을 상기하자. 이 질문에 대해서는 다시 언급할 기회가 있을 것이다. 지금은 단지 문화적 청소년의 성적 성숙은 어떤 과정의 종착점과 다른 과정의 출발점을 표시한다는 것을 지적하고자 한다.

*A. M. 호카트(Arthur Maurice Hocart, 1883~1939)는 베를린 대학교에서 현상학과 심리학을 연구했으며 후에 에반스-프리차드의 솔로몬 제도 탐험대에 합류하였다. 여기서 비고츠키가 언급한 관찰은 이 탐험에서 이루어진 것이다. 그 후 그는 피지에서 교장으로 근무하면서 다음의 성인식 사진을 촬영하였다.

이 성인식 사진은 남자에게 요구되는 용기나 인내와는 명백한 관련성이 없어 보이며 여자를 위한 의식으로 생산 및 생식과 관련이 있다. 어린 소녀는 코코넛 오일만을 바른 상반신을 드러내고 하의는 나무껍질로 만든 타파 클로스로 꾸민다. 한국 청소년들은 이와는 정반대로, 즉 하의는 짧게 입고 상의는 더 입는다. 그러나 연령은 그다지 다르지 않으며, 생산물과 생식에 대한 관심은 물론 거의 똑같다.

5-1-35] 그러나 투른발트가 바르게 언급했듯이, 원시적 인간의 경우 성적 성숙기에 정신 발달이 중단되는 것은 단순히 생리적 요인뿐 아니라 사회-심리적 요인에 따른 결과이기도 하다. 이런 상황은 엄청나게 중요하다. 그것은 전체 문제를 밝혀 주고, 문제를 올바르게 공식화하는 데 필요한 전제 조건을 제공한다.

5-1-36] 세 발달 노선의 차이가 세 성숙 지점 간의 단순한 시간적 분리와 연대기적 불일치를 의미하는 것은 아니다. 그것은 무엇보다 유년기에 만들어진 주요 발달 과정 구조의 붕괴, 즉 이전에 형성된 통합체, 낡은 조직, 낡은 발달 과정 체계의 분해를 의미한다. 그것은 더 나아가 새로운 역학관계와 새로운 발달 과정의 구조가 출현하고 형성되며, 지나간 것을 대신한 새로운 평형이 확립되기 시작한다는 것을 의미한

다. 성적 성숙의 시기를 혁명이라 불렀을 때 슈프랑거는 이행적 시기에 관한 진실을 말한 것이다. 이 시기는 의심할 여지 없이 진화가 아닌 혁명적인 특징을 갖는다.

5-1-37] 이 변화의 기본적 특징이 무엇인지 그리고 이 새로운 구조의 열쇠가 어디에 있는지를 지금은 추측해 나가지 않을 것이다. 우리는 다만 이행적 연령기의 모든 징후복합체는 그 모든 기본적 측면에 스며들어 있는 이러한 모순으로 물들어 있음을 언급하고자 한다. 이 연령기의 모순성과 그 발현에 대한 생각만큼 이행적 연령기의 아동학에 널리 퍼져 있는 것은 없다. 스탠리 홀은 청소년의 12가지 기본적 모순을 열거하였으나, 그러한 모순은 그 12배만큼도 더 열거할 수 있었을 것이다.

스탠리 홀은 청소년에 대한 '생물발생적' 이론을 주장했다(그에 대해서는 『분열과 사랑』 0-18 박스 참조, 그의 이론에 대한 비판은 4-15~4-38 참조). 슈프랑거는 독일인으로 청소년에 대한 '문화 심리학적' 이론을 주장했다(그에 대해서는 『분열과 사랑』 2-26 박스 참조, 그의 이론에 대한 비판은 2-37, 4-87~4-97 참조). 비고츠키의 이력을 이상적이고 예술적 경향의 청소년, 행동 기반의 반사학자, 도구 기반의 문화-역사적 심리학자, 그리고 기호 기반의 아동학자처럼 매우 다른 비고츠키로 가르는 것은 쉽다. 그러나 그의 초기 저작에서 등장하는 '구조' 개념에 대한 진정한 이해는 해체가 아닌 더 발달된 후기 저작의 관점에서 회고할 때에만 가능하다. 우리가 『연령과 위기』나 『분열과 사랑』 같은 그의 성숙한 저작의 관점에서 이 단락을 돌아본다면, '징후복합체'라는 용어는 두드러진다. 우리는 앞에서(5-1-31) 비고츠키가 문화-역사적 시기에 레비-브륄로부터 '복합체'라는 개념을 가져왔고, 이후 기호 기반적 시기에 헤르바르트의 생각(『분열과 사랑』 0-26 참고)을 덧붙였다는 것을 보았다. 생각과 말 사이의 의미적 연결처럼 내적 연결이 필수적인 개념과 달리, 복합체는 걷기와 말하기 또는 3살의 위기와 야뇨증의 연결처럼 경험적이고 상황적인 외적 연결을 갖고 있다. 징후복합체는 발달의 특정 계기에 나타나되 서로 직접 연결되지 않을 수도 있는 징후들로 이루어진다. 그러나 그들은 간접적으로 연결되어 있다. 예를 들어 걷기는 어린이가 상황의 맥락을 변화시키도록 해 주고, 아기 침대에서 사용했던 것과는 다른 종류의 말하기에 대한 욕구를 창출할 수 있다. 또한 야뇨증은 어린이가 "안 돼"라는 말을 듣게 하고, 부정의 체계를 숙달하게 한다. 이런 징후복합체로부터 비고츠키는 이후에 『연령과 위기』에서 제시한 신형성, 발달 노선, 시기 구분 문제의 해결책에 대한 간접적 연결을 발견하게 된다.

5-1-38] 우리는 우리의 생각을 예증하기 위해 일련의 연구를 통해 확립된 기본 모순을 호출할 것이다. 이 연령은 강력한 생명 활동의 고조, 생후 첫해의 성장 곡선과만 비견되는 새로운 성장 곡선으로 특징지어진다. 이와 더불어 그것은 무기력의 연령, 즉 유기체와 그 모든 기능의 일반적인 약화로 규정지어진다. 이것은 현실과 동떨어진 환상의 지배로 특징지어지는 몽상의 연령으로, 청년의 공상은 어린이의 놀이와 마찬가지로 이 연령기에 기본적이고 자연적인 것으로 수용된다.

5-1-39] 그리고 동시에 이 연령기는 직업을 선택하고 실제 삶의 기본 문제를 결정하는 결정적인 적응의 계기이다. 인생 계획의 출현은 슈프랑거가 말한 이 연령기의 세 가지 기본 징후 중 하나이다. 그러나 케르셴슈타이너는 '직업 이기주의'를 청소년의 발달과 문화화의 기본적인 지렛대로 삼고 그것을 바탕으로 모든 직업학교의 교육이 세워져야 한다—이렇게 말한 이유가 없지는 않지만—고 말한다.

*G. M. A. 케르셴슈타이너(Georg Michael Anton Kerschensteiner, 1854~1932)는 독일의 교육자로서 뮌헨의 공립학교의 교장이었다가 뮌헨 대학교의 교수가 되었다. 그는 '건전한 마음과 건강한 몸'을 강력히 옹호했으며 교수 방법의 지나친 주지주의화에

반대하고 체육에 힘쓸 것을 주장했다. 그는 성품 교육에도 관심이 있었는데, 어린이에게 이타성을 가르치는 것은 오직 그가 타인을 통해서만 향상될 수 있다는 것을 보여 줌으로써, 즉 직업 이기주의를 통해서만 가능하다고 주장했다. 이 때문에 그의 '활동 학교'에서는 조별 작업이 매우 강조되었다.

"그렇다면 어린 시민들이 통찰의 산물인 이타성을 발달시키도록 교육하는 문제는 어떻게 해결할 것인가? 이 질문에는 하나의 답만 있는 것으로 보인다. 바로 일을 통해서이다. (…) 대부분의 청소년은 어떤 고용관계에 속해 있으며 일을 통한 성취와 향상을 바란다. 그들의 관심은 일에 집중되어 있기 때문에 거의 모든 청소년은 이 관심 분야를 통해 사로잡을 수 있다. 이렇게 소년들을 사로잡는다면 우리는 그의 신뢰를 얻고 이로써 그를 지적·도덕적으로 인도할 수 있다."

여기서 '직업 이기주의'의 의미를 알 수 있다. 과거에 사회는 직업 훈련을 빌미로 어린들에게 매우 지루한 육체적 과업을 훈련시켰다. 예컨대 공장에서 일하는 대신 비서가 될 수 있다는 명분으로 타자 기능을 익히도록 했다. 오늘날 '협동과 협력'은 교실 내 최고의 가치가 되었다. 기본적으로 육체노동에 비해 부서 간 협력이 고도로 요구되는 사무 업무의 특성에 어울리는 '관리자'로의 '성취와 향상'이 그 명분이다. 물론 비고츠키의 말처럼 케르셴슈타이너가 이러한 주장을 한 것에는 그럴 만한 이유가 있다. 직업시장의 적응에 가장 부합하기 때문이다(물론 오늘날의 직업시장은 급변하므로 예측 불가하며 몇 년 뒤의 직업을 위한 예비 훈련이라는 것은 별 의미가 없다). 그러나 '직업 이기주의'는 이타성과 같은 개념이나 나눔과 같은 실천을 하나의 통일된 앎의 형태로 가르치는 것과 거리가 멀다. 또한 케르셴슈타이가 어린 시민들을 '소년'에 국한하는 것을 볼 수 있다. 그러나 소녀들은 이타성을 가져야 하는 명백하고 직접적이며 심지어 생물학적인 이유를 가지고 있다. 바로 우정, 결혼, 모성애이다. 이는 직장에서의 승진과 무관하다. 그러나 케르셴슈타이너 당시의 독일 심리학자들은 소녀들을 무시할 만한 직업적 이유를 가지고 있었다. 이 또한 그들의 '직업 이기주의'라고 생각할 수 있을 것이다.

5-1-40] 청소년기는 성격상 분열기질적 면모, 즉 고독감, 자폐성, 자신 안에서 살기, 내관, 정신적 분열의 우위로 주목되지만, 동시에 이행적 시기는 사회적·집단적 생활이 향상되는 연령기, 사랑과 우정의 연령기, 타인에 대한 열망의 연령기, 진지한 사회적·정치적 과업으로 진입하는 연령기라는 것으로도 주목된다. 청소년은 직관상, 즉 생생하게 사실적이고 정서적인 특성을 수반하며 모든 생각의 사실적 특성을 규정하는 원시적 기억 형태의 존재에 대한 실험 연구로도 주목받지만, 이 연령기는 그 못지않게 추상적 사고로의 이행, 개념적 사고와 일반적인 지적 접근의 시작으로도 특징지어진다. 누군가는 이 시기를 직관상의 연령이라 하고, 또 누군가는 이 시기를 대수의 연령이라고 말한다. 이 둘 모두 똑같이 옳다.

비고츠키는 아동학자이자 손상학자였다. 이는 비고츠키의 방법론에 대한 중요한 열쇠이다. 비고츠키 아동학의 방법은 손상학의 방법의 열쇠이다. 지난 세기에는 정신 현상을 '악령화'하는 경향(허깨비, 액막이, 귀신 들림 등)이 존재했다. 20세기에는 그것들을 의료화하는 경향이 존재했다. 예를 들어 프로이트는 보통의 불행감을 신경계와 연결시키고 의료화하여 '신경증(노이로제)'이라 불렀다. 여성의 불안은 자궁과 연관되어 '히스테리'로 의료화되었다. 비고츠키에게서 정상적이지만 일반화된 표상을 형성하는 전 개념적 방식인 '복합체(콤플렉스)'조차 프로이트의 연구에서는 병리화되었다. 예컨대 '오이디푸스 콤플렉스'는 가족에 대한 일반화되고 병리화된 표상이다. 나중에 두드러진 기분 변화는 '순환기분장애'나 극단적인 경우 '양극성 장애'로 의료화되었다. 때로는 탈의료화와 같은 역과정도 일어났다. 예를 들어 오늘날 '신경증'은 의학적 진단으로 받아들여지지 않는다. '히스테리' 또한 남자와 여자 모두에게 적용되고 더 이상 정신병으로 간주되지 않는다. 탈의료화의 가장 명백한 사례는 1973년 동성애가 정신장애의 진단과 통계 편람 DSM에서 제외된 것이다. 그 후 동성애는 1990년 세계보건기구WHO 정신장애 공식 목록에서도 제외되었다. 이 문단은 탈병리화를 통해 정상 발달을 이해하는 비고츠키의 두 가지 사례를 포함한다. 첫 사례는 분열기질이다. 병리적 상태에서 이는 존재하지 않는 목소리나 인격에 대한 격렬한 의식을 포함한다. 비고츠키에게 이러한 의식 형태는 내적 말이나 인격 형성을 위한 전제 조건이다. 두 번째 사례는 직관상이다. 병리학적으로 직관상은 비정상적으로 선명한 기억을 포함한다. 예컨대 루리야가 『모든 것을 기억하는 남자』에서 연구한 '사진 같은' 기억을 말한다. 비고츠키에게는 직관상 또한, 밝은 빛 앞에서 눈을 감았을 때 보이는 잔상같이 자극이 없이도 심상을 지각하는 것을 가리킨다. 직관상적 기억은 그 의미와 관계없이 경험을 있었던 그대로 상기하는 것을 포함한다. 이것은 또한 순수하게 추상적이고 심상이 없는 개념적 생각과 더불어 청소년기의 특성이다. 이 두 개의 매우 다른 종류의 생각이 하나의 마음속에 공존하는 것은 청소년기 분열기질의 또 다른 사례이다.

5-1-41] K. 그로스는 이 연령기에서 본능의 지배로의 회귀를 본다. 누구나 이를 성적 성숙의 연령이라 부른다. 그러나 동시에 이는 인격과 세계관이 성숙하는 연령이기도 하다. 자신의 '자아'의 발견, 내적 세계의 정복, 외부로부터 내부로의 전환, 내향성을 많은 저자들은 이 시기 전체의 기본 특징이라 부른다. 그와 더불어 이 저자들의 일부는 (이 시기가-K) 객관적 문화의 세계에, 그 각각의 분야와 영역, 즉 법, 윤리, 예술의 세계에 뿌리내린다고 지적한다. 엔쉬는 이 연령기를 기사도와 일반-인도주의적 이상의 연령이라 불렀다. 슈프랑거는 이 시기를 무엇보다 이상주의의 연령기라 여겼다. 그러나 슈프랑거는 이 연령기에 노동자와 부르주아 청소년의 발달 경로가 완전히 갈라져 서로 다른 심리적 인격 구조를 드러낸다는 것을 알고 있었다. 이는 계급 고착의 연령기이다.

엔쉬와 슈프랑거는 청소년에 대해 독일의 낭만적 이상주의 입장을 가진다. 이 관점에 의하면 청소년의 낭만주의는 성적 성숙과 관련이 없고 사회-문화적으로 성숙함에 따라 나타나는 현상이다. 즉 사회-문화적 성숙은 사랑을 포함하지만 섹스는 포함할 수 없다는 것이다. 그러나 사랑은 청소년들에게 다른 청소년이라는 매우 구체적 형태로 다가온다. 베른펠트와 클라인과 같은 프로이트주의자들은 이것을 억압과 승화의 원칙으로 다룬다. 어린이의 성은 자기-지향적이며(예컨대 나르시시즘, 치장, 자위) 이후 억압된다(예컨대 처벌, 수치심, 죄책감을 통해). 청

사진은 사실 그리스 조각이 아니라 현대 활인화(活人畫)이다. 두 명의 실제 사람이 자신의 몸을 하얗게 칠하고 고전 조각상으로 가장한 것이다. 역사적으로 고상한 사랑의 개념은 이와 유사하다. 그것은 '고전시대'나 '중세시대'가 아니라 19세기에 유행한 것이다.

소년기의 억압된 성적 '에너지'는 다른 목표로 유도되고, 승화된다(예컨대 신체적 운동, 과학적 사고, 예술 작업). 엔쉬와 슈프랑거와 같은 독일의 낭만적 이상주의자들은 프로이트주의를 '유태인의' 심리학이라며 거부한다. 그들은 '유태인의' 심리학에서 사랑과 같은 건강하고 순수하며 원래 숭고한 이상이 육체를 통해 타락하고 불순해진다고 본다. 대신에 그들은 독일 청소년의 발달이 독일 역사의 문화적 복제이며 마치 중세의 기사도처럼 유년기의 황금시대로부터 출현한다고 주장한다. 청소년의 사랑은 관대하고 순결하며 고상하기 때문에 건강하고 순수하며 본래 숭고하다. 그들에게 청소년의 심리는 남성 청소년의 심리로 국한되었기 때문에 여성은 대상화될 뿐이었다.

5-1-42] 우리는 결코 이 목록이 이행적 연령기의 모순을 모두 설명한다고 생각하지 않는다. 우리는 다만 청소년 발달의 온갖 측면과 구성 과정에서 연령기의 기본적 모순이 얼마나 복잡하고 다양한 형태로 굴절되는지 지적하고자 한다. 우리는 이 강좌를 통해 이러한 수많은 온갖 다양한 모순들을 고찰하고, 그 모순들이 모든 연령기의 기본 모순으로

부터 어떻게 생겨나는지 보일 것이다. 미리 말하자면 이 모두는 고착된 인격 구조 속의 고정된 극점이 아니다. 이 모두는 변화하는 구조를 생성하는 역동적 과정의 모순이다.

비고츠키는『분열과 사랑』(4-9~4-11)에서 독일 이론가들이 정글 같은 방대한 이론과 사막 같은 실제적 사실을 제시할 뿐이라고 말했다. 그러나 이 문단은 마치 이론의 정글 속으로 회귀하는 것처럼 보이기도 한다. 그러나 세 가지 이유에서 그렇지 않다. 첫째, 비고츠키가 이 문단에서 말하듯이, 그는 이 짧은 설명이 아직 밝혀지지 않은 이행적 연령기의 기본적이고 중심적인 모순(발달의 사회적 상황)을 대신할 수 있으리라 생각하지 않는다. 둘째, 비고츠키는 독일 연구들이 주변적이고 증상적인 모순을 다룬다고 비판한다. 그는 이 모든 모순들이 어떻게 더 큰 모순과 연결되는지 앞으로 보여 줄 것이다. 셋째, 가장 중요한 것은 사실에 무관심한 이론적 늪과 사실을 고찰하는 방법의 바탕이 되는 튼튼한 철학적 토대 사이에는 중요한 차이가 있다. 그러나 철학적 토대 역시 독일 학자들인 헤겔과 마르크스로부터 비롯된 것이다.『논리학』서문에서 헤겔은 '생성'이란 존재와 비존재의 통합체라고 말한다. 여기서 바로 마르크스와 비고츠키가 사용할 발달의 개념이 드러난다. 발달은 단순한 단위들이 더해져 점점 더 복잡한 전체가 되는 것이 아니라, 단순한 전체가 복잡한 전체로 분화하는 것이다. 헤겔이 의미하는 것은 모든 복잡한 전체는 반드시 보다 단순하고 미분화된 전체로부터 분화된다는 것이다. 이는 비고츠키가『역사와 발달』의 방법론을 다룬 장에서 거듭 강조한 것이다. 따라서 앞에서 살펴본 모든 부분적이고 증상적인 모순들은 실제로 더 큰 어떤 모순들의 단순한 표면적 증상에 지나지 않는다. 철학적으로 말하면 이 더 큰 모순들은 비성인성과 성인성 사이의 모순이다. 아동학적으로 말하면 이것은 13세와 성인기 사이의 이행적 연령기를 거치며 분화되는 미분화된 전체이다. 이 비성인성과 성인성의 복합적 통합체는 성적, 일반-유기체적 성숙과 역사-문화적 성숙이 동시에 일어나지 않음에서 비롯된다. 다음 문단에서 비고츠키는 이를 즉자적 어린이(걷고 말하고 성적 욕구를 포함한 자연적 욕구를 가진 자연적 어린이)와 대자적 어린이(진정 자유롭고 의지적인 운동, 의도적 의미 전달, 자유로운 사랑이 가능한 성숙한 젊은 청년)가 아직 분화되지 않은 상태라 말한다. 청소년의 미분화는 모순을 만들어 낸다. 그러나 이는 부분적이고 증상적인 모순들이 아니라, 실제적이고, 변증법적이며, 구체적인 모순이자 발달의 역설이다.

생성=존재와 비존재의 통합체	
비성인성(자연적인 '즉자적 어린이')	성인성(문화적인 '대자적 어린이')
무감각, 무기력(5-1-38 참조)	활력, 활동성(5-1-38 참조)
수동성, 의존성(5-1-39)	능동적인 인생 계획(5-1-39)
본능(성적 본능 포함) 직관상(5-1-39~40)	이상(사랑 포함) 추상(5-1-39~40)

5-1-43] 세 개의 성숙 노선이 갈라짐으로써 발생하는 부적응이 이 시기 발달의 기본 동력이다. 이 부적응을 극복하는 것을 바탕으로, 문화적 발달과 유기체적 발달의 관계가 유년기와는 달라진다. 이행적 연령기와 유년기의 사이에 일어나는 변화와 차이의 본질은 발달 과정의 구조 속에서의 지배성의 변화라는 말로 가장 정확하게 표현될 수 있을 것이다. 어린이 발달과 청소년 발달은 똑같이 유기체 발달과 문화 발달의 두 노선이 꼬이고 엮인 것이다. 인간은 생물학적인 동시에 역사적인 존재로 형성된다. 어린이 발달의 복잡성은 무엇보다 두 흐름이 동시에 존재한다는 것에서 비롯된다.

5-1-44] 어린이가 유기체적 발달 노선의 지배를 받는 데 비해, 청년기는 역사적 발달 노선의 지배를 받는다. 이 두 노선이 교차하는 때가 바로 이행적 연령기이다. 유기체적 발달과 문화적 발달이 하나의 과정으로 수렴되고 통합되어 문화적 발달이 유기체적 발달로 일어나는 것은 어린이의 특징이다. 예를 들어 어린이의 경우 특징적으로 말의 숙달은 의미의 이해보다 앞서 일어난다. 이것이 언어에 대한 '자연적' 관계이다. 어린이는 문화를 자연적인 것으로 숙달한다. 자연적 측면을 숙달하

는 것이다. 어린이는 걷기를 배우는 것과 마찬가지로 말하기를 배운다. 청년은 그렇지 않다.

5-1-45] 여기서는 문화적 발달이 지배한다. 가장 유기체적인 발달 과정조차도 문화적 발달의 흐름에 휘말리게 된다. 어린이가 걷기처럼 말을 배우고 문화적 과정의 자연적 토대를 숙달하게 된다면, 청소년기는 반대로 자연적인 것이 문화적인 형태로 나타나며 이 문화적인 형태는 종종 그 유기체적 토대보다 일찍 성숙하곤 한다. 헤겔이라면 어린이와 청소년의 차이를 어린이는 즉자적 존재이고 청소년은 대자적 존재가 된다는 말로 표현했을 것이다(Г. Е. 아르킨).

> 본문의 "G. E. 아르킨"은 E. A. 아르킨일 수도 있다(E. A. 아르킨에 대해서는 **3-2** 참조). '즉자적' 존재와 '대자적' 존재의 구별은 헤겔의 논리학 91장에서 온 것이다. 헤겔은 칸트처럼 대상을 물자체로 생각하지 않고(칸트에 따르면 인간은 대상을 온전히 파악할 수 없다), '실재'로 시작하여 '대타적 실재'를 말하고, 성숙한 의식에 상응하는 "대자적 실재"를 말한다. 이 세 단계는 몸짓이 어떻게 해서 가리키는 몸짓이 되는지 설명하면서 비고츠키가 사용했던 것이다.
>
> a) 무작위한 움직임은 즉자적 움직임이다.
> b) 가리키는 몸짓으로 해석된 움직임은 대타적 움직임이다.
> c) 의도적인 가리키기 몸짓은 대자적인 움직임이 된다.
>
> 이와 비슷하게 개념 역시, 지각에 의해 얻어진 자연적인 더미로부터 타자에 의해 낱말의 의미가 부착된 일반화된 지각의 복합체를 통해 진개념으로 발달한다. 진개념을 사용하면서 어린이는 낱말 의미를 통한 자유롭고 독립적인 생각 작용을 숙달한다.

5-1-46] 어린이 유기체가 즉자적 존재에서 대자적 존재로 변화하는 것, 바로 이것을 인격 형성 과정이라 부른다.

5-1-47] 성적 성숙 시기는 인격이 형성되는 시기라는 점에서 성숙 상태는 물론 청년기와도 다르다. 청소년은 슈프랑거가 바르게 말했듯이 자기 자신을 이해하지 못한다. 그는 아직 대자적 존재가 되지 못했다. 그는 그 형성 과정을 겪고 있다. 그러나 그는 이미 즉자적 존재이길 멈추었다. '즉자적'과 '대자적'은 그에게서 분열한다. 이행적 연령기의 기본적 사실과 그 구조의 기본 특질이 여기에 있다. 성숙 상태는 이 두 계기의 융합으로 특징지어진다. 생성중인 인격은 그것이 잘 발달된 상태와는 다르다. 첫 번째 경우 유기체적 기원과 인격적 기원은 복잡한 상호작용, 즉 충돌, 투쟁, 부조화 속에 있다. 두 번째 경우 그것들은 복잡하게 통합되며, 하나로 모아져 불가분하게 융합된다.

5-1-48] 슈프랑거는 자신의 저서 『청년기 심리학』의 결론에서 청년기는 권리뿐 아니라 의무도 부과한다고 지적하며 다음과 같이 말한다. "Was das Leben uns verspicht, das sollen wir dem Leben halten(삶이 우리에게 약속한 것을 우리는 삶 속에서 지켜야 한다)." 이것은 대자적 존재가 되어 처음으로 고등한 형태의 필연성을 획득하는 청소년에게만 해당하는 말이다. 이 필연성은 인간에 고유하며 역사적 발달의 과정에서만 나타나고, 이것을 우리는 자유의지라 부른다. 이는 엥겔스가 말하듯이, 자연과 자기 자신에 대한 지배 즉 자연적 필연성에 대한 인식에 기반을 둔 지배로 이루어진다.

5-1-49] 발달 과정에 나타나는 이러한 급진적 변화를 성숙의 세 지점의 갈라짐으로부터 필연적이고 자연적으로 나타나는 결과로 제시하는 것이 우리의 기본 과업이다. 세 가지 성적 성숙 형태, 즉 자연적 성숙, 원시적 성숙, 문화적 성숙의 비교연구와 발생적 연구, 이것이 우리의 방법이다.

● 이행적 연령기의 일반 개요

비고츠키 청소년 아동학 1권(『분열과 사랑』)에서 비고츠키는 청소년기 아동학 연구를 초기 유년기 연구와 비교하였다. 그는 초기 유년기는 자료가 풍부하지만 이론이 빈약한 반면, 청소년기 연구는 모두 이론일 뿐 자료가 빈약하다고 지적한 바 있다. 그러나 비고츠키 역시 이번 장에서 자신의 이론을 제시하며 시작한다. 그는 자료 없이는 가설을 세울 수 있을 뿐이지만, 가설 없이는 모든 자료가 한 줌의 모래처럼 흩어져 일관성 있는 이론 속에 편입될 수 없다고 말한다. 따라서 수업 내용을 기술하고 있는 도입 문단의 첫 번째 항목만을 다루는 5-1은 일종의 뼈대이며, 5-2는 여기에 실제 자료를 다룸으로써 살을 붙인다.

5-1에서 비고츠키는 인간이 자신의 문화적 환경을 창조한 까닭에 인간의 유기체적 성장, 성적 성숙, 성인 입문의 교육이 모두 크게 확장될 수 있음을 보여 주는 계통발생적, 사회발생적, 개체발생적 증거를 제시한다. 그러나 문화는 이 세 가지 모두를, 심지어 각각에 포함된 기능들을 정확하게 같은 정도로 확장시키지는 않는다. 따라서 성장, 성숙, 교육의 최고점의 계기는 더 이상 일치하지 않는다. 이 불일치는 생물학적으로 합목적적이지 않다. 성적 생식이나 사회문화적 생산이라는 새로운 필요에 응해야 하는 시기에 인간의 신체는 여전히 일반 유기체적으로 성장 중인 것이다. 생물학적 비합목적성은 설명되어야 한다. 전체 인류의 재생산 능력에 해롭고 위태롭고 피해를 주는, 길고 매우 취약하며 때로는 불필요하게 위험하고 폭력적인 삶의 시기가 갖는 의미와 목적은 무엇인가? 어린이 발달에서, 문화적 역사 속에서, 인간 진화의 큰 부분을 통해 지속되는 이 모순을 설명하고 이로부터 교육적 결과를 이끌어 내고 설명하기 위해서는 이 시기가 갖는 의미와 목적이 먼저 잘 설명되고 이해되어야 한다. 이를 위해서는 이론 이상의 것, 자료가 요구된다.

A. 청소년기는 생물학적으로 필요한가?
　i. 비고츠키는 발달의 세 봉우리가 일치하지 않는다는 데에서 시작한다. 그는 생물적 성장의 분출이 유년기에 시작하며 초기 성년기까지 잘 이어지지만 성적 성숙 기간은 매우 한정적이고 그 정점은 8세에서 16세 사이 어딘가에서 한 번만 나타나는 반면, 문화화(교육)는 시간, 장소, 사회 계층에 따라 매우 광범위하고 다양하게 나타난다고 지적한다(5-1-2, 5-1-17).
　ii. 비고츠키는 이 불일치를 묘사할 뿐 아니라 설명해야만 한다고 말하며 그 발달적 결과도 설파되어야 한다고 말한다. 그러나 여기에서 그는 오직 설명의 개요만을 제시하고 있다. 다음 부분에서 자료를 제시할 것이며 이어지는 장들에서 발달의 결과를 제시할 것이다(5-1-3~5-1-4).

iii. 비고츠키는 손다이크와 입장을 같이하여 양육이 계통발생 속에서 늦게 나타나지만(포유류) 개체발생에서는 초기(출생과 동시에)에 나타나며, 성적 생식은 이와 정반대라고 지적한다(5-1-7). 비고츠키는 코레와 입장을 같이하여 일반적 유기체 성숙에 요구되는 긴 시간과 고등 유기체에서 발견되는 복잡성 사이에는 직접적 연결이 있다고 가정한다. 비고츠키는 성 성숙에도 동일한 연결이 존재할 것이라는 가설을 세운다. 아직 성장 중인 유기체가 어린 개체를 낳아 돌본다는 것은 생물학적으로 부적당하기 때문이다(5-1-5~5-1-8).

iv.『역사와 발달』 1장에서 기술된, 유기체는 오직 구조가 허용하는 기능만을 수행한다는 '제닝스 원칙'에서처럼(1-114), 인간은 이 규칙을 확장하여 결국 깨뜨리는 것으로 보인다. 성 성숙은 늦게야 발생하며 인간은 재생산 이전에 유기체 성장의 추가적인 급증을 필요로 한다. 이 유기체 성장의 추가적인 급증은 성성숙과 함께 종료되지 않는다(5-1-9~5-1-13). 비고츠키는 문화가 청소년기의 위기를 악화시킬 뿐 아니라 위기를 창조한다고 결론짓는다. 동물에게는 청소년기의 생물학적 필요성이 없다. 청소년기는 인간에게 역사적으로 필요하게 되었다.

B. 인간의 청소년기는 합목적적인가?

i. 비고츠키는 만일 청소년기의 발명이 역사적으로 필요한 것이라면, 피그미족과 같은 소위 '원시적' 종족에게는 청소년기가 명확하게 분화되지 않을 것이라고 추론한다. 블론스키와 비고츠키는 이를 입증할 증거를 투른발트(5-1-14)와 홀(5-1-15)의 연구에서 찾는다. 그들은 또한 이 증거를 소비에트의 청소년 노동자 계급 내의 문화 속에서도 찾는다. 블론스키는 노동자 청소년들의 청소년기가 단축되고 사회문화적 성숙이 그들의 성장을 가로막음을 지적한다(5-1-16). 비고츠키는 늦게 성취된 것은 아직 공고하지 않고, 병리적 현상에서 쉽게 소실된다고 덧붙인다(5-1-17).

ii. 이러한 사회적 환경 속에서의 성 성숙은 유년기 내의 이행적 위기가 아니라 유년기 끝에 있는 종착점이다. 청소년기 없이 유년기로부터 성인으로 통하는 직접적 통로가 되는 것이다(5-1-18). 여기에는 생물학적 토대가 있을 것이다. 강아지는 조숙하게 성생활을 시작하면서 성장 발육이 정지되며, 피그미족 또한 어린 나이에 결혼하면서 조기에 성장이 멈춘다(5-1-19).

iii. 비고츠키는 성 성숙의 위기성이 문화적 복잡성으로 인한 결과라는 데는 동의하지만, 위기 없이 성인기로 나아가는 것이 자연적 '황금시대'라는 것에는 동의하지 않는다. 오히려 반대로, 성적 성숙기를 지나 유기체적 성장을 지속하는 '자연적인' 인류의 경로는 생물학적으로 부적합한 것처럼 보인다(5-1-21).

iv. 그러나 비고츠키는 지나친 부적합성(즉, 원시사회에서 볼 수 있는 고통스러운 성년식 통과의례)이 기술될 뿐 아니라 설명되어야 하며, 더 나아가 이로부터 이행적 연령기 이해를 위한 실천적 결론을 도출할 필요가 있다(5-1-22~5-1-24).

C. 청소년기의 부적합성을 어떻게 설명할 것인가?

i. 이전의 시도들(『분열과 사랑』 4장 참조)은 이를 이해하기 위한 공식을 찾는 데 몰두하였다. 비고츠키는 이런 공식들이 관념론적, 주지주의적이라고 지적한다. 즉 청소년기의 목적을 '짝에 대한 갈망', '정신적 공명', '인격적 가치와 비인격적 가치의 구별' 또는 '내적 정복'으로 본 것이다(5-1-24~5-1-25). 결론으로의 목적론적 비약 대신에 비고츠키는 판단을 미루고 먼저 자료를 들여다보자고 제안한다(5-1-26~5-1-27). 그러면서도 그는 자료를 통일성 있는 틀에서 해석하기 위해 가설적인 해결책을 짧게 제시한다. 그는 청소년의 위기적 본성이 사회의 복잡성에 직접 비례한다는 코레의 경험적 관찰을 위기의 기원 그 자체에 대한 가설로 확장하여 문화를 위기의 기원으로 상정한다(5-1-28).

ii. 문화는 생물적 성장을 확장하고, 문화화의 기간을 성 성숙을 훨씬 지나 연장시킴으로써 동물에게는 최종적이며 하나뿐인 봉우리를 세 개의 봉우리로 구별한다(5-1-28~5-1-29). 루소가 말했듯, 우리는 한 번은 존재하기 위해, 다른 한 번은 종족을 보존하기 위해 두 번 태어난다(5-1-30). 다만 루소는 존재와 종족 보존 모두가 사회와 문화로의 편입을 수반한다는 점은 지적하지 않는다(5-1-31).

iii. 소위 '원시적' 사회에서는 이러한 편입 과정이 심각한 신체적 정신적 체벌 의식으로 특징지어진다. 이는 또한 심리적 발달의 종료로도 특징지어진다. 비고츠키는 소위 '원시적' 인간이나 '문화화된' 인간들 모두, 가족을 떠나 새로운 가족을 이루기 시작하면서 정신 발달을 멈추는 것처럼 보인다고 지적한다(5-1-32~5-1-35).

iv. 두 사례 모두 모순이 나타나게 될 것을 상상할 수 있으며 사실 모순은 넘쳐난다(5-1-36~5-1-37). 본능은 내관에 의해 교란되고, 관념론은 구체성에 의해 교란되며 유기체적, 성적, 심리적 성장의 결합된 급증은 허약증, 좌절, 분열적 체질에 의해 교란된다(5-1-38~5-1-41). 이는 단순히 개인에게 합목적적인 것이 가족에게 그렇지 않다거나(성적 자유vs 금욕), 가족에게 합목적적인 것이 사회에 그렇지 않음(대가족 대 핵가족, 전통적 교육 대 노동력 이동)을 뜻하는 것이 아니다. 두 경우 모두 청소년기 전체에 스며든 것처럼 표현되는 어떤 일반적 모순으로 보인다.

D. 청소년기의 모순은 교육에 무엇을 예견하는가?

i. 비고츠키는 각 부분적 모순에서 새로운 개인 간, 사회적 구조가 나타나 오래된 관계들과 갈등을 일으키는 것을 발견할 수 있다고 말한다(5-1-42). 비고츠키는 이를 '지배성'의 변화로서 이해할 것을 제안한다(5-1-43). 이는 그가 후기 아동학 연구에서 '중심적 발달 노선'이라 부르는 것에서 변화가 나타난다는 의미이다(『연령과 위기』 1-2-4 참조).

ii. 예컨대 초기 유년기에 언어는 무의식적으로 학습된다. 어린이는 의미를 숙달하기 전에 입술과 혀의 움직임을 숙달한다. 성인은 외국어 교육을 포함한 학습 과정을 이와 반대로 접근하는 경향이 있다. 조음기관의 운동이 숙달되기 훨씬 이전에 정교하게 정의된 의도와 의미가 먼저 나타난다(5-1-44).

iii. 유년기에는 순간적이고 비자발적이며 본질적으로 자연적인 지배성이 나타난다. 성인에게는 영구적이고, 의지적이며 본질적으로 사회문화적인 지배성이 나타난다. 청소년기는 사회문화적 성숙이 지배성을 갖기 시작하는 계기를 나타낸다(5-1-45~5-1-48).

iv. 인격은 근본적으로 사회문화적이므로, 이는 비로소 청소년에게만 도달 가능한 목표가 된다. 생물적 발달 노선과 성적 발달 노선, 사회문화적 발달 노선을 구별해야만 우리는 비교-발생적으로 인격 형성을 연구할 수 있다(5-1-49). 그러나 이를 위해서는 방대한 양의 상대적 발달 자료를 기술하는 것이 요구되며 이는 5-2의 과업이 된다.

제5-2장
청소년의 해부–생리학적 특징

류트를 든 자화상(A. 젠틸레스키, 1615~1617)
젠틸레스키의 작품들을 관통하는 몇 가지 주제에 주목하자. 우리는 그녀의 그림에서 독립적
이고 비중 있는 예술가로서의 자화상, 밝음과 어두움의 극명한 대비, 진지하고 금욕적이고
다소 엄격한 표현 등을 볼 수 있다. 마슬로프는 7장 앞부분에서 청소년기의 일반 해부학적
성숙을 협주곡에 비유한다. 이때 성샘 호르몬은 노년기까지 이어질 주요 멜로디를 연주하기
시작한다(7-1). 5장의 후반부에서 비고츠키는 청소년의 신체에서 신경계, 특히 뇌가 성적 성
숙이라는 주제와 어떻게 합류하는지 설명한다.

5-2

5-2-1] 성적 성숙 연령은 유년기로부터 성숙한 상태로의 이행이다. 그것은 전체 유기체의 급격한 변화와 관련이 있다.

5-2-2] 이들 변화의 중심에는 청소년의 성적 성숙이 놓여 있다. 그러나 어린이 유기체 삶의 모든 측면들—키, 몸무게, 생리 작용, 고등신경 활동, 행동, 정신—은 이 기본적 요인의 영향 아래 현저한 변화를 겪는다. 유년기로부터 성숙한 상태로 실제로 이행하는 이 연령기는 모든 생명력의 가파른 증가로 특징지어진다.

5-2-3] 이로부터 이 연령과 연결된 위험과 창조적 기회가 비롯된다. 이러한 생명 활동의 고조는 불리한 외적 내적 조건, 즉 열악한 환경 속에서는 출구를 찾지 못하고 발달적 혼란(질병, 갈등, 폐쇄성)을 초래하지만, 발달에 유리한 환경 속에서는 사회적이고 창조적인 인격 형성의 원천이 된다. 청소년 발달의 모든 측면에서 우리가 마주치는 이행적 특성은 청소년이 이미 어린이가 아니지만 아직 성인도 아니라는 것이다.

5-2-4] 청소년의 행동에서도 동일한 것이 나타난다. 그는 모호한 이상으로부터 자기 삶의 경로에 대한 현실적 탐색(직업 선택)으로 나아간다. 이 때문에 이행적 연령기를 위기적이라 부르는 것은 타당하다.

5-2-5] 이 연령기가 위기적이라고 불리는 까닭은 이것이 균형이 붕

괴된 연령기라는 사실 때문이다. 유기체의 삶 속으로 성적 성숙과 같은 중요하고 비중 있는 요소가 도입되면서, 앞 연령기에서 형성되었던 어느 정도 안정적이던 균형 상태가 급격히 무너진다. 후기 청년기 및 성인의 특징인 새로운 균형은 아직 성립되지 않았다. M. 루빈스타인의 딱 맞는 비유에 따르면, 어린이 유기체는 교차로에 도달한다. "이 연령의 어린이는 모습 전체가 바뀌고, 때로 신체 각 부분들의 관계는 마치 교차로에 놓인 것처럼 보이기 시작하기도 한다. 어린이는 온전한 유년기를 떠났지만 아직 성숙한 신체의 잘 통합된 조화를 이루지는 못했다." 그리고 사실, 이 시기 어린이의 유기체와 인격 모두는 유년기로부터 성숙을 향하여 움직이며 흐르고 변화하는 중이다.

*M. M. 루빈스타인(Моисей Матвеевич Рубин-штейн, 1880~1953)은 이르쿠츠크에 있는 동시베리아 대학교의 설립자이자 초대 학장이었다. 그는 베를린과 프라이부르크에서 독일어와 철학을 공부했고, 러시아에 돌아와서는 아동학과 교육학을 연구했다. 1927년 『On the Meaning of Life(삶의 의미에 대하여)』를 집필했고, 거기서 우주의 중심에 인간을 위치시키고, 이상주의와 현실주의의 조합을 주장했다. 형이상학을 반대하고 일원론적인 세계관을 옹호했으나 심각한 비판을 받았고, 이후에는 아동학으로 전향했다. 1950년대 중요한 활동 이론가였던 S. 루빈스타인과는 다른 사람이다.

5-2-6] 성적 성숙 시기의 일반적인 특징은 일련의 변태, 즉 여러 측면과 기능의 질적 변화이다. 이러한 일련의 변태의 중심에는 어린이를 성적으로 성숙한 존재로 변화시키는 기본적인 변태가 있다. 이 시기의 발달은 이미 어린이에게 있던 것의 양적 증가를 가져올 뿐 아니라, 새

로운 것을 도입하고, 숨겨진 것을 드러내며, 잠들어 있는 유기체의 힘을 깨우고, 뒤에 있던 것을 전경으로 드러낸다.

5-2-7] 또한 이 시기에는 역발달 과정, 즉 발달의 모든 새로운 단계에서 항상 수반되는 시듦과 소멸이 특히 두드러지고 집중적으로 나타난다. 이행적 연령기는 기존의 것이 소멸하는 만큼 또한 새로운 것이 탄생하는 때이다. 유년기의 소멸은 어린이다운 흥미, 이상, 놀이가, 그리고 환경과 자기 자신에 대한 유치한 태도가 사그라드는 것으로 나타난다. 이 연령기는 종종 두 번째 출생과 생생히 비교된다.

5-2-8] 성적 성숙 시기에 체격과 몸무게에서 집중적인 성장 곡선이 나타난다. 키의 성장 과정과 체중 증가 과정의 상호 관계가 어린이를 길고 야윈 것처럼 보이게 만든다.

5-2-9] 우리는 이미 성장이 파동형임을 알고 있다. 성적 성숙 시기에는 성장 과정이 강화된다. 체격도, 몸무게도 증가한다. 잘 알려진 미국 아동학자 스탠리 홀의 자료에 따르면 $12\frac{1}{2}$세에서 16세 사이 소년의 체중은 45파운드가 증가하나, $5\frac{1}{2}$세에서 $12\frac{1}{2}$세의 기간에는 오직 30파운드 증가에 그친다. 이것은 사춘기 이전 연령의 반밖에 안 되는 성적 성숙 시기(7년 대 3.5년) 동안 체중이 약 1.5배(45 대 30) 더 증가한다는 의미이다. 다시 말해 성적 성숙기는 체중, 즉 체질량이 집중적으로 증가하는 시기이다.

> 1파운드는 약 0.45kg이므로, 45파운드는 약 20.41kg, 30파운드는 약 13.61kg 정도이다.

5-2-10] 몸무게 증가를 절대적 수치가 아닌 상대적 수치로 나타내면 그 의미가 더욱 분명하다. 15~16세가 되면, 이 기간 동안 몸무게 증가는 최대치를 기록하여 연간 증가 비율이 12~13%에 이른다. 성적 성

숙기의 시작과 관련된 이러한 몸무게 증가는 소년들보다 소녀들에게서 조금 더 빨리 나타난다. 연간 체중 증가는 13세에 이르러 (평균 10파운드로) 최고점에 도달한다. 반면, 12세에는 이 최고치에 근접하여 평균 9파운드를 나타내고 13세 이후에는 감소하여 14세에 9파운드, 15세에 8파운드, 16세에 5파운드, 18세에 3파운드로 줄어든다.

5-2-11]　비록 이 몸무게와 키 사이에 완전한 의존성이 존재하지는 않지만, 집중적인 체중 증가와 관련하여 이 시기에 키도 증가한다. 스탠리 홀의 자료에 따르면 평균적으로 5세 어린이는 41.7인치, 12.5세 어린이는 55.4인치, 18.5세 어린이는 67.5인치 정도로 성장한다. 다시 말해, 성적 성숙이 일어나기 전의 기간인 7년 동안 신장의 증가는 14인치이고, 성적 성숙기 6년 동안 12인치가 증가한다. 성장은 소년의 경우 14~15세, 소녀의 경우 12~13세에 최대로 증가한다. 이때 성장은 소년은 연간 3인치, 소녀는 2인치 증가한다.

연령	신장				
	아랴모프의 자료	우크라이나	에리스만	아랴모프의 자료	우크라이나
9	125.4	124.0	122.4	24.5	25.7
10	127.2	128.0	126.3	27.2	27.5
11	132.5	132.2	129.8	29.4	29.8
12	139.0	136.4	134.4	29.9	32.7
13	143.5	140.2	137.7	35.7	34.5
14	147.0	145.8	141.2	40.7	39.0
15	153.7	151.2	146.6	45.7	43.0
16	159.1	157.0	153.2	50.8	48.2
17th	161.7	161.3	158.6	52.2	53.8
18	160.8	164.5	161.8	54.2	55.8

〈표 1〉 청소년의 키와 몸무게

본문에 나오는 키를 센티미터로 바꾸면 다음과 같다.

나이	키(인치)	키(센티미터)
5세	41.7	105.9
12.5세	55.4	140.7
18.5세	67.5	171.45

〈표 1〉은 청소년의 키(cm)와 몸무게(kg) 자료이다. 비고츠키는 이 자료가 참고 문헌에 언급한 아랴모프의 책에서 인용되었다고 말한다. 표의 첫 열은 모스크바 지역 학교에 대한 아랴모프 자신의 연구에서 나온 것이다. 둘째 열은 L. P. 니콜라예프가 출판한 우크라이나 어린이에 대한 연구에서 나온 것이며, 이 연구는 아래 〈표 2〉~〈표 7〉에서도 이용된다. 비고츠키는 **5-2-49**에서 1926년에 행해진 니콜라예프의 우크라이나 연구를 언급한다. 이 책을 쓰고 있던 1930년까지 비고츠키는 우크라이나에 있는 의과대학에 다니고 있었으며, 우크라이나에서는 이미 심각한 기근이 벌어졌다. 셋째 열은 상당히 오래된 에리스만의 연구에서 나온 것이다.

*F. H. 에리스만(Friedrich Huldreich Erismann, 1842~1915)은 러시아의 공공 예방의학을 설립한 위생학자이다. 스위스에서 태어나 안과 의사가 되었으며, 독일로 건너가 러시아 여성과 결혼한 후, 러시아로 건너가 모스크바 대학교 교수가 되었다. 그러나 1896년에 차르에 항의하는 학생들을 숨겨 주었다는 이유로 해고되어 스위스로 돌아간 후 사회주의 정당을 설립했다. 비고츠키가 그의 연구에서 인용한 자료는 분명 상당히 오래된 것이다. 왜냐하면 그는 1917년 혁명 전에 이미 사망했기 때문이다.

*И. А. 아랴모프(Иван Антонович Арямов, 1884~1958)는 아동학이자 블론스키의 추종자로서, 생물학적 경향을 지녔다. 원래 그는 의사로 훈련받고 제1차 세계대전에 참전하였으나 부상을 당한 후 교사가 되었다. 혁명 후 어린이 보호 기관에서 일했으며, 거기서 모스크바 지역에 대한 광범위한 조

5-2-12] 여기서 제시된 자료는 성적 성숙 시기가 키와 몸무게가 증
가하는 때라는 일반적 입장을 매우 잘 보여 준다. 〈표 1〉과 〈표 2〉는 이
성장 과정에 대한 좀 더 자세하고 새롭고 완전한 자료를 제공한다. 이것
에 관심이 있다면 참고할 만하다.

5-2-13] 쉽게 볼 수 있듯 이
연령기에는 다른 연령기와 마찬
가지로 키와 몸무게의 변화 리듬
이 일치하지 않는다. 스트라츠는
어린이 발달에서 유기체의 몸집
이 커지고 살이 찌는 통통한 시
기와 어린이의 키가 커지는 길쭉
한 시기를 확립한다. 첫 번째 경
우 몸무게 증가는 키의 증가 속
도보다 집중적이며, 몸무게의 절
댓값은 크게 증가함에도 불구하고

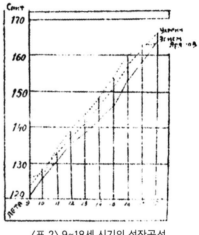

〈표 2〉 9~18세 시기의 성장곡선
(I. A. 아랴모프의 책에서 인용)

상대적 체질량은 감소한다. 성적 성숙기는 바로 길쭉한 시기이다. 이때
어린이는 키가 크고 대체로 홀쭉해진다. 즉, 이 연령에 절대적 몸무게는
크게 증가하지만 날씬해지는 것이다.

〈표 2〉의 그래프는 〈표 1〉의 자료를 나타낸 것이다. 제일 위의 곡선
은 니콜라예프의 우크라이나 어린이에 관한 자료이며(5-2-11), 두 번째
곡선은 에리스만의 자료, 세 번째 곡선은 아랴모프의 연구 자료이다.

5-2-14] 이 시기 골격계에서도 중대한 변화가 나타난다. 20세가 되어서야 끝나는 골화 과정은 이 연령에서 극도로 강력하게 일어난다. 뼈가 경화되면서 연골이 줄어들어 전보다 덜 유연해진다. 이 시기의 만곡증을 비롯한 뼈 성장의 여러 이상들은 초기 유년기보다 더 교정이 어렵다. 소위 '학교 측만증', 즉 부적당한 책상에 앉은 영향으로 척추가 휘어지는 현상이 이 연령에서 흔하다. 뼈

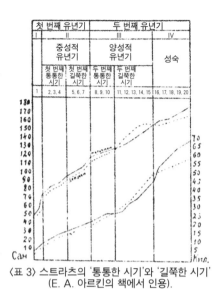

〈표 3〉 스트라츠의 '통통한 시기'와 '길쭉한 시기'
(E. A. 아르킨의 책에서 인용).

가 굳어지면서 즉 어린이다운 유연성과 부드러움을 상실하면서 뼈 형성의 온갖 이상들은 더 위험하고 심각해지며, 골격계의 건강 문제는 더 중요해진다.

*C. H. 스트라츠(Carl Heinrich Stratz, 1858~1924)는 러시아계 독일인이며, 산부인과 의사였다. 그는 어린이 발달이 무성적 유년기와, 아직 어린이의 성이 뚜렷하게 나뉘지 않은 상태인 양성적 유년기, 성숙기로 이루어져 있다는 이론을 가지고 있었다. 아르킨의 책에서 인용한 위 그래프를 살펴보면, 위쪽 곡선은 신장이며, 아래쪽 곡선은 체중이다. 실선은 소년, 점선은 소녀의 성장을 의미한다. 아르킨의 자료가 스트라츠의 이론을 잘 뒷받침하지는 않는 듯하다. 비고츠키가 주장한 바와 같이 소녀들의 발달 궤적이 소년들의 발달 궤적과 다르다는 점은 뚜렷하다(5-2-10). (스트라츠에 대해서는 『연령과 위기』 2-1-9 참조)

5-2-15] 골 경화 과정은 이 시기 골격계의 중요한 변화이다.

5-2-16] 이 시기 뼈 성장은 불규칙하다. 특히 척추뼈와 골반뼈 발달은 소녀에게서 특히 활발하다. 다른 뼈에 비해 두드러진 성장 때문에, 이 연령기 전체 몸의 구조, 즉 몸의 부분들 사이의 비율로 표현되는 골격 구조가 현저하게 변화한다. 직전 연령기에 확립된 신체 비율이 새롭게 변하는 것이다.

나이	몸무게			키		
	아랴모프	쿠르킨	니콜라예프	아랴모프	쿠르킨	니콜라예프
15	50.03	43.1	43.0	157.7	150.2	151.2
16	51.2	48.1	48.2	161.4	155.2	157.0
17th	55.1	54.6	53.8	164.6	160.0	161.3
18	58.7	56.2	55.8	165.5	161.5	165.4

〈표 4〉 아랴모프, 쿠르킨, 니콜라예프의 조사 자료 비교(연령별 평균)
(아랴모프의 『청소년 노동자Рабочая Подростка』에서 인용)

5-2-17] 이 시기 골격 구조의 변화에서 기본적인 사실은 둘레보다 신장이 더 활발하게 성장한다는 것이다. 즉 청소년 신체가 일반적으로 길어지고 홀쭉해진다. 팔다리의 집중적 성장은 청소년의 키에 대한 다리 길이의 비율을 바꾸며, 키에서 다리 길이는 성인기보다 더 큰 비율을 차지한다. 따라서 청소년은 긴 팔, 좁고 평평한 가슴, 길쭉한 두개골을 가진 다리가 긴 사람이라는 인상을 준다.

나이	키-몸무게 지수		
	아랴모프	쿠르킨	니콜라예프
15	319	287	284
16	317	310	307
17th	335	341	333
18	354	348	339

〈표 5〉 아랴모프, 쿠르킨, 니콜라예프의 조사 자료 비교(연령별 평균)

5-2-18] 신체 비율에서 청소년은 소위 허약형 혹은 육식형 인간형에 가까워진다. 어떤 과학자들은 인간 신체 구조의 두 가지 극단적 유형을 동물의 신체 구조에 비유하여 초식형과 육식형이라 부른다. 첫째는 크고 둥근 머리와 넓은 가슴, 큰 배, 짧은 다리와 짧은 목으로 특징지어진다. 둘째는 초식동물보다 육식동물을 연상시키는 좁은 두개골과 긴 목, 길고 좁은 가슴, 긴 팔다리, 가는 뼈로 특징지어진다. 신체 구조상 청소년은 육식형의 특징과 유사하다.

스트라츠가 기술한 유년기의 '두 번째 홀쭉한 시기(〈표 3〉 참조)'와 육식은 무슨 관계가 있을까? 최소한 세 가지를 들 수 있지만 모두가 과학적인 것은 아니다. 첫째, 초식동물은 몸의 내부에 음식을 저장하기 때문에 지방 저장 공간을 필요로 하는 반면, 육식동물은 사냥감이 외부에 있으므로 몸이 날렵하고 민첩한 경향을 보인다. 물론 긴 목과 긴 다리, 좁은 얼굴을 가진 기린과 같은 초식동물도 있고, 짧은 목, 둥근 얼굴을 가진 고양이와 같은 육식동물도 있다. 그럼에도 이러한 일반화는 어느 정도 과학적이다. 둘째, 신체의 각 부분이 성장함에 따라 신체 각 부분의 부담이 가중되고, 이는 육식 욕구와 피로감으로 귀결된다. 이 육식 욕구와 피로감은 사냥과 포식 후 오랜 잠에 빠져드는 사자를 연상시킨다. 비고츠키는 뒤에서 청소년기의 피로감에 대해 좀 더 논의한다. 비고츠키가 여기서 일반화한 것들의 대부분(예컨대, 청소년기의 혈압의 상승)이 오늘날에도 타당하지만, 그럼에도 비고츠키는 예외적 사례도 배제하지 않는다(사실 소녀들의 혈압은 소년만큼 증가하지 않는다). 셋째, 몸의 생김새에 따라 인격이 결정된다고 생각하는 전 과학적 사고가 있다. 신체 유형학은 육식동물과 초식동물의 신체 유형과 성격 특성을 단순히 인간에게 적용한 것이다. 고대 그리스의 체질설에서 유래하는 이 체계는 오늘날 성격검사나 '관상학'에서 여전히 사용된다.

비고츠키가 여기서 언급한 유형학은 '신체 유형'에 따라 인격을 구분했던 나치 심리학자 크레치머의 주장이다. 크레치머는 마르고 굽은 몸에 근육 없이 키만 큰 허약 체질은 사회성이 없고, 비관적이며 수줍음을 타 항상 혼자 있으려고 한다고 보았다. 허약 체질은 10대들이 그렇듯, 많이 먹지만 절대 살은 찌지 않는다. 이와 반대로 비만 체질(초식형)은 사회적이고 쾌활하며 채소를 먹어도 살이 찐다고 보았다. 당연하게도 게르만 운동선수 유형이 이상적인 체질이었다.

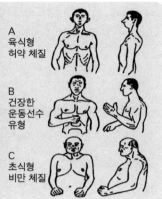

A
육식형
허약 체질

B
건장한
운동선수
유형

C
초식형
비만 체질

5-2-19] 이 시기 근육계는 집중적으로 성장한다.

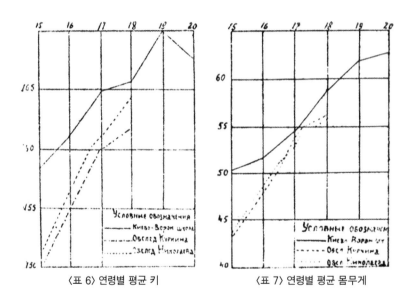

〈표 6〉 연령별 평균 키 　　　〈표 7〉 연령별 평균 몸무게

〈표 6〉과 〈표 7〉은 15~20세 사이 청소년의 연령별 평균 키(cm)와 몸무게(kg)를 그래프로 나타낸 것이다. 범례는 다음과 같다. 실선은 아랴모프, 긴 점선은 쿠르킨, 짧은 점선은 니콜라예프의 자료를 나타낸

5-2-20] 근육의 활발한 성장은 이 시기 신체 발달을 더욱 특징짓는다. 연구들에 따르면 8세 어린이의 근육량은 전체 체중의 27.2%, 15세는 32.6%, 16세는 44.2%, 성인은 45%이다. 이 자료에서 우리는 성적 성숙 시기 끝에 이르러서야 청소년의 근육계가 거의 완전히 발달함을 볼 수 있다. 이 덕분에 신체 구조의 일반적 특징은 변형되며 청소년의 육식성, 허약 유형의 특징은 다른 형태, 즉 좀 더 균등하게 발달한 청년의 근육질 혹은 운동선수 유형으로 변형된다.

5-2-21] 이는 고대 조각상에서 나타나는 조화로운 인간 육체 형태를 염두에 둔 것으로, 비유적으로 그리스 유형이라고 불린다. 성적 성숙 기간 동안 근육은 활발하게 성장하는데, 몇몇 저자들은 청소년의 특징적인 어색함을 불균등한 근육 성장으로 설명하는 경향이 있다. 근육이 성장함에 따라 청소년의 근력도 증가하고 점차 세밀한 운동 조절이 발달하게 된다.

5-2-22] 근육 발달의 중요성에 대해 스탠리 홀은 "대체로 기능, 지구력, 인내는 근육의 미덕이고, 피로, 의지 부족, 예측 불허, 권태감, 불안, 통제력 부족, 불균형은 근육의 부덕이라고 부를 수 있을 것이다"라고 훌륭하게 말한다.

위 인용문은 비고츠키의 러시아어 원문이 아닌, 스탠리 홀(1907)의 원문을 직역한 것이다.

Stanley Hall, G.(1907). *Adolescence*. Vol. I. New York: Appleton, p. 132.

5-2-23]　심혈관계 역시 강력하게 성장한다. 많은 저자들은 이 연령기의 가장 특징적인 사실로 심장과 혈관 성장의 불일치를 꼽는다. 심장은 혈관보다 더 정력적으로 성장하며 그 결과 혈액은 더 좁은 길을 따라 흐르게 되어 혈압이 상승한다. 혈관계는 근육과 내장 기관 등의 성장에 물을 주고 양분을 공급하기 위해 크게 확장된다.

5-2-24]　확장된 혈관망은 심장 활동에 더 많은 요구를 하고 이제 심상은 전보다 더 큰 망을 통해 혈액을 순환시켜야 한다. 이 연령기에 심장과 혈관의 충돌은 종종 혈액 순환 장애, 부정맥, 심계항진 등을 일으킨다. 빈혈은 이 연령에서 흔한 질병이다. 성적 성숙기 유기체의 변화하는 구조와 기능으로 인해 심혈관계의 변화가 일어난다. 심혈관계는 기관과 조직을 육성한다는 기본 과업을 충족시키기 위해 유기체에서 이루어지는 새로운 조건에 적응해야 하는 것이다.

5-2-25]　이처럼 우리는 순환계가 강력하게 성장하고 있음을 볼 수 있으며, 각 부분들은 불균등하게 성장하며 그 결과 이 시기의 혈액 순환의 특성이 변화된다.

5-2-26]　이행적 연령기의 신경계 발달은 두 방향에서 이루어진다. 말초신경계가 확대 및 확장되고, 중추신경계는 기능적으로 완성되고 복잡해지는 것이다.

5-2-27]　기관과 조직의 집중적 성장은 신경망의 확장과 복잡화를 가져온다. 말초신경계가 자란다. 이 시기 척수는 척추관을 거의 채운다. 이 시기에 대뇌의 질량과 크기의 성장은 미미하다. 내장 기관의 급속한 성장에 따른 혈액의 유출로 대뇌는 상대적으로 약화된 시기를 겪는다. 또한 일부 저자들은 혈관, 특히 뇌로 혈액을 전달하는 경동맥의 부피 성장과 심장 성장의 불일치로 대뇌로의 혈액 유입이 어려움에 봉착하게 된다는 것에 주목했다. 그렇지만 다른 저자들은 혈관의 성장이 심장의 성장보다 뒤처지지 않는다고 본다.

5-2-28] 이 시기 뇌 구조에서는 중요한 변화가 일어난다. 뇌의 다양한 부분들을 서로 연결하는 연합 섬유들이 맹렬하게 성숙하고 성장하며, 이로 인해 뇌의 기능적 발달과 고등신경 활동의 복잡화와 향상이 일어난다. 같은 연령에서 대뇌피질의 세포는 최종 형태와 분화에 도달한다. 이와 관련한 이 시기 신경계 발달은 (외적-K) 성장보다는 활동의 기능적 향상과 복잡화와 더 밀접하게 관련된다.

5-2-29] 성적 성숙기 신체 발달의 부정적 측면과 긍정적 측면은 유기체 생명 활동의 강력한 분출이라는 이 시기의 중심적 사실에 의해 동등하게 제약된다.

5-2-30] 이행적 연령기의 신체적 발달은 전체적으로 볼 때 그 구성 과정들의 이중성과 불일치로 특징지어진다. 다른 모든 연령기들과 마찬가지로 그 위에는 위기의 봉인이 찍혀 있다. 근본적으로 이 위기는 매우 유익하며 그 핵심에는 전체 유기체의 생명 활동의 강력한 분출이 있다. 이는 이 연령기의 무수한 긍정적 잠재성과 연결된다. 내장 기관, 뼈와 근육의 성장과 성숙의 활발한 증가와 성性이라는 새로운 유기체적 요인의 강력한 출현과 같은 이 모든 것들은 유기체적 힘의 분출을 표현한다.

5-2-31] 그러나 이 급속하고 가파른 증가는 이 연령기의 부정적 측면인 위험과 관련되어 있다. 균형이 붕괴되면 흔히 갈등이 찾아온다. 근력의 증가(이 연령기의 긍정적인 점)는 성장과 변화에 소모되는 에너지 증가와 유기체 전 영역의 불안정한 상태에서 비롯되는 청소년 피로감(이 연령기의 부정적인 점)을 수반한다. 심장의 성장과 혈압 증가(+)는 순환 작용 장애(-)를 수반하고, 신경 작용의 정교화 및 증가(+)는 작업 능력 저하, 불안정성, 신경계 작용의 붕괴(-)를 수반한다.

5-2-32] 모든 부정적인 점들이 우리 눈을 가려 이 시기의 기본 특징인 유기체 전체의 생명 활동의 급격한 증가를 이해하는 데 방해가 되어서는 안 된다. 이 모든 부정적인 것들은 이런 폭풍 같은 증가의 어두

운 측면일 뿐이다.

5-2-33] 성적 성숙기로 접어들면서 어린이의 신체적 모습의 이러한 양면적 변화는 운동 영역에서 가장 두드러지게 표현된다. 청소년의 거북함과 어색함, 서툰 행동, 수많은 불필요한 행동들은 모두 매우 눈에 띄기 때문에 오래전부터 일상적 관찰을 통해 이 연령기의 특징적인 외적 징후로 주목받아 왔다. 이 징후의 기저에는 전체 청소년 운동성의 진정한 재구조화가 있다. 성적 성숙기로 접어들면서 청소년은 특히 초기 연령기 어린이의 두드러진 특징인, 움직임의 고유한 우아함을 잃는다.

5-2-34] 홈부르거는 말한다. "어린이의 모든 운동은 그 동작과 자세의 흐름의 유동성, 어린이의 움직임의 우아함과 즐거움 덕분에 그 특유의 흔적을 획득한다." M.O. 구리예비치가 말했듯 어린이 운동의 이러한 우아함은 한편으로 미세하고 작은 운동에 대한 굵고 큰 운동의 우세로 설명되며, 다른 한편으로 의지적 구조에 대한 자동적 구조의 우세라는 신경 지배 자체로 설명된다.

*A. 홈부르거(August Homburger, 1873~1930)는 하이델베르크의 어린이 정신과 의사로서 1917년 어린이와 청소년을 위한 상담 체계를 최초로 확립했다. 그는 『*Vorlesungen über Psychopathologie des Kindesalters*』(어린이 정신병리학, 1926)라는 선구적인 책을 썼다.. 이 책은 어린이 정신병이 환경적 요소와 생물적 요소의 조합이라는 게젤의 견해를 취한다.

*M. O. 구리예비치(Михаил Осипович Гуревич, 1878~1953)는 베흐테레프의 제자이자 소비에트 정신의학의 창설자였다. 1925년부터 1934년까지 그는 공산주의 아카데미의 고등신경활동 연구소 소장이었다. 모스크바 대학교로 자리를 옮겨 1950년까지 학생들을 가르치다가, '뿌리 없는 세계주의'에 반대하는 반유대주의 운동으로 해고되었다.

5-2-35] 청소년의 몸짓, 모방, 움직임과 자세가 인위적이고, 남을 의식하며, 강박적이고, 부자연스러우며 심지어 가식적이고 경직되었다는 인상을 주는 것은 바로 어린이와 성인에게 자동적으로 발생하는 의지적 신경 지배의 과잉, 어린이 운동성의 일차적 자동성의 붕괴, 이차적으로 발달하는 성숙한 운동성의 자동성의 결여 때문이다. 여기서 우리는 처음 개요를 소개할 때 언급했던 '의지의 압박'의 우위, 대뇌피질적 기질의 출현, 대뇌피질의 일방적 지배의 출현에 주목해야만 한다.

5-2-36] 유년기의 자연적 운동성은 소멸한다. 문화적(이른바 의지적) 움직임을 이루는 복잡한 운동 방식들이 정형화되기 시작한다. 이 방식들이 정형화되면 인간 성인을 특징짓는 자동화된 운동의 토대가 다시 생겨날 것이다. 하지만 지금 이행적 연령기에서는 이 방식을 만드는 과정이 막 시작되었을 뿐이다. 청소년의 움직임을 관찰하는 것은 마치 우리가 문화적 움직임을 창조하는 작업이 이루어지는 실험실 안으로 들어가서 동작을 감독하는 뇌 영역의 구조 변화를 쫓아가는 것과 같다.

5-2-37] 여기서 주목해야 할 가장 중요한 것은 운동성이 고등영역에 의해 점령되었다는 것이다. 그러나 이 고등운동형태로의 이행은, 이행적 연령기의 다른 측면들과 마찬가지로, 마치 더 낮은 단계로 후퇴하듯이 갈등과 일시적 퇴행을 수반한다. 사실, 청소년기의 이상함과 어색함은 청소년의 운동 기능에 대한 대뇌피질의 충동 조절 능력이 성장한다는 것을 증명한다.

5-2-38] 홈부르거는 이행적 연령기의 운동성 쇠퇴를 뇌 부분들의 불균등한 발달로 설명하는 경향이 있다. 그의 지적에 따르면 중추신경계는 중뇌의 하위 부분보다 나중에 발달한다. 이 덕분에 심리-운동 영역 통제의 혼란이 일어나고, 원시성으로의 쇠퇴가 나타나며, 합목적적이지 않은 행동이 지배하기 시작한다. 청소년 운동 영역에서의 변화를

설명하는 데 이 계기의 영향을 빠뜨려서는 안 된다면 또한 이 계기만이 이 변화 전체의 모습을 설명하지는 않는다는 것도 강조해야 한다. 다른 측면, 바로 고등 영역의 지배 증가가 전혀 고려되지 않았기 때문이다. 바로 이 두 계기가 연결되어 동시에 존재하는 것이 이 연령기의 특징적 모습이기도 하다.

5-2-39] 만약 우리가 M. O. 구리예비치를 따라 모든 복잡한 운동 행위가 세 가지 기본 구성 요소─자동적 요소, 의식적(심리 운동적) 요소, 자동화된 요소─를 포함한다는 것을 받아들인다면, 우리는 청소년 운동 영역에서의 이러한 변화에 대한 올바른 설명에 좀 더 가까워질 것이라 생각한다. 이런저런 계기들의 우세는 전체 행위의 구조를 결정한다.

『역사와 발달』 3장에서 비고츠키는 티치너의 실험에 대해 논한다. 티치너는 복잡한 '선택' 반응이 연습을 통해 어떻게 '감각' 반응처럼 빠르게 일어나게 되는지 설명하고자 했다. 예를 들어 불빛을 보고 단추를 누르도록(감각 반응) 어린이를 훈련시키고 그 시간을 잰 후에 티치너는 열 가지 색깔의 불빛에 따라 어린이가 열 개의 다른 손가락을 사용하여 단추를 누르도록(선택 반응) 하였다. 여기서 우리는 분석되지 않은 자동적인 반응이 의식적인 심리운동 반응으로 변화하고, 그 후에 연습을 통해서 자동성을 다시 확립함을 볼 수 있다. 아마도 교사는 심리학자보다 더 이런 것에 익숙할 것이다. 특히 외국어를 가르친다면 더 그럴 것이다. 아주 어린 어린이들은 "What's this?" "Who's that?" 등의 표현을 듣고 따라 함으로써 배운다. 어린이들의 발음과 억양이 완벽한 까닭은 그들이 분화되지 않은 전체를 따라 하기 때문이다. 문법적으로 문장을 분석하기 시작한 더 큰 어린이들("What is his name?"나 "Who is that man?"과 같은 표현)은 상대적으로 어색한 발음과 경직되고 단조로운 억양을 갖게 된다. 그러나 여기서 더 나아간 어린이들은 분석된 부분들을 재통합하여 자연스러운 발음과 억양을 가지게 된다.

5-2-40] M. O. 구리예비치는 다음과 같이 말한다. "의식적 심리운동 요인의 지배는 비경제적이다. 자동적 요인의 지배는 대상에의 적응이라는 점에서 행동의 유연성을 떨어뜨린다. 두 요인의 최적의 조합이 요구된다. 이는 반복된 행위, 훈련, 연습 즉 습관화된 행동 방식의 창조를 통해 경험적으로 획득된다. (…) 두 요인이 바르게 조합되면 우리는 움직임이 자연스럽다고 한다. 수줍은 사람이 여러 사람 가운데 당황함을 느끼면 자동적인 움직임을 믿지 않고, 의식적 심리운동성의 비율을 변화시킨다. 그는 부자연스럽고 이상하게 보이게 된다."

	집단 1	집단 4
수면	8시간	7.1시간
개인정비	1,,	1,2,,
식사	1.8시간	1.25시간
통근	1.6,,	1.78,,
사회노동	0.47시간	0.7,,
오락	1.5,,	1.7,
운동	0.77,,	1,,
독서	0.9,,	0.6,,
휴식	–	1.4,,
공부	3시간	2.4,,
실습	4,,	3.98,,
집안일	0.3시간	–
기타	.60시간	0.89,,
	24시간	24시간

〈표 8〉 청소년 노동자의 시간표(아랴모프의 자료)

5-2-41] 잘 통제되지 않는 움직임을 수반하는 청소년의 운동성은 의식적 심리운동 요인의 지배 측면에서 나타나는 유사한 비율 변화로 특징지어지며, 그로 인해 복잡한 운동 작용 내의 최적의 조합이 어그러진다고 우리는 생각한다.

5-2-42] 그러나 이런 상황은 피로감의 증가와 직접 관련이 있다. 왜냐하면 심리운동적 요인이 움직임을 지배하여 수많은 대뇌피질이 관여하는 것은 극도로 비경제적이며, 신경계를 빠르게 탈진시키기 때문이다. 따라서 일정하고 정형화된 노동 과정을 익히기를 요구하는 모든 교수-학습 과정은, 주로 자동화된 움직임에 기초하고 있는 숙련된 노동자의 노동 과정보다 헤아릴 수 없을 정도로 더 복잡하고 지루한 과정이다. 이와 같이 청소년 견습 노동자와 노련한 숙련 성인 노동자의 노동 과정은 하나의 측면에서—외적인 측면에서—동일하지만, 일반적으로 심리적인 측면에서, 특히 피로감이라는 측면에서—완전히 다르다.

5-2-43] 이것이 청소년의 피로 증가를 유발하는 하나의 계기이다. 또 다른 계기는 이 시기에 유기체 자체가 갖는 특성이다. B. E. 이그나티예프는 다음과 같이 말한다. "성적 성숙기는 성장이 증가하는 시기로, 영양소의 대부분이 신체의 형성에 공급되며 신체의 기계적 노동에는 현저히 적게 공급된다. 이 때문에 우리 법은 16~18세 청소년의 하루 노동시간을 6시간으로, 14~16세는 4시간으로 규정한다."

*B. E. 이그나티예프(Варнава Ефимович Игнатьев, 1860~1927)는 러시아 위생학의 선구자로 알려진 에리스만의 제자이다. 교실의 낮은 조도가 학습에 미치는 영향에 대한 연구로 모스크바 대학교에서 박사학위를 받았으며 모교에서 강의를 했다. 그러나 교수로는 임명되지 못하였고, 차르의 교육부 정책을 반대하며 대학을 떠났다. 그 후 모스크바 체육교육 연구소를 조직하는 한편, 모스크바 아동학 연구소의 학교 위생학부 등에서 학교위생 관련 연구를 계속하였다.

5-2-44] 청소년의 피로에 대한 문제는 청소년의 일상, 시간 계획, 노동 중 휴식 시간, 합리적인 여가 사용, 수면 문제와 연결되어 있다. 이행적 연령은 직업 훈련과 정규 노동이 시작되는 연령이기 때문에 우리는 이 문제에 각별히 주의하여 접근할 필요가 있다. 우리는 И. А. 아랴모프가 제공한 시간 계획에 관한 연구 결과를 제시한다. 이 연구는, 모든 과학적 연구들이 그렇듯, 청소년 노동자의 시간 배분에 관한 완전히 새로운 지평을 열었다. 예컨대 과도한 사회적 노동의 부과가 공장도제학교 학생들의 건강과 학업 성취에 해롭다는 일반적 관점은 확인되지 않았다. 그것은 가장 적극적으로 일하는 몇몇 청소년들에게는 유효하지만, 하루의 사회적 노동시간이 25~30분인 '평균적 학생'에 대해서는 잘못된 것임이 드러난다.

> 공장도제학교는 1920년에 창설되어 히틀러의 소련 침공 시까지 유지되었다. 대개 커다란 공장 안에 설립되었으며 그 주된 기능은 숙련 노동자와 기술자를 양성하는 것이었다. 공장도제학교는 최소한 초등 교육을 마친 14~18세 어린이들을 입학시켜 직업 교육과 더불어 일반 교육을 수행하였다. 교육 기간은 1920년대에 7년이었으나, 1930~1939년에는 1년 반이나 2년으로 축소되었다.

5-2-45] 이행적 연령기의 민감해진 감정과 불안정성, 전체 유기체의 일반적이고도 심오한 재구조화, 취약성의 증가, 이 모든 것들은 이 연령기 체육교육의 과업을 매우 중요하게 만든다. 심지어 일반적인 무력증(쇠약증)은 이 연령기의 기본 특징이 아니며, 신체 발달 과정의 토대에는 강력하고 일반적인 생명 활동의 비약이 있다고 보는 가장 낙관적인 연구자들조차 И. А. 아랴모프가 제시한 것과 같은 이행적 연령기를 구분 짓는 독특한 '생물학적 가위'가 존재함을 부인할 수 없다.

여기서 '가위 위기'라는 용어는 매우 특별한 의미가 있다. 1923년, 레닌과 트로츠키는 '새 경제 정책'을 도입했는데, 이는 농민에게 식량을 사고팔 수 있는 자유를 준 것이다. 그러자마자 경제는 트로츠키가 '가위'라 불렀던 현상으로 고통을 받았다. 거래할 공산품은 너무나 적었기 때문에 공산품 가격은 올라갔지만, 농산물 가격은 하락했다. 결국, 농민들은 자급자족의 태세로 돌아섰고, 스탈린 치하의 정부는 이에 폭력으로 대응하였다. 수많은 농민이 학살됨에 따라 대기근이 발생했으며 이는 비고츠키가 이 책을 쓰던 시기(1931~1934년)와 겹친다.

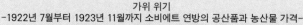

가위 위기
-1922년 7월부터 1923년 11월까지 소비에트 연방의 공산품과 농산물 가격-

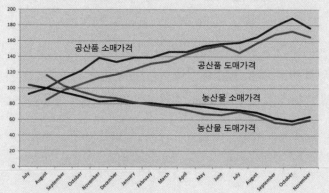

아랴모프는 청소년의 자연적인 힘(청소년의 '농촌' 경제)이 성적 성숙과 일반-유기체적 성장 덕분에 급속하게 커진다는 것을 지적한다. 그러나 청소년의 사회-문화적 통제력(청소년의 계획된, 중앙화된, '도시' 경제)은 아직 미약하다. 따라서 분화되고 증폭된 감정과 신체적 능력에 대한 자기-조절의 결핍은 '가위' 현상을 낳는다.

5-2-46] 다음 장에서 우리는 청소년 노동자의 건강 상태에 관한 자료를 제시할 것이다. 이 자료에서 매우 큰 비율의 청소년들이 건강 문제를 가지고 있음이 확인된다. 이것은 신체 발달 정도와 청소년 건강 상

태의 역설적 상호 관계(만족스럽고도 일반적인 신체 발달이 대부분 고통스러운 장애를 수반함)로서, И. А. 아랴모프가 이행적 연령기의 '생물학적 가위'의 문제라고 말한 것이다.

5-2-47] 이런 생물학적 가위의 의미를 강화하고 내용을 보완하는 두 가지 상황을 떠올려 보자. 첫째, 다음 개요에서 보게 될 바와 같이 И. А. 아랴모프로 하여금 이행적 연령기의 '허약성의 지배'를 부인하도록 이끈 바로 그 연구가 청소년 노동자의 성적 성숙이 예컨대 미국 청소년에 비해 일반적으로 지연되어 "현대 청소년과 청년들은 성적 발달이 심각하게 지연되고, 그 결과 일반적 발달도 지연된다"는 것을 보여 주었다. 이것이 바로 И. А. 아랴모프의 말이다. 보다시피 이것은 신체 발달을 긍정적으로 그리는 일반적 입장에 대한 매우 근본적인 수정이다. 여기서도 '역설적 상호 관계'가 나타난다. 전반적으로 만족스러운 신체 발달이 성적 발달의 지연, 결과적으로 일반적인 발달의 지연을 수반한다는 것이다.

근육 상태	1그룹	2그룹	3그룹	4그룹	5그룹
	%	%	%	%	%
좋은	29.4	30.0	38.2	42.5	35.8
보통	38.2	60	50	44.6	47.5
약함	32.4	10	11.8	12.9	16.7

〈표 9〉 근육의 발달(И. А. 아랴모프의 자료에 의함)

5-2-48] 저자 자신이 다른 책에서 지적했듯, 이에 못지않게 중요한 두 번째 수정은 И. А. 아랴모프가 제시한 자료가 일반적인 청소년 노동자의 전형을 특징지을 수 없다는 사실과 관련해서 이루어져야 한다. 이 자료는 청소년 노동자 다수를 특징지을 수 없다. 이 공장도제학교 자료를 청소년도제부대 자료와 비교하면 공장도제학교 학생들의 신체 발달

과 건강이 더 좋음을 알 수 있다. 청소년도제부대 학생들의 압도적 다수는 허약 체질을 보여 주며, 성적 성숙은 훨씬 더 뒤처진다. 그들 중 근육조직이 잘 발달하지 못한 학생 수는 직업 선발을 통과한 학교 학생들보다 2.5배 많다. 부대 학생들 중에는 결핵이 의심되는 경우가 많으며, 영양 부족으로 허약하고 마른 경우가 비교할 수 없을 만큼 많다. 결론은 공장도제학교가 "직업 선발 과정에서 최상의 학생들을 데려간다"는 것이다.

5-2-49] 이 설명은 완전히 옳은 것으로 보인다. 공장도제학교 청소년들의 발달을 나타내는 신체 발달 곡선이 항상 일반 노동자와 도시 청소년의 발달 곡선들을 상회하는 것(〈표 6〉, 〈표 7〉 참조)을 상기해 보자. 하나는 9,000명의 모스크바인을 포함하는 2만 명의 청소년을 연구한 『모스크바의 청소년 노동자』(모스크바, 1924)를 쓴 П. И. 쿠르킨의 연구를 토대로 하였다. 다른 하나는 우크라이나의 어린이와 청소년을 포함하는 『우크라이나의 어린이』(하리코프, 1926)라는 논문집으로 출판된 Л. П 니콜라예프의 연구 결과를 나타낸다. 공장도제학교 청소년들을 특징짓는 평균값은 항상 다수 청소년에 해당하는 발달 지수를 상회한다.

*Л. П. 니콜라예프(Л. П. Николаев, 1898~1954)는 의사이자 인류학자, 해부학자이며 혁명 기간이었던 1923~1927년에 그의 제자들과 함께 우크라이나에서 신체측정학을 연구하였다. 그는 고대 이집트의 미라 제작법에서부터 도스토옙스키의 등장인물의 신체적

1934년 우크라이나 실험실에서 뼈와 생체역학을 연구하는 니콜라예프 부부 (가운데 서 있는 두 사람)

특징에 이르기까지 다양한 주제에 관하여 100권이 넘는 책을 저술하였다. 또한 그는 마네킹, 의족과 의수, 오늘날에도 사용되는 어린이 의류 치수 규격을 고안하기도 하였다. 그는 유명한 접골의사인 O. B. 네

드리게일로바-니콜라예바와 결혼했다. 그는 아내와 함께 소아마비 치료를 위한 외과수술을 혁명적으로 발전시키기도 하였다. 그는 자신의 동료가 집도한 외과 수술을 받다가 의료 사고로 사망하였다.

5-2-50] 결과적으로 И. А. 아랴모프의 자료는 가장 바람직하게 잘 발달한 청소년 노동자를 특징지은 것이지 결코 대중적인 것이 아니다. 학교에 들어갈 때, 의학적 선별이 이루어지고, 가장 건강하고 잘 발달된 청소년이 선발된다. 이는 아랴모프의 높은 표준값을 설명해 주는 한 가지 이유이다. 또 다른 이유는 생활조건 분석에서 볼 수 있듯이, 이 청소년들이 쿠르킨의 청소년 노동자의 삶에 대한 자료와 비교해 볼 때 일반적으로 평균보다 높은 상태에 있다는 것이다. "끝으로 세 번째 이유는 이 청소년들이 그 사회적 구성이 말해 주듯 철도 노동자 그룹에 속한다는 것이다. 이들은 "경제적으로 더 안정되어 있으며, 앞선 대기근의 시대에 다른 직업군보다 상대적으로 나은 조건하에 있었다."

위 본문의 인용부호는 러시아 원문을 그대로 따랐다.

5-2-51] 따라서 И. А. 아랴모프의 지나치게 긍정적인 자료를 그대로 받아들이면 안 된다. 더 나아가 이렇게 '선별된' 청소년 노동자 집단조차 지연된 성적 성숙이라는 거의 일반적인 규칙을 나타낸다는 점과, 저자의 말처럼 계산에서 얻은 평균을 분석하면 체중, 가슴둘레 등과 같은 성장 지표의 최댓값과 최솟값 사이의 엄청난 차이가 드러난다는 점을 반드시 고려해야 한다. 특히 여기에 제시된 표는 이것을 분명하게 입증한다.

5-2-52] 이 저자는 다음과 같이 말한다. "변이곡선의 존속 범위", "양극단 값과 평균값의 매우 큰 편차, 양극단 값 사이의 매우 큰 범위,

이 모두는 청소년이 신체적 모습에서 매우 다양한 그림을 보여 주며 결코 동질적 집단이 아니라는 것을 나타낸다."

5-2-53] И. А. 아랴모프가 묘사한 청소년 노동자들 간의 우수성을 비교해 보면, 이 측면에서 그림은 저자 자신이 인정하는 것처럼 전혀 다르게 조망된다. 이는 "노동자 가정 출신 청소년 집단보다 전반적인 신체 발달이 더 좋은" 공장도제학교 출신 청소년조차 신체 발달에서 거대한 불균형을 나타낸다는 것을 의미한다.

5-2-54] 예컨대, 15세 체중의 최솟값과 최댓값의 격차는 최솟값의 약 80%가 된다. 이는 우수한 평균 뒤에 매우 불균등하게 분포된 실제 지수가 숨어 있음을 의미한다. 이행적 연령기의 모든 영역을 특징짓는 발달과잉과 발달결핍은, 어떠한 시사점도 주지 않는 평균적 우수함을 나타내는 평균값으로 희미해져 버린다.

5-2-55] 우리는 이미 이 글을 시작할 때 모순이 이행적 연령기의 모든 발달 과정을 구분 짓는 근본적 모습이라고 말한 바 있다. 이행적 연령기의 갈등과 혼란에 대한 글에서 우리는 이 자료를 다른 측면에서 살펴볼 기회가 있을 것이다. 이 자료는, 우리의 모든 보류 사항에도 불구하고, 그리고 이에 대한 우리의 해석이 저자 자신의 해석과 다소 다름에도 불구하고, 이행적 연령기의 이론적 문제를 해결하는 데 결정적인 의미를 잃지 않는다는 것을 지적하고자 한다. 이 연령기의 기본적 모습을 결핍으로 간주하는 대중적 의견을 반박하는 이 자료의 모든 증거 능력을 인정하면서, 우리는 무엇보다 우리가 모든 이행적 연령기의 토대에 두는 기본적 입장에 비추어 이 자료를 보고자 한다. 즉, 우리는 이 자료에서 '평균적 우수함' 대신 이 시기의 발달을 구분 짓는 '결합된 모순'을 보고자 한다.

비고츠키는 소비에트의 청소년의 일반적 건강상태에 대해서 아랴모프보다 훨씬 더 비관적이다. 아랴모프의 자료는 훨씬 더 건강하고 더 나은 환경에 놓인 청소년이 있는 공장도제학교에 근거를 두고 있다. 비고츠키는 스탈린의 제2차 5개년 계획의 재앙을 분명히 인식하고 있었다. 농촌의 어린이들은 가혹한 과로에 직면했으며 기아의 확산은 소비에트 청년들을 굶주리게 했다. 비고츠키는 소비에트 전역의 교사들이 정부의 공식적인 견해(아랴모프 자료)를 지나치게 신뢰하지 않도록 경고한다. '결합된 모순'은 정확히 무슨 뜻일까? 아랴모프의 자료에 대한 분석을 통하여 그는 매우 큰 규모의 표준 편차를 주의 깊게 지적해 왔다. 예컨대 〈표 10〉의 15세 어린이 체중의 최솟값과 최댓값의 차이를 고려해 보면, 그의 조사 대상 수는 오직 9명에 불과하지만 체중은 거의 30킬로그램이나 차이가 난다는 것을 확인할 수 있다. 만일 단순히 평균값만 들여다본다면 이 자료에는 평균값과는 거리가 먼 변량들이 포함되어 있다는 결정적 사실을 놓치게 될 것이다. 집단에 대해서 참인 것은 개인에 대해서도 참이다. 성장 전반에 초점을 맞추면 우리는 청소년기의 시작에 놓인 결정적 시기의 결합적 모순을 놓치게 된다. 스트라츠에 따르면 어떤 때는 키가 체중보다 훨씬 더 빠르게 성장하고 어떤 때는 그 반대가 된다. 비고츠키 또한 혈관체계가 심장보다 훨씬 더 빨리 확장되며, 두뇌가 거의 성장하지 않을 때에도 신경체계는 전체적으로 극도로 빠르게 발달한다는 것을 지적한 바 있다. 무엇보다 청소년기에 이르러 습득한 생식 능력—성적 본능—은 이를 뒷받침하는 사회문화적 능력보다 훨씬 더 빨리 성장한다. 이 모든 것은 특정 능력이 그에 대한 통제와 규제 능력보다 훨씬 더 빨리 성장하는 '가위 위기'를 낳는다.

5-2-56] 여기서는 부정적 측면에 머무르면서 이 자료가 사실 청소년 신체 발달의 심각한 결핍을 증명함을 지적하고자 한다. 피로와 취약성의 증대, 전체 연령기의 일반적 불안정성으로 인해 이행적 연령기의 체육교육의 역할은 아동학적 관점에서 완전히 필수적인 것이 된다.

5-2-57] 통속적 아동학에 뿌리 깊게 박힌 편견이 있다. 그중 하나

는 예컨대 걸음마 시기, 초기유년기에는 체육교육만이 필요할 뿐이며 위생 분야에서조차 교육은 유아와 전혀 상관없다는 생각이다.

5-2-58] 이러한 편견은 우리의 유아 교육학에서 폭로되었다(А. Б. 잘킨트). 그러나 이는 이행적 연령기 청소년은 체육교육이 전혀 필요하지 않다는 또 다른 뿌리 깊은 편견에 부합한다. 전통적인 청소년의 문화화 체계에서 체육교육은 대개 전무했다. 반면 우리가 그린 신체 발달의 전체 그림은 신체 발달을 계획적·의식적으로 조직하고, 그에 영향을 미치며 교육의 측면에서 방향성을 제시하는 것만이 전체 위기의 순조로운 진행을 보장할 수 있다는 것을 보여 준다.

대상 수	몸무게			키			가슴둘레	
	최대	최소	차이	최대	최소	차이	최대	최소
9	63.3	35.1	28.2	173.0	133.5	39.5	82.0	68.2
23	65.8	40.0	25.8	177.5	144.5	33.0	87.0	71.0
34	68.7	40.0	28.7	165.0	153.0	22.0	90.0	72.0
35	76.0	38.1	37.9	177.0	141.0	36.0	93.3	73.0

〈표 10〉 연령별 최솟값과 최댓값(И. А. 아랴모프의 자료에 의함)

이 표는 모스크바 청소년의 몸무게, 키, 가슴둘레 값을 보여 준다.

5-2-59] 이와 같이 체육교육은 어떤 하나의 계기가 아니라 신체적 발달 속 계기들 자체 간의 온갖 복잡한 연결로 인해 요청되는 것과 마찬가지로, 아동학적 관점에서 체육교육은 유기체 발달의 어떤 하나의 계기를 향해 방향 지어지는 것이 아니라 모든 발달 과정의 토대가 된다.

체육교육의 필요성이 성 발달과 체중 및 신장의 일반적 성장, 신체적 노동 활동과의 근접성 등과 같은 다양한 요인에 기인하듯 발달적 관점에서도 체육교육은 단일한 목적을 갖지 않는다.

5-2-60】 우리는 위에서 피로감과 취약성의 증대가 청소년 발달에서 체육교육의 개입을 필요로 하는 계기라고 했다. 그러나 이 둘은 밀접히 연결되어 있다. 몇몇 저자들(슈테프코)이 지적한 이례적으로 이른 뇌혈관 경색(약 20세경)이나 후천적 정신지체는 가누슈킨 교수가 말했듯 과로가 미친 영향이 극단적으로 표현된 것이다. 신체적, 지적, 그리고 특히 효과적-정신적(정서적-정신적-K) 과로는 실제로 유기체 기능의 온갖 변화를 일으킨다. 신진대사 이상, 심혈관계 활동 장애, 자율신경계와 내분비샘 체계의 기능 이상 등이 나타나는 것이다. 이 모든 장애가 오랫동안 집중적으로 일어난 결과 무엇보다도 전체 혈관체계의 만성적 변화, 마모, 경화가 진행된다."

본문의 인용부호가 어디에서 시작되는지 명확하지 않으며, 효과적-정신적эффективно-моральное이라는 표현도 정서적-정신적aффективно-моральное을 의미한 것으로 보인다.

*В. Г. 슈테프코(Владимир Германович Штефко, 1893~1945)는 유명한 조직학자 Б. I. 라브렌티예프의 제자이자 ф. Е. 아게이첸코와 Б. I. 푸직과 같은 중요한 병리학자들의 스승이었다. 비고츠키는 결핵에 대한 슈테프코의 광범위한 연구를 잘 알고 있었을 것이다. 슈테프코는 독일인들의 인체유형학과 유사한 체형 이론을 발달시켰다. 그는 어린이를 소화형, 근육형, 흉부형, 안정피로형으로 범주화

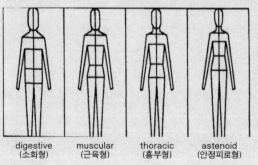

| digestive (소화형) | muscular (근육형) | thoracic (흉부형) | astenoid (안정피로형) |

했으며 이러한 신체 유형이 어린이의 신체 발달과 성격을 나타낸다고 생각했다. 이 이론은 큰 비판을 받았고 슈테프코는 2차

세계대전이 끝나면서 자살했다.

5-2-61] 그러나 연구가 보여 주듯 유년기와 이행적 연령기의 신체 발달은 다른 모든 발달 과정의 올바른 경로를 결정한다. 우리는 공장도제학교 부진 학생의 신체 발달에 대한 И. А. 아랴모프의 연구 자료를 예시로 들 것이다. 그다음 어빙 킹의 연구 결과가 성적 발달의 지연과 학업 성취 저하 사이에 관련이 있다는 것을 보여 줌을 확인할 것이다. 한편, 이는 신체적 저발달과 학습 부진에 대한 И. А. 아랴모프의 자료에서도 똑같이 드러난다.

5-2-62] 이 모든 자료는 "부진 학생들이 충분한 신체 발달에 훨씬

못 미친다"는 것을 가리킨다. 그들은 정신 발달과 학업 성적에서 뒤처진다. 성적이 좋지 않은 학생은 키, 몸무게, 건강 상태에서 평균에 미치지 못한다. 부진 학생의 3/4은 신체 발달에서 뒤처지며, 이는 정상적 신체 발달을 위한 투쟁─체육교육─이 학업 성적 저하와 투쟁하는 강력한 수단임을 의미한다. 아동학적 연구의 커다란 업적은 무엇보다 외견상 아무런 관련이 없는 발달 계기들 간의 관계를 드러냈다는 데 있다. 그것은 체육교육이 학업 성적 향상을 위한 하나의 수단임을 나타낸다. 여기에 우리가 앞에서 말한 체육교육의 '복합적' 의미가 있다.

5-2-63] 체육교육은 건강을 지키고 발달을 위해 위생적 조건을 만드는 것 이외에도, 운동 발달의 기본 수단이 된다. 체육교육과 일반 교육 사이의 경계는 일반적으로 조건적이지만 이행적 연령기에는 특히 더욱 모호해지는 것이 사실이다. 이는 운동의 예에서 잘 드러난다. B. E. 이그나티예프는 다음과 같이 말한다. "지적 측면이 지배하는 운동은 이러한 부조화를 완화할 뿐 아니라 의지적 운동을 향상, 강화하고 피질하 영역의 질서를 잡는 데 기여하는 직접적 수단이다. 이 복잡한 과업을 이루는 최선의 방법은 스포츠나 체조의 특성을 갖는 분화된 운동 형태나 다양한 노동 과정 형태로 운동 기관을 활용하는 것이다."

5-2-64] З. И. 추츠마례프의 실험연구 역시 체육교육이 자기 행동을 제어하는 기능(의지적 행동 규제)을 직접 향상시킨다는 것을 보여 주었다.

> З. И. 추츠마례프(Захарий Иванович Чучмарев, 1888~1961)는 유명한 생리학자 첼파노프의 제자로 노동심리학자이다. 특히 과로가 미치는 영향과 직업 선택에 관심을 가졌다. 그의 책은 크게 두 가지 이유로 탄압받았다. 첫째, 그의 책에는 전시 비행기 조종사의 피로에 대한 기밀 연구가 담겨 있었으며 둘째, 스탈린이 숙청한 부하린을 주요 마르크스주의자로 인용하였다.

5-2-65] B. E. 이그나티예프의 말에 따르면, 성적 성숙기의 운동 발달 과업은 운동의 정확성과 지구력을 향상시키는 것이다. 움직임에 스포츠적 특성이 부여되면, 이러한 과업은 자연적 움직임으로 달성된다. 저자가 염두에 둔 것은 스포츠 자체가 아니라 주로 의식적인 심리운동 기관의 발달을 촉진하는 학교교육이다."

> 본문 끝의 인용부호는 어디서 시작되는지 명확하지 않다.

5-2-66] 그는 다음과 같이 말한다. "일찍이 운동 영역에서 나타난 중뇌의 지배는 이제 완료되고, 운동 기능은 대뇌피질 영역에 의해 통제된다. 이런 점에서 스포츠와 노동 과정은 훌륭한 수단이다. 스포츠는 의지를 강화하고 성격에 영향을 미치며, 노동은 힘을 조절하고, 유기체가 다양한 노동 과정을 수행하기 위하여 특정 근육군을 동원하는 능력을 키운다." 저자는 다음과 같이 결론 내린다. "올바르게 설정된 체육교육 과업은 매우 중요하며 특히 성적 성숙 시기에는 더욱 그러하다."

산술 평균	키	몸무게	가슴둘레	체질량 지수
부진 학생	156.7	46.7	77.1	295
학교 전체	161.2	52.5	79.2	324
부진 학생의 편차	-4.5	-5.8	-2.1	-29
매우 우수한 학생	160.5	54.1	80.5	343
부진 학생의 편차	-3.8	-7.4	-3.4	-48

〈표 11〉 공장도제학교 부진 학생들의 신체 발달(И. А. 아랴모프의 자료에 의함)

〈표 12〉 И. А. 아랴모프의 자료에 따르면,

신경계 장애: 떨림, 피부묘기증, 잦은 두통, 힘줄 및 다른 반사들의 흥분성 증가가 63.6%에 이르는 다수의 부진 학생에게서 발견된다. 이는 학교 전체 26.7%, 매우 우수한 학생 8.3%와 대비된다.
위의 신경 장애는 신경계의 과흥분성을 가리킨다. 따라서 부진 학생의 2/5는 신경계가 흥분하기 쉬운 반면, 비슷한 구조를 가진 우등생은 단지 1/12만 그렇다.

	학습 부진 학생	76%
환자 구분	학교 전체	51.8%
	매우 우수한 학생	32.3%

〈표 13〉 공장제도학교 학습 부진 학생들의 건강 상태(И. А. 아랴모프의 자료)

5-2-67] 체육교육이 포함하는 '아동학적 복합체'를 더 확장하여, 저자는 성교육 체계 내에서의 체육교육의 중요성을 지적한다. 자드거는 근육계와 성애 체계 간 연결을 확립하며, 이어서 성적 성숙기에 근육계를 오락적 수단뿐 아니라 유기체의 최종 재구조화 시기(청소년기-K)에 유기체의 모든 기능을 조절하는 수단으로 사용할 가능성을 지적한다.

*I. I. 자드거(Isidor Isaak Sadger, 1867~1942)는 프로이트의 제자로 '사도마조히즘', '나르시시즘'과 같은 용어를 창안했다. 그가 근육 발달과 성애를 연결 지은 것은 놀랍지 않다. 상상력이 매우 풍부했던 그는 남성 동성애자는 남자와 성교를 함으로써 자신의 아버지를 거세하고 그의 남성성을 획득하여 어머니를 취하기 원한다고 생각했으며 동성애 치료를 전문으로 했다. 나치 수용소에서 사망하였다.

5-2-68] А. Б. 잘킨트 역시 성교육의 중요한 수단 중 하나로 체육을 지목하였다. 그는 이행적 연령기 체육교육의 두 가지 기본적 아동학 법칙을 제시한다. A: 풍부한 정서적 활력을 유지하면서도 청소년은 신경계의 평온한 상태를 획득해야 한다. B: 이행적 연령기의 특수 체육교육은 억제과정, 훈련, 단련 교육에 영향을 미치는 데 중심을 두어야 한다.

5-2-69] 체육교육은 에너지 교환이 가장 합리적으로 이루어지도록 조직되어야 한다. 이것이 가장 중요한 과업이다. 일반, 특수 체육교육의

주요 방법론적 과제는 최고의 제동장치, "자기 에너지 지향성을 억제, 조절, 제한, 합리적으로 방향 짓는 최고의 능력"을 형성하는 것으로 환원된다. 이것이 "토대 중의 토대이다."

5-2-70] 문화적 발달을 통한 자기 행동 숙달은 체육교육뿐 아니라 이행적 연령기 교육 일반의 "토대 중 토대"라는 것을 우리는 보았다. 이 토대는 이후의 개요에서 다양한 형태와 층위로 만나게 될 것이다. 이 토대를 처음 언급하면서 지금 유일하게 지적해야 하는 것은 이 토대가 수많은 현상으로 나타나지만 단일하다는 것이다. 체육 영역에서 규제력을 계발하고 정신-운동 기관을 숙달하는 것, 개인 윤리를 계발하는 것, 성교육 영역에서 성적-성애적 욕구를 인격의 규칙과 목적에 종속시키는 것, 지적 교육 영역에서 스스로를 통제하고 고등 생각과정에 종속시키는 것은 모두 동일한 토대의 다양한 측면이다.

● 과제 심화 탐구를 위한 선택적 참고 문헌

1. И. А. 아랴모프 Рабочий подросток(청소년 노동자). — Материалы для педол
   -огической характеристики(아동학적 묘사를 위한 자료). — Москва. — "Тр
   -анспечать", — 1928. Ц. 2р. — Главы: II — III и VII — VIII.

2. В. Е. 스미르노프. Психология юношеского возраста(청년기 연령기의 심리). —
   Москва. — "Молодая Гвардия" — 1929. — Ц. 2р. 90к. — Главы: I — III.

3. П. П. 블론스키, Педология(아동학). — Москва. — "Работник Просвещения"
   — 1925г. — Ц. 2р. — Гл. 5, § 1.

● 청소년의 해부-생리학적 특징

5-2는 청소년이 반드시 등반해야 하는 세 봉우리 중 첫째 봉우리인 일반-유기체 성장의 구조와 기능, 즉 청소년의 해부학과 생리학을 다룬다. 비고츠키는 청소년기의 조직, 기관, 체계 발달의 성장에 대한 비교-발생적 설명을 제공한다. 그는 불균등한 발달(예를 들어 뇌조직은 거의 발달하지 않지만 신경은 많이 발달함)과 결합된 발달(예를 들어 근육과 골격의 급격한 발달)의 여러 가지 사례를 제시한다. 아랴모프와 비고츠키는 이것을 내전 이후 '가위 위기'에 비유한다. 이 가위 위기는 당시 농업 생산이 늘어나면서 소비에트 공산품 가격이 농산물 가격보다 훨씬 오르게 되고 이로 인해 농촌 지역의 빈곤이 발생한 것을 말한다. 근육과 골격 같은 어린이 신체의 말단부는 동작을 제어하는 중앙 체제를 능가하는 것처럼 보인다. 어린이 신체는 전보다 더 강하게 성장하는 한편, 어린이는 더 자주 피로를 느끼고 질병에 취약해진다. 소련의 경제적 '가위 위기'처럼, 이런 생물학적 '가위 위기'는 간단히 무시될 수 없다. 이는 이론적·아동학적 결과를 수반하며, 실제적이고 아동학적인 결론을 요구한다.

비고츠키는 체육교육을 성 계몽으로 확장하고, 성교육을 과학적 발견과 예술적 창조성으로 확장할 것을 제안한다. 이것의 이론적 사실적 토대는 다음의 두 강의(6장과 7장)에서 제시될 것이다. 그러나 온전한 이론은 이 책을 전체로서 살펴볼 때에만 그려질 수 있으며 이 또한 청소년의 살아 있는 현실에 대한 거친 밑그림이 될 뿐이다.

A. 왜 이행적 연령기는 위기라고 일컬어지는가?

  i. 비고츠키는 이행적 연령기에 지배적인 것은 순수하게 자연적이지도 전적으로 문화적이지도 않은 것으로, 우리가 간-유기체적이고 간-인격적이라고 부를 수 있는 것, 즉 성이라고 지적한다(5-2-1~5-2-4). 성의 출현은 단순히 육체적일 뿐 아니라 정신적인 어색함과 불안정을 창조한다.

  ii. 이행적 연령기는 위기로 불리는데, 이는 환경과 신체에 대한 유치한 관계가 사라지고, 아직 숙달되지 않은 낯선 새것으로 대체되기 때문이다(5-2-5~5-2-7). 신체 전반과 각 부분들은 모두 불균등하고 모순적인 발달을 겪는다.

  iii. 예를 들어, 신체 전반은 크기나 무게 모두에서 유년기보다 빠르게 증가한다(5-2-8~5-2-12).

  iv. 그러나 신장과 체중은 수레의 두 바퀴처럼 평행하게 증가하지 않는다. 그것은 차 한 대가 다른 차를 긴 밧줄로 걸고 당길 때 때로 팽팽해지고 때로 느슨해지는 것과 같다. 이처럼 불균등하고 결합된 발달은 스트라츠가 '통통한' 시기와

'길쭉한' 시기라고 불렸던 것을 만들어 낸다(5-2-13~5-2-14).

B. 불균등하고 모순된 발달은 어떻게 뼈와 근육, 순환계 및 신경계에 영향을 미칠까?
   i. 청소년기 뼈의 성장은 고르지 않게 진행되고, 장골長骨은 다른 뼈보다 훨씬 빠르게 성장한다(5-2-15~5-2-17). 이는 종종 키가 껑충하고 다리가 긴 청소년의 모습을 만들어 내는데, 비고츠키는 이것을 뒤에서 '허약' 체질과 연관시킬 것이다(8장 참조).
   ii. 이는 불균등하고 결합된 발달의 더 많은 사례 중 하나에 불과하며, 비고츠키는 근육조직(5-2-21), 심혈관계(5-2-23~5-2-25), 신경계(5-2-26~29)에서도 불균등한 발달을 찾아낸다.
   iii. 비고츠키의 표현처럼, 위기의 흔적은 이런 불균등하고 모순적인 발달에 모두 남아 있기 때문에, 각각은 긍정적인 특징과 부정적인 특징을 모두 보여 준다(5-2-31).
   iv. 그럼에도 불구하고 위기의 궁극적 영향은 모든 것을 감안할 때 매우 긍정적이어야 한다(5-2-32).

C. 청소년기는 왜 만성 피로와 질병의 시기인가?
   i. 이런 궁극적으로 긍정적인 균형의 좋은 예는 청소년의 운동 제어 발달이다. 한편으로는, 어린이의, 훌륭하고 분석적이지 않으며 자기의식적이지 않은 전체적 움직임은 사라지고 이는 더 세밀하고 어색하며 자기의식적인 움직임으로 대체된다. 다른 한편으로는, 움직임이 의식적 파악의 제어하에 놓이기 때문에 전적으로 새로운 운동 조합의 토대가 마련된다(5-2-33~5-2-39).
   ii. 이런 의식적인 움직임 분석은 매우 긍정적이긴 하지만 처음에는 비경제적이다. 그 결과 단순히 움직임 협응의 저하뿐 아니라(5-2-40~5-2-41), 피로(5-2-42~5-2-43)가 나타나게 된다. 오직 노동과 운동이 요구하는, 새롭게 통합된 복합적 움직임을 오랜 기간 연습함으로써 움직임은 자연스러워지고 자동화되는 것이다. 비고츠키는 청소년 노동시간에 대한 엄격한 시간 규제가 있음을 학생들에게 상기시킨다(5-2-43). 또한 그는 아랴모프가 수행한 대규모 연구에 따르면 평균적인 학생들, 심지어 공장도제학교 학생들도 하루에 약 30분 정도만 일을 한다는 점도 지적한다(5-2-44).
   iii. 그러나 농촌의 청소년도제부대의 상황은 훨씬 더 나쁘다(5-2-48~5-2-51). 비고츠키는 소비에트의 10대들이 처한 위기는 1923년 소비에트 경제의 '가위 위기'를 연상케 한다고 말한다. 당시 신新 경제 정책은 농산물 가격의 급격한 하락과 함께 공산품 가격의 급격한 상승을 초래했고, 이는 결국 기아로 이어졌다(5-2-45~5-2-46). 일반적 신체적 건강(내전 이후 개혁된 농업 생산성을 연상시키는)은 부적응과 질병 취약성(내전 이후 공산품 투기와 가격의 급격한 상승을 연상시키는)에 이상적인 조건을 동시에 드러낸다.

iv. 비고츠키는 '평균 청소년'에 대한 통계로부터 대부분의 청소년들이 평균적이지 않다는 결론을 내린다(5-2-48~5-2-55).

D. 청소년의 문화화에서 체육교육과 성교육의 역할은 무엇인가?

i. 경제적 가위 위기가 새로운 경제적 경로(도시의 산업 생산 확대와 농촌의 생필품 가격 인하)를 요구한 것처럼, 비고츠키는 생물학적 가위 위기는 새로운 아동학적 경로를 요구한다고 말한다(5-2-56).

ii. 그는 초기 유년기 교육학이 전적으로 체육교육으로 구성되어야 한다거나(5-2-57), 청소년 교육에서는 체육교육이 전혀 요구되지 않는다는(5-2-58) 생각을 모두 거부한다.

iii. 청소년기는 자연적인 노선에서 문화적 노선으로의 가로지름을 표상하기 때문에 체육교육은 모든 발달의 출발점이며 토대가 되어야 한다. 예를 들어 성 계몽은 정서적 발달과 윤리적 발달의 출발점이며 토대가 되어야 한다(5-2-59~5-2-66).

iv. 이에 대한 증거로서 비고츠키는 학업 성적이 성적 성숙과 관련이 있음을 보여주는 연구를 인용한다. 하나에서 뒤처지는 사람들은 다른 것에서 뒤처지기 쉽다(5-2-60~5-2-61, 5-2-67~5-2-70). 그리고 이것은 우리를 다음 장의 주제이며, 청소년기 모든 후속 발달의 출발점이자 토대인 성적 성숙의 생물학적, 심리학적 내용과 성 계몽의 결정적 중요성으로 이끈다.

제6장
성적 성숙

잠자는 비너스(A. 젠틸레스키, 1630)
젠틸레스키는 자신의 신체를 사랑의 여신인 비너스로 표현하면서 성숙한 청소년의 신체와
유아의 신체의 비율적 차이를 보여 준다. 이 장에서 비고츠키는 청소년의 주요 모순 중 하나
를 보여 준다. 청소년은 생식 능력을 갖추었지만 그의 인격은 여러모로 아직 그러한 능력에
대한 책임을 감당할 준비가 되어 있지 않은 것이다.

6

수업 내용

외분비샘과 내분비샘—어린이 유기체의 성장과 발달의 요인인 내분비샘—유기체의 형성과 발달에서 생식샘의 역할—성전환과 회춘 실험—이행적 시기의 내분비계 변화—성적 본능의 에너지 승화의 개념—이행적 연령기의 사랑—소년 소녀의 발달 경로와 성숙 특성의 불일치—남녀공학—현대 젊은이들의 성생활—성적 성숙의 단계와 기간

학습 계획

1. 가능하다면 참고 문헌을 포함하여 전체 강의 개요와 계획을 세운다.

2. 여러분 학교의 남녀 청소년들의 성적 성숙기와 이행적 연령기의 발달 과정에 관한 자료를 비교하여 각각의 행동의 고유성을 관찰하고 이를 더 잘 이해하기 위해 일련의 자료를 이 둘과 결부시킨다.

3. 여러분의 학교의 청소년 무리를 세 가지 범주, 즉 미성숙(성숙이 아직 시작되지 않은 학생), 성숙, 과성숙으로 구분 짓고, 이 세 범주 학생들의 학업 성취도 자료와 비교하여, 성적 성숙과 학업 성취도를 관련지었던 어빙 킹의 명제의 타당성을 검증한다.

4. 1) 저성취 2) 성취 도달, 3) 전체 그룹에서 미성숙 청소년의 비율을

각각 계산하고, 저성취와 성적 성숙 지연을 관련지었던 И. А.아랴모프의 자료의 타당성을 검증한다.

6-1] 우리 몸에는 소화 등의 다양한 생명 과정에서 커다란 역할을 수행하는 특수한 액체나 점액을 내보내는 여러 기관들이 있다. 이것을 샘이라 부르고, 이 샘이 배출하는 것을 특정 샘의 분비물이라 부른다. 이 분비물의 예는 음식물의 소화에 필요한 침이나 위액 같은 것들이며, 침샘이나 땀샘, 췌장은 이러한 기관의 예라 할 수 있다. 이러한 샘에는 보통 별도의 배출 관이 있는데, 이관을 통해 그 샘에서 나온 분비물이 입, 위, 장, 피부 표면 등으로 배출된다.

6-2] 유기체에는 이 샘 외에도 특별한 종류의 샘이 있는데, 이것의 가장 중요한 특징은 분비물을 밖으로 내보내는 관이 없다는 것이다. 배출 관이 없는 이런 샘은 그 분비물을 혈류에 직접 배출하여 순환시킨다. 이런 이유 때문에 이 샘은 내적으로 분비하는 혈류 샘(내분비샘)으로 알려져 있다. 이 샘에서 배출되는 분비물은 혈류로 직접 들어가 전체 유기체로 운반된다. 이 분비물은 유기체의 모든 과정 전개에 매우 광범위하고 다양한 영향을 미친다. 이런 내분비샘의 산물을 호르몬이라 부르는데, '흥분시키다' 또는 '촉진하다'의 뜻을 지니는 그리스어 '호르마오ὁρμάω'에서 유래한다. 이 산물은 유기체를 흥분, 촉진시킨다.

6-3] 내분비샘은 어린이 유기체 성장과 발달의 가장 중요한 요인이다.

6-4] 가장 많이 연구된 내분비샘의 하나인 갑상샘의 영향을 예로 살펴보자. 그것은 목의 앞쪽 후두 주위에 위치한다. 개나 다른 동물에서 이 분비샘을 제거하면, 강아지의 발달이 지체되어, 키와 몸무게 성장이 멈추고 미성체의 모습을 유지하게 된다. 성장 지체 외에도, 외적 내적으로 일련의 전체적인 심각한 변화가 나타나며, 그로 인해 그 동물은

대개 일찍 죽게 된다.

6-5] 인간에게서 이 샘의 선천적 결여 또는 결함은 백치와 왜소증으로 나타나는 질환인 크레틴병을 일으킨다. 이런 동물이나 크레틴병 환자에게 다른 동물의 갑상샘을 이식하거나 섭취하게 하면 정상 발달과 성장을 회복할 수 있을 것이다.

6-6] 뇌의 아랫부분에 있는 또 하나의 내분비샘인 뇌하수체의 지나친 성장은 기형적 거인을 만들어 낸다. 반면 뇌하수체가 제거되거나 태어날 때부터 결함이 있는 사람은 난쟁이(왜소증)가 된다. 뇌의 위쪽 부분의 결함은 5~7세에 종종 관찰되는 징후인 성조숙증을 불러온다.

6-7] 위 사례가 입증하듯이, 내분비샘은 어린이 유기체의 성장과 발달에서 가장 중요한 요인이다. 내분비샘이 약해지거나 제거되면 어린이 발달에 심각한 교란이나 변이가 생긴다. 이런 의미로, 가슴샘 또는 전흉선은 특히 흥미로우며, 이것과 성장 과정과의 연관성이 특히 선명하다. 성장 기간 동안 이 샘은 강력하게 기능하고, 성적 성숙 단계에 이르면 거의 완전히 위축되어 사라져 버린다.

6-8] 내분비샘들은 복잡한 상호 관계를 갖는다. 이들은 서로를 억제하거나 자극한다. 〈그림 1〉은 이들의 상호 관계를 도식적으로 그려 낸다. 각 연령기 단계에서 이 샘들은 어떤 분비샘이나 분비샘 무리가 지배하는, 각 분비샘들 간에 조율된 평형에 토대한 통합적 체계를 형성한다.

6-9] 그러나 어떤 분비샘도 생식샘—소년의 정소(고환)와 소녀의 난소—만큼 심오하고 다양한 영향을 유기체에 미치지는 않는다. 이 분비샘은 특수한 유형의 분비샘에 속한다. 이 샘은 배출 관을 지니고 있어 생식에 이용되는 생식 세포를 외부로 배출하면서도 동시에 특정한 호르몬을 혈액에 직접 배출하는 내분비샘이다.

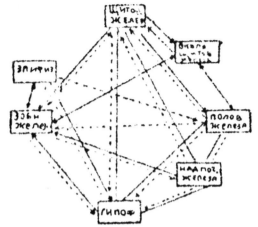

〈그림 1〉 내분비샘의 상호작용 도식. 실선은 자극 작용을 점선은 억제 작용을 나타낸다. (*И. A.* 아랴모프의 책에서)

확실하지는 않지만 위 그림의 내분비샘은 맨 위에서부터 시계방향으로 '갑상샘, 이자, 생식샘, 부신, 뇌하수체, 가슴샘, 송과샘'인 것으로 보인다. 분명한 것은 이 도표가 의학적 목적에 이용되어서는 안 된다는 것이다.

6-10] 남성 유기체와 여성 유기체의 고유성을 부여하고 조성하는 유기체 구조의 심오한 내적·외적 변화와 관련이 되는 것은 바로 생식샘의 두 번째 기능인 내분비적 기능이다. 생식샘 자체는 두 부분, 별도의 두 조직으로 구성된다. 하나는 외분비샘이며 다른 하나는 내분비샘이다.

6-11] 생식샘의 제거인 거세는 성적 성숙기 생식샘의 손상 혹은 저발달만큼이나 어린이의 전체 발달을 특수한 경로로 우회하게 한다. 두드러진 남성적 특징들이 사라질 것이고 목소리는 계속 어린이의 특징을 유지할 것이다. 인류는 가축을 기르는 과정에서 거세를 이용해 왔다. "황소는 거세 후 난폭한 기질이 극적으로 바뀌어 순한 소가 되고, 드센 종마는 순종적인 말이 된다."

6-12] 생식샘은 모든 1차 성징과 2차 성징의 형성과 발달에서 기본적인 요인이다. 생식샘의 성숙은 유기체의 모든 삶과 활동의 측면에 근본적인 변화를 초래한다.

6-13] 슈타이나흐와 M. M. 자바도프스키 교수가 실시한 암컷에서 수컷으로 그리고 그 반대로의 생식샘 이식은 인위적으로 암컷과 수컷을 전환할 수 있게 해 준다. 슈타이나흐는 기니피그와 쥐를 대상으로, 자바도프스키는 암탉과 수탉을 대상으로 실험했다. 그는 거세한 수탉에 암탉의 생식샘을 이식했으며 "수탉은 수탉다운 모습을 잃고 마침내 암탉의 모습, 행동, 본능을 갖게 된다."

*E. 슈타이나흐(Eugen Steinach, 1861~1944)는 오스트리아 출신의 내분비학자로 테스토스테론을 발견했으며 정관수술을 발명했다. 그는 호르몬 분비를 증대시키기 위한 '절반' 정관수술을 고안했다. 신체의 에너지는 제한되어 있으므로 외부로 분비되는 호르몬을 내부로 전환시키자는 것이 그의 생각이었다. 고환이 제각기 다른 기능을 한다는 비고츠키의 말이 사실이라면 슈타이나흐의 의도는 실현 불가능하다는 것이 명백하다. 그러나 그의 제안은 대중의 깊은 관심을 불러일으켰고 슈타이나흐는 여섯 차례에 걸쳐 노벨상 후보에 오른다. 시인 예이츠는 이 수술을 받았고 최소한 그의 시에서는 모종의 회춘을 불러일으켰다고 말했다. 그러나 1927년에 이 수술은 비과학적이라는 비판과 함께 궁극적으로 부정되었다.

*M. M. 자바도프스키(Михаил Михайлович Завадовский, 1891~1957)는 비고츠키가 샤냐프스키 대학교에서 수학하던 시기에 같은 대학에서 실험 생물학을 가르쳤다. 전쟁 중이던

1919년 교전 지역에서 연구를 수행했으며 이후 크림 지역에서 성性 발달에 대해 연구하였다. 그는 호르몬을 이용하여 가축의 출산율을 높이는 데 관심을 가지고 있었다. 스탈린이 등용한 유사 과학자 리센코 치하에서 그의 연구들은 배척되었다.

슈타이나흐의 기니피그. 정상 수컷, '암컷화'된 수컷, 정상 암컷, 거세된 수컷(왼쪽부터)

6-14] 거세된 후 정소를 이식받은 암탉은 수탉 특유의 깃털, 본능, 울음소리와 같은 수컷의 온갖 특징을 갖게 된다. M. M. 자바도프스키 교수는 말한다. "원래 암탉이었던, 인간의 손으로 만들어진 수탉이 꽁지를 흔들고, 깃털을 곤두세우며, 날개를 펼쳐 쏜살같이 끈질기게 암탉을 쫓거나 정중히 암탉에게 먹이를 제공하거나, 멋들어진 수탉의 목소리로 여러 차례 노래하는 것을 관찰하는 것은 매우 흥미롭다."

6-15] 최근 동물이나 사람을 젊어지게 하려는 대담한 시도들이 있었다. 보로노프는 노쇠한 동물이나 사람에게 예컨대 숫양이나 원숭이 같은 다른 젊은 동물들의 생식샘을 이식하였다. 이렇게 함으로써 늙은 유기체에게 분명한 회춘이 나타났다.

*C. A. 보로노프(Сергей Абрамович Воронов, 1866~1951)는 인체에 원숭이의 고환 조직을 이식함으로써 남성의 생식 능력을 증강시키고 수명을 연장할 수 있다고 주장한 프랑스의 의사이다. 그는 매우 얇은 조직을 인간에게 이식하면 이 조직이 인간 조직에 동화된다고 주장하였으나, 이식된 조직은 곧바로 환자의 면역체계에서 거부반응을 일으킨 것이 분명해 보인다. 그럼에도 불구하고 그는 매우 유명해졌으며 루마니아의 공주와 결혼하여 백만장자들을 위한 '회춘' 연구를 계속했다. 당시 이 연구를 조롱하는 노래나 풍자만화가 있었다.

내 손을 잡아

정글 너머

춤추기에 너무 늦었다면

원숭이 분비샘을 가져

어서 나의 당신, 다윈의 이론이 말하지

당신과 나에게

원숭이 춤을 추라고

보로노프를 조롱한 독일 만화. 제목
은 '조심해 보로노프가 온다!'

6-16] 슈타이나흐의 회춘 수술은 생식샘의 정관수술에 바탕을 둔 것이었다. 슈타이나흐는 생식샘의 외분비를 차단함으로써 생식샘 분비물인 호르몬을 혈류로 내보내는 부위, 즉 생식샘의 내분비샘에 공급을 늘리려고 했다. 그 결과 일반적인 회춘이 유기체에 나타났다.

6-17] 보통 쥐의 수명이 30개월인 데 반해 슈타이나흐가 수술한 쥐의 수명은 20%가량 증가하여 이 회춘한 쥐들은 36개월을 살았다.

6-18] 이 자료는 생식샘이 어린이 발달에 미치는 세 가지 영향을 확립하게 한다. 첫째, 우리는 생식샘의 저발달이나 부재가 지연되거나 왜곡된 발달 더 정확히는 저발달을 이끈다는 것을 보았다.

6-19] 나아가 우리는 이 분비샘들의 내분비가 신체 구조와 그 기능, 성격, 활동에서 남성과 여성의 본질 자체를 이루는 모든 것, 즉 성性을 창조한다는 것을 보았다. 행동의 관점에서 그리고 신체 구조의 관계에서 성을 전환하기 위해서는 수컷의 생식샘을 거세된 암컷에 이식하는 것으로 충분하다.

6-20] 마지막으로 세 번째, 우리는 생식샘의 상태가 유년기, 성숙기, 노년기라는 인간 삶의 세가지 기본 연령기를 결정한다는 것을 보았다. 생식샘의 내분비 활동의 증가는 전체 유기체의 원기회복을 이끈다. 유

기체를 노년기에서 거꾸로 거슬러 올라가게 하는 것이다.

6-21] 이 모든 것을 고려하면 생식샘이 유기체의 삶 전반에 얼마나 광대한 영향을 미치는지 아주 분명히 알 수 있다. B. E. 이그나티예프 교수에 따르면, "긍정적으로 말하자면, 인간의 몸속에 있는 모든 체계 중에서 유기체의 육체적 정신적 측면에 그토록 다양하고 현저한 영향을 두루 미치는 것은 남성성과 여성성을 특징짓는 샘기관과 외적, 해부학적 특징을 포함하는 생식 체계 외에는 없다."

6-22] 바로 이 때문에, 생식 체계가 발달의 중심에 놓이는 성적 성숙기는 유기체와 그 삶의 모든 측면이 생식 체계의 성숙으로 구축된 새로운 토대 위에서 가장 크게 재구조화되는 시기이다.

6-23] 성적 성숙기는 내분비샘 체계의 커다란 변화로 특징지어진다. 이 변화는 이행적 시기의 모든 신체적 발달 현상의 토대이다. 평균 12세 전까지, 즉 성적 성숙이 시작되기 전까지 어린이의 일반 발달에서 거대한 역할을 하는 가슴샘은 쇠약해지고 무게가 감소하기 시작하며 쇠퇴한다. 이 덕분에, 가슴샘의 억제 작용을 겪었던 뇌하수체는 이 지연에서 해방되며 강력하게 기능하기 시작한다. 이와 연계하여 청소년 키, 특히 하체의 활기찬 성장이 나타난다.

6-24] 뇌하수체의 활동은 생식샘의 강력한 발달을 일으킨다. 〈표 2〉의 그래프는 성숙 시기에, 신체의 성장에 따른 가슴샘 무게의 감소와 생식샘 무게의 증가 사이에 존재하는 복잡한 관계를 보여 준다. 출생 시 가슴샘의 무게는 대략 15g이고, 성숙이 시작될 때 대략 40g, 40세 후에는 10g에 불과하다.

〈표 2〉의 그래프에 따르면 가슴샘의 무게 변화는 출생 시 13g, 성숙이 시작될 때 25g, 40세 무렵에는 5g으로 보이는데, 이는 본문에서 비고츠키가 말하는 가슴샘 무게 변화(출생 시 15g, 성숙 시작 시 40g, 40세 후 10g)와 일치하지 않는다. 〈표 2〉 그래프는 필체로 보아 이그나티예프

의 것으로 보이며, 현대 자료에 따르면 사춘기에 20~37g에 달하던 가슴샘의 무게는 75세 무렵에는 6g에 불과하다.

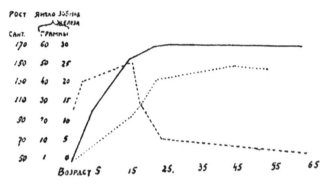

〈표 2〉 가로축은 연령을 나타낸다. 세로축은 왼쪽부터 키(센티미터), 생식샘의 무게(g), 가슴샘의 무게(g)를 나타낸다(이그나티예프의 책에서 인용).

6-25] 이행적 연령기의 내분비 변화는 이 시기 신체 발달 특성의 토대이다. 그러나 모든 변화들의 중심에는 생식샘의 발달이 있다. 우리는 이미 생식샘의 활동으로 인한 몸의 다양하고 커다란 변화들을 살펴보았다. 이제 남은 것은 성적 성숙, 즉 몸의 구조에서 성과 관련하여 일어나는 모든 변화가 바로 생식샘 성숙의 직접적 결과라는 사실을 살펴보는 것이다.

6-26] 13~14세 소녀들과 15~16세 소년들에게 성적 성숙의 시작은 이 샘의 기능으로 드러나는데, 그 전조는 소녀의 경우 월경의 시작이며, 소년의 경우는 정액에서 정자의 출현이다. 이때쯤 외부 생식기가 성장하고 형성되며, 이차 성징이 나타나기 시작한다. 음부와 겨드랑이에서 체모가 자라고, 소년은 얼굴에 수염이 난다. 이 연령기는 사춘기(puberty-K)로 불리는데 이는 털(pubes-K)로 덮인다는 의미의 라틴어에서 유래한다. 체모의 출현은 성적 성숙의 시작 신호로 간주된다.

6-27] 소녀들의 유선샘의 성장, 음부와 겨드랑이 체모의 자람, 소

년·소녀의 어린 목소리의 변화, 소년·소녀 고유의 골격, 근육, 피부 구조의 변화, 성적 본능의 다양한 형태로의 발현—이 모두는 성적 성숙의 일반적 모습의 한 부분이다. 소년·소녀 청소년의 외모, 내적 과정, 특성, 행동에서 그들의 성性을 드러내 보이는 모든 것은 생식샘의 내적 분비의 결과이다.

6-28] 성적 성숙에 선행하는 유년기를 어떤 저자들은 소년 소녀의 성적 분화가 아직 충분히 뚜렷이 나타나지 않았다는 이유로 중성적 유년기라 부르거나, 소년 소녀에서 두 성의 특징이 혼합된 형태로 나타난다는 이유로 양성적 유년기라 부른다. 성적 성숙의 도래와 함께 어린이는 남성과 여성의 분명한 특징을 획득한다.

6-29] 동물, 그리고 발달의 하위 단계에 있는 일부 원시적 인간의 경우, 성적 성숙의 도래와 함께 유년기가 끝난다. 그러나 문화화된 인간은 그렇지 않다. 문화화된 인간은 성숙이 완료되기 전에 긴 청년기를 가진다는 특징이 있다. 그는 더 긴 유년기를 쟁취한 것이다. 이렇게 볼 때 성적 성숙은 사회적 성숙 및 문화-심리적 성숙과 동시에 일어나지 않으며, 일반적인 유기체 발달의 완성과도 동시에 일어나지 않는다. 사회-문화적 조건은 청소년기라는 지연을 필요로 한다. 성숙과 본능의 기능 사이에는 특정한 시간이 반드시 경과해야만 하는 것이다.

6-30] 이것은 위기적 연령기가 가진 많은 갈등 중에서도 가장 심각하고 커다란 갈등을 일으킨다. 여러 성숙 시간들의 불일치, 다양한 유기체적 측면과 인격 측면의 성숙의 부조화는 심각한 위기, 내적 갈등을 초래하고, 때로는 실제 극적인 상황을 초래한다. 이는 모든 청소년이 어떤 형태로든 어느 정도 체험하는 것이다.

6-31] 이 투쟁은 다른 투쟁과 마찬가지로 서로 다른 결말에 이를 수 있다. 가장 중요한 것은 이 투쟁이 발생하는 외적 조건이다. 이 외적 조건은 청소년의 인격 자체, 그의 문화적 교육의 정도, 사회적-창조

적 이상과 입장의 정도 등의 여러 측면에 대해 결정적인 역할을 할 수 있다. 그 결과는 때로는 성급한 성생활로 나타나며 그 형태가 특이하고 비정상적일 수 있다. 때로는 그 투쟁이 오래 지속되면서, 깊은 혼란을 초래한다. 두 경우 모두 청소년이 따라가야 할 직접적 경로에서 벗어난 우회로로 간주되어야만 한다.

이 문단에서 비고츠키는 아마도 두 가지 문제, 즉 (착취하거나 학대하는 형태의 지나치게 성급한 성생활로 이끄는)아동 매춘과 (위선과 비밀로 이어지는)종교적 근본주의를 염두에 두는 듯하다. 이 두 가지는 비고츠키가 연구했던 집 없는 아이들 사이에서 심각한 문제였다. 아이들은 성범죄자들의 먹잇감이었기 때문이다. 보그다노프-벨스키의 이 그림은 어린이에게 강압적으로 선교하는 수도사를 보여 준다.

6-32] 인간의 문화-역사적 발달이 그려 낸 이 직접적 발달 경로는 승화의 경로이다. 즉 성적 본능과 연결된 뇌의 에너지를 그 직접적 목표에서 떨어뜨려 사회적이고 창조적인 활동이라는 새로운 경로로 변화시키는 것이다. 한 종류의 물리적 에너지가 다른 종류로 변환될 수 있듯이 즉 열에너지가 전기, 기계, 빛 에너지 등으로 변환될 수 있듯이, 신경 에너지도 항상 똑같이 분배되지 않으며 어떤 기능이나 본능과 무조건적으로 연결되지 않는다.

6-33] 그것은 재할당되고 분리되어 다른 형태의 에너지로 전환되어 사용될 수 있다. 청소년기와 청년기의 사랑은 이 연령기 인간의 성적 본능이 문화적 인간에 의해 만들어진 가장 자연스러운 형태로 승화된

것이다. 창조적(과학적, 예술적, 사회적) 활동은 같은 과정의 또 다른 형태이다.

6-34] 그러나 청소년의 창조성에서 오직 성적 에너지의 승화 과정만을 보는 것은 잘못일 것이다. 우리가 살펴본 바와 같이 성적 성숙기는 생명 활동의 일반적 급증, 발달 과정의 일반적 강화, 청소년의 전체 행동의 최대 증가를 수반한다. 청소년기의 창조성은 이 시기 이러한 생명 활동의 일반적 급증, 모든 기능과 기관이 유기체적으로 강화된 일반적 성장을 토대로 한다. 우리는 다음 장에서 승화 과정을 심리적 측면에서 고찰할 것이다.

6-35] 성 성숙의 심리학적 개요를 그리면서 우리는 이행기의 사랑 문제, 사랑과 성적 욕망의 관계에 대해 자세히 살펴볼 기회가 있을 것이다. 여기서는 사랑이 성숙 과정에 기원을 둔다는 것을 지적하고자 한다. 사랑의 첫 번째 전조와 토대는 성숙기에 나타나는 이성에 대한 관심이다. 이행기의 사랑을 성적 본능에 대한 단순 반사작용으로 간주하는 것은 잘못이다. 오히려, 우리가 아는 모든 것은 이 감성의 발달 과정뿐 아니라 그 구성과 구조가 얼마나 복잡한지 말해 준다.

6-36] 스탠리 홀은 이런 감성의 두 번째 기초가 '자기 과시'를 향한 욕망이라고 지적한다. 소년의 힘, 민첩함, 용기, 지성과 소녀의 아름다움, 우아함을 과시하고 뽐낼 수 있는 모든 것이 행동을 지배하기 시작한다. 나아가 S. 홀은 사랑이 발달하는 다섯 단계를 기술한다. 즉, 연장자에 대한 선망, 동료에 대한 선망, (이성과의-K) 거리두기, (동성과의-K) 어울리기, 비밀스러움 등이다. 이제 우리가 홀에게서 주목해야 할 것은 이 발달 과정의 복잡함, 즉 사랑의 대상의 변화와 다양한 형태로의 굴절, 이 복잡한 복합체에 속한 각 요소들의 성숙, 고유한 부정성이다. 이 부정성은 이성에 대한 같은 높은 관심이나 보답받지 못한 관심에 대한 반응이 특수한 형태(소년의 여성 혐오 등)로 나타난 것이다.

비고츠키는 홀의 『청소년기*Adolescence*』
2권(pp. 102~109)을 순서 없이 인용하고
있다.

「멜랑콜리」, 1891년 에드바르 뭉크가
젊은 시절의 짝사랑에 대해 그린 그림

　1. 8세 이전: 다른 이들의 친구에 대한
유아적이고 자의식이 없는 사랑.

　2. 8세부터 12/14세: 떨어져서 비밀
스럽고 익명으로(스토킹) 하는 청소년의
사랑. 이 단계는 소년들에게 과시하는 것과 연장자에 대한 사랑을 포
함한다.

　3. 8~13세: 연장자에 대한 사랑.

　4. 일시적 해리(소년과 소년, 소녀와 소녀)

　5. 성숙한 사랑

6-37]　프로이트가 성적 본능을 이루는 욕구의 부분적 구성 요소를
분석해서 자기성찰, 자기확신, 잔인성을 향한 어린이의 욕구로 각각 명
명하고 확립하려 했듯이, 여러 저자들은 사랑이라는 이 복합체의 요소
를 열거함으로써 이 과정의 구성 요소의 복잡함을 지적하고자 한다. 스
펜서는 아홉 개의 요소를, 레벤펠트는 세 개의 기본적 요소를 열거한
다. 그러나 사랑의 복잡한 유기체적 구조에 대한 정의만이 몰이 대뇌에
서 재처리된 성본능이라고 부른 이 과정에 대한 과학적 이해로 우리를
가까이 이끌 수 있다.

　비고츠키가 '어린이의 욕구', '자기성찰', '자기확신'이라는 용어를 사
용 할 때 프로이트의 이드, 자아, 초자아를 염두에 둔 것으로 보인다.
물론 성적 본능의 '잔인성'은 이드의 지배를 받을 것이다. 그러나 여기
서 비고츠키는 프로이트의 이론 자체에 관심이 있다기보다는 사랑이
복잡한 구조를 가진다는 생각을 지지하고 있다. 다음 문단에 이어지
는 내용 또한 비고츠키가 말한 것을 뒷받침한다.

*H. 스펜서(Herbert Spencer, 1820~1903)는 인류학, 사회학, 심리학, 문학, 생물학, 철학에 관한 많은 책을 썼으나, 현재 거의 읽히지 않고 있다. 그는 사회-다윈주의자로서 '적자생존'이라는 구호를 만든 사람으로 알려져 있으며, 인간의 뜻을 인간에게 정당화하기 위해 생물학을 연구한 원조 자유주의자였다.

*L. 레벤펠트(Leopold Levenfeld, 1847~1923)는 프로이트의 정신분석 방법을 옹호했던 프로이트의 동료였다. 레벤펠트는 레벤펠트-하이넨버그 증후군이라 불리는 강경증(몸이 갑자기 뻣뻣해지면서 순간적으로 감각이 없어지는 상태)의 새로운 유형을 확립하였으며, 그 자신이 평생 고통받았던 공황발작을 연구하였다.

프로이트의 이론이 불규칙적인 발작을 설명할 수 없었기 때문에 나중에는 프로이트에 대해 비판적이 되었다.

*A. 몰(Albert Moll, 1862~1939)은 피르호의 제자였으며 현대 성과학의 설립자 중의 한 사람이었다. 그는 동성애를 연구하면서 최면을 이용하였는데, 성적 자극과 성적 매력은 완전히 다른 현상이라고 주장하였다. 다시 말해 동성에 의해 성적 자극을 받을 수는 있으나 성적으로 이끌린 것은 아니라는 것이다. 그는 열렬히 나치에 충성하였지만 그의 부친이 유태인이라는 것이 발각되자 그의 모든 과학적 지위를 박탈당하고 사망했다.

6-38] 소년 소녀의 성적 성숙의 불일치는 성숙 기간과 성숙 과정이 펼쳐지는 성격에 영향을 미친다. 기간에 관해서는 우리는 이미 소녀의 성숙이 소년보다 일찍 시작되고 끝난다고 말했다. 이와 관련하여 더 이른 나이에 성숙하는 소녀의 성적 본능이 더 강렬하게 발현될 것이라 기대할 수 있지만, 사실은 그렇지 않다.

6-39] M. M. 루빈스타인은 다음과 같이 말한다. "순전히 생리적 조

건에 의해, 성적 본능은 소녀보다 소년에게 발현된다. 일반적으로 소녀들의 욕구는 직접 드러나기까지 아주 오랫동안 침묵을 지키며, 소녀의 기관의 구조는 성적 흥분을 느끼거나 관찰할 명백한 기회를 제공하지 않는다."

6-40] 여성의 성적 본능 구조가 남성과 다르다는 것은 잘 알려져 있다. 출산 및 모성과의 연결은 여성의 삶에서의 성적 본능과 관련하여 커다란 자리를 차지하고 있다. 또한 여성 특유의 생식 기관과 생식 기능은 모두 소녀의 성적 성숙이 지니는 커다란 질적 차이로 이어진다. 우리는 나중에 현대 젊은이의 성생활을 다루면서 소녀의 성생활의 독특한 경로를 살펴볼 것이다.

6-41] 이 성적 본능과 관련하여 소녀는 더 분산적이고 확산적이며, 덜 구체적이고 규정적인 특성을 갖는다. 우리가 형태학적 성적 특성을 1차적, 2차적으로 나누었듯이 성과 관련된 생리적·심리적 특성에 대해서도 1차적 2차적 기능을 나누어야 한다. 소녀의 성숙은 이 2차적 기능의 강화와 풍부화로 특징지어진다. M. M. 루빈스타인은 다음과 같이 말한다. "소녀들에게서 청년기 특히 청소년기에 직접적인 성적 흥분의 발현은 드물게 나타난다. 소녀의 성적 흥분의 발현은 대체로 모든 종류의 2차적 현상, 즉 구애, 춤 등과 같은 수반적 계기에 온갖 종류의 관심을 기울이는 특징을 갖는다."

6-42] 유년기와 이행적 연령기의 성적 차이에 대한 광범위한 연구에 전념했던 리프만은 소년에 비해 소녀의 취약성이 크다는 일반적 결과를 확립한다. 이는 성숙기, 즉 월경의 시작 시기에 특히 더 그러하다.

*O. 리프만(Otto Lipmann, 1880~1933)은 W. 스턴의 긴밀한 협력자였다. 1차 세계대전 중 그들은 공장에서 일할 청소년기 소녀들을 선발하

기 위한 간단한 검사를 개발하였다(전투 중에 수많은 노동자들이 사망해서 인력이 부족했기 때문이다). 그 검사는 기하학적 도형을 읽고 분류하는 일을 포함했지만 문해력을 필요로 하지는 않았으며 군대는 많은 노동력을 확보할 수 있었다. 리프만은 직업선택학 psychotechnics에 관여하게 되었지만, 청소년은 직업과 장래 희망을 선택하기에 너무 어리다고 생각했기 때문에 직업 훈련에 반대하였다. 그는 젊은 여성의 생식 주기에 매우 나쁜 영향을 미치는 현대 노동 심리학에 반대했다.

6-43] 특히 성적 성숙기에 커지는 소년 소녀의 이러한 발달상 차이점은 교육학에서 두 성을 따로 교육해야 한다는 생각을 가지게 했다. 이 남녀 분리 교육이라는 생각의 기본은 첫째, 모든 훈련과 교육 자료를 소년, 소녀의 고유한 심리와 인생의 미래 역할에 맞추는 것이며 둘째, 어린이와 청소년을 때 이른 성적 본능의 자각 및 그와 연결된 이성에 대한 관심과 영향으로부터 보호하는 것이다.

6-44] 이 관점의 파산은 이미 실제적, 이론적으로 충분히 증명되었다. 실제로 한쪽 성을 다른 쪽 성과 분리하고 격리하는 것은 정반대의 결과를 초래했다. 즉 성적 발현이 강해지고, 상대 성을 성적 자극으로 여기게 되며, 모든 복잡한 심리적 연결이나 심리적 형성들로부터 성적 본능을 분리하게 된다. 여기서 성적 본능이 나름대로 문화적으로 연장, 발달되어 왜곡되고 미성숙한 초기 형태가 발현된다. 많은 교육자들은 이를 계산에 넣어, 성적 성숙기에만 분리 교육할 것을 옹호한다.

6-45] 그러나 아동기 남녀 분리 교육에 반대하는 모든 주장들을 청소년기에 적용하면 이는 더 큰 의미를 갖게 된다. 남녀공학의 원칙은 이성 청소년 간의 모든 성적 차이를 충분히 고려하고 성교육의 기본 수단

으로 이 차이를 활용하는 것이다. 성교육은 다른 성을 대하는 행동을 배우는 것이다. 이는 남녀공학을 하지 않고서는 불가능하다.

6-46] И. Д. 겔만은 모스크바의 고등학습원 중 하나에서 약 1,600명을 대상으로 조사를 실시하였다. 이 조사는 오늘날 청년의 성생활의 특징과 형태에 대한 사실적 정보를 제공해 준다. 이 자료를 외국의 부르주아 청소년과 혁명 전 러시아 청소년을 조사한 전쟁 이전 자료와 비교함으로써 우리 청소년을 특징짓는 기본적 모습을 쉽게 확립할 수 있다.

> 비고츠키는 『현대 청소년의 성생활: 사회생물학적 검사*The sexual life of modern youth: the experience of socio-biological examination*』(1922)를 쓴 I. I. Gelman을 언급한 것으로 보인다. 이것은 혁명 후 성적 관계에 대한 최초의 대중적인 과학 설명서 중 하나였다.
>
> 고등학습원ВУЗ, высшее учебное заведение은 고등 교육 기관, 즉 대학교 또는 대학이다.

6-47] 우리는 인간의 성생활 발달에서 이행적 연령이 차지하는 자리를 조명해 볼 수 있는 가장 중요한 자료를 제공할 것이다.

6-48] 첫 번째 문제, 즉 최초의 성적 흥분이 출현하는 시기에 대한 문제는 성적 성숙의 역사에서 매우 자주 나타나며 여러 저자들이 성생활의 분열이라고 부르는 현상을 즉각 드러낸다. 사실 이른바 성적 기능은 실제로 매우 복잡한 생리적, 심리적 기능의 복합체이다. 이 복잡한 복합체의 개별 요소들이 전체 복합체로부터 유리되면 흔히 그 발달에서 전체로서의 복합체를 넘어서고 그와 떨어진 독립적인 존재처럼 보이기 시작한다.

그룹		겔만 조사	남성 (%)	여성 (%)	Total	쥬반코프 교수 조사 (1908)	브로츨라프 조사
						여성	남성
I.	매우 이른 출현	5~10세	15.2	14.6	15.1%	25%	26.9%
II.	이른 출현	10~15세	32.6	23	30.9%	37%	47.7%
III.	적당한 시기 출현	14세 이상	52.2	62.4	54%	38%	25.4%

〈표 3〉 그룹별 성적 흥분의 출현

*Д. Н. 쥬반코프(Дмитрий Николаевич Жбанков, 1853~1932)는 민족지 학자이자 전염병 학자였으며, 학교 체벌 반대 운동을 했다. 1896년 성병에 대한 연구 결과를 출판했으며, 1908년에는 페트로그라드 학생의 성생활에 관한 연구를 출판했다. 이 문단에서 비고츠키가 인용하고 있는 것은 후자인 듯하다.

브로츨라프는 폴란드의 대학 도시로서, 브로츨라프 조사는 E. 메이로프스키의 연구를 가리키는 듯하다. 1923년 메이로프스키는 당시에는 독일에 속했던 브로츨라프에서 성병을 연구했다.

6-49] 이러한 성적 성숙 요소의 분열은, 표에서 알 수 있듯이, 전체 소년의 약 절반이 14세 이전, 즉 성적 성숙이 시작되기 전에 첫 성적 흥분을 경험하는 상황에서 분명히 관찰된다. 소녀가 이러한 경험을 일찍 하는 경우는 37.6%로 나타난다. 이 자료를 1차 세계대전이 발발하기 직전에 모스크바에서 고등 교육 과정을 밟고 있던 젊은 여성들을 대상으로 수행했던 쥬반코프 박사의 조사와 전쟁 중에 브로츨라프의 학생과 의사들을 대상으로 한 메이로프스키 박사의 조사와 비교해 보면, 소련 청년들에게서 성적 흥분이 더 나중에 출현한다는 것을 확인하게 된다. И. Д. 겔만은 말한다. "이 차이는 오직 응답자의 사회적 구성의 차이에 의해서 만들어질 수 있는 것이다. 노동하는 환경이 부르주아적 환경보다 자극적 충동을 덜 제공한다."

6-50] 조사는 오나니슴이 극도로 만연한다는 의견을 확증한다. 소

녀들은 오나니슴을 일찍 시작하는 예가 많다는 특징이 있다. 소년들은 더 일찍 시작하는 경우가 드물지만 일반적으로 그들 사이에서 오나니슴은 소녀들에게서보다 널리 퍼져 있다. 소년의 전체 70% 이상이 성적 성숙기(13~18세)에 오나니슴을 시작한다. 소녀는 50%가량만이 이때 시작한다. 모스크바 청소년 대상 총계는 소년 52%, 소녀 14.8%이다. 비교 자료는 표에 제시되어 있다.

	겔만의 설문조사(%)		브로출라프 조사 (%)	1904년 모스크바 학생들(%)	1903년 하리코프 학생들(%)	콘의 자료(%)	
	남자	여자				여자 고등 과정 학생들	학생들
함	52.8	14.8	80	73.4	64.1	52	93
하지 않음	47.2	85.2	20	26.6	35.9	48	7

〈표 4〉 오나니슴의 확산정도

비고츠키는 오나니슴онанизма이라는 용어를 사용한다. 성경에서 오난이 하는 행위는 자위가 아니라 피임의 일종(질외사정)이다. 유태인의 율법 중에는 형사취수제가 있다. 태어난 아기는 대를 잇고 모든 유산을 상속하게 된다. 오난은 이를 막기 위하여 매번 피임을 했고, 신의 분노를 사서 죽게 된다.

본문에서 오나니슴은 자위를 뜻하는 것으로 보인다. 자위는 비고츠키의 발달이론에서 흥미로운 문제이다. 대부분의 심리 기능에서 개인 간 기능은 개인 내 기능 이전에 나타난다. 그러나 성에서만큼은 그 반대이다. 이를 설명할 수 있는 한 가지 방법은 성을 고등심리기능이 아닌 저차적 기능으로 간주하는 것이다. 다른 방법은 사랑을 고등심리기능으로 간주하는 것이다. 사랑은 신체와 저차적 심리기능(본능)으로부터 원재료를 취하여 결혼에서 습관으로 문화화된다. 그러나 청소년기에는 사랑이 창조적 지성으로 발달하는 것이다. 이러한 원대한 생각은 이원론,

에곤 실레가 그린 자위하는 소녀. 실레는 구스타프 클림트의 제자로 후기 독일 낭만주의 운동에 참여한 표현주의 작가이다. 그러나 그림에서 볼 수 있듯 청소년의 성에 대한 실레의 관점은 관념적이지 않고 비고츠키와 같이 현실적이다.

독일 낭만주의 등으로 빠지기 쉽다. 그러나 비고츠키는 이러한 경로를 따르지 않는다. 자위는 본능도 아니고 완전히 고유하거나 창조적인 행위가 아니며 대부분의 어린이들에게는 습관에 가깝다. 습관으로서 자위는 사실 개인 간 학습된다(친구, 잡지, 동영상 등). 물론 자위가 항상 단독으로만 이루어지는 것은 아니며 청소년기에 이는 임신과 성병을 예방하는 데 중요한 역할을 한다.

6-51] 나아가 조사는 거의 절반의 소년이 성생활(최초 성관계)을 지극히 빨리 시작한다는 것을 나타낸다. 전체 소년의 41.5%가 16세 이전에 성생활을 시작했다. 브로츨라프의 조사 자료에 따르면 오직 약 10%만이 16세 이전에 성생활을 시작했다. 여성의 경우 12%만이 16세 이전에 성생활을 시작했다.

6-52] 이 자료를 성적 성숙이 시작되는 시기와 비교해 보면 흥미롭다. 성적 성숙의 완성을 뜻하는 초경의 78.3%가 13세와 16세 사이에 나타난다. 초경과 동시에 성적 흥분이 나타난 경우는 18.2%, 초경보다 성적 흥분이 앞서는 경우는 29.8%이고 1~10년에 걸쳐 다양한 연령기에 나타났다. 초경 이후에 성적 흥분이 나타나는 경우는 52%였다. 오나니슴은 59.3%가 초경에 앞서고, 7.4%는 초경과 동시에, 33.3%는 초경 이후에 나타났다.

시기	겔만 조사		브로츨라프 조사
	남성(%)	여성(%)	남성(%)
13세	7.6	7.8	10.8
14세	12.9	7.8	20.1
15세	17.8	5.8	21.1
16세	15.4	5.8	11.5
17세	10.1	2.0	5.0
18세	8.0	11.5	5.7

〈표 5〉 오나니슴의 시작

6-53] 저자는 말한다. "전체 사례 중 오직 3.7%에서만 사랑이 성관계로 이끄는 요인인 것으로 드러난다. 대다수의 경우 사랑은 인간의 삶에서 새롭고 중요한 이 단계를 밝혀 주지 않는다. 현대 청소년의 삶에서 사랑이 차지하는 비중이 미미하다는 것은 극도로 어려운 사실이다. 이것은 바로 부르주아 사회 구조와 연결되어 있는 사회적 계기로 생겨났다." 처음 성관계를 맺은 이가 누구냐는 질문에 오직 3.7%만이 아내나 여자친구라고 대답한 것을 염두에 둘 때 이 해석의 타당성은 부인할 수 없다.

6-54] 이전 질문에 대한 응답으로 되돌아가 보면 동일한 사실이 다른 측면 즉 심리학적 측면에서 드러난다. 남성은 0.4%만이 사랑이 "최초 성관계를 유발하는 영향인 반면 여성은 61%가 이것이 동기가 된다고 했다. 우연으로 설명될 수 없는 이 놀라운 차이는 소년 소녀의 모든 성적 성숙의 심리에서 심오한 차이를 말해 준다. 또 다른 훌륭한 비교는 다음과 같다. 소년 중 52%가 이 질문에 답하면서 내적 동기(유기체적 특성의 자극을 포함한다)를 언급한 반면 소녀 중 18.1%만이 동일한 동기를 언급했다.

6-55] 여기에는 몹시 흥미로운 두 계기가 있다. 첫째, 소년들에게 최초 성 경험을 일으키는 요인 가운데 외적 충동이 차지하는 비중이 매우 크다는 것이다. 소위 자연발생적인 내적 충동을 언급하는 것은, 종종 인간의 내적 삶에 미치는 외적 요인의 영향을 추적하지 못하기 때문이라는 저자의 지적은 전적으로 옳다. 왜냐하면 내적 충동이 무엇의 영향 하에서 출현하느냐는 질문이 저절로 자연스럽게 생겨나기 때문이다. 이렇게 외적 요인의 역할은 수치가 보여 주는 것보다 훨씬 크다.

연령	겔만 조사		여자 고등과정 학생 조사	브로츨라프 조사
	남성(%)	여성(%)	여성(%)	남성(%)
5~10세	9.1	34.8	41	10.3
11~14세	31.0	39.0	33	45.3
15세 이상	59.9	36.2	26	44.4

〈표 6〉 오나니슴 시작 시기

연령	겔만 조사		브로츨라프 조사	모스크바 조사
	남성(%)	여성(%)	여성(%)	남성(%)
5~13세	7.2	2.9	–	11.9
14~16세	34.1	9.7	9.9	39.2
17~25세 및 그 이후	58.7	87.4	90.1	48.9

〈표 7〉 첫 성관계 시기

6-56] 둘째 계기와 관련해서 비교해 보면, 소녀의 경우 동일한 동기가 낮은 빈도로 나타나고, 사랑을 언급하는 것은 매우 큰 빈도로 나타남을 알 수 있다. 연구자는 "심리적 요인의 지배는 여성의 내적 세계가 지니는 매우 독특한 특징이다"라고 결론짓는다. 반면 외부적 영향 외에 순수한 생리적 동기는 소년보다 훨씬 적었다. 이것은 우리가 알고 있는 소녀의 성적 충동의 특징과 완벽히 일치한다. "끊임없이 만족을 추구하고 요구하는 성적 필요가 충만함과 확실성에 도달하는 것이 남성의 삶에서는 흔하지만 여성의 삶에서는 드물다." 모든 경우에 이러한 차이점은 성적 성숙과 초기 성년기에 확실히 나타난다.

연령	겔만 조사		브로츨라프 조사	모스크바 조사
	남성(%)	여성(%)	남성(%)	남성(%)
13세	3.4	0.6	–	–
14세	6.1	–	1.9	9.6
15세	9.7	0.6	1.5	7.4
16세	19.0	9.1	6.5	22.2
17세	19.1	11.9	8.8	9.9
18세	17.3	19.4	13.5	8.6

〈표 8〉 첫 성관계 시기

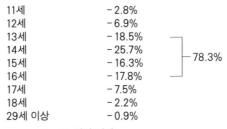

11세	– 2.8%
12세	– 6.9%
13세	– 18.5%
14세	– 25.7%
15세	– 16.3%
16세	– 17.8%
17세	– 7.5%
18세	– 2.2%
29세 이상	– 0.9%

78.3%

〈표 9〉 월경 시기

6-57] 이 조사의 다른 더 많은 결과를 소개하지는 않을 것이다. 이 것이 이행적 연령기 계기의 특성을 추출하도록 해 주지 않기 때문이다. 다만 이 연령기에 나타나는 성병 감염 수치가 낮다는 것과 성생활과 익숙해지는 원천이 우발적이라는 것을 강조하고자 한다. 다만 저자가 현대 청소년의 성생활의 전체 모습을 분석함으로써 조사가 그려 낸 일반적 결론을 언급하고자 한다. 이 그림에는 세 가지 계기가 반영되었다. "부르주아 사회의 모든 성생활은 그 속에 마치 거울처럼 이 사회의 추악함, 범죄, 기형성을 그대로 반영한다." 두 번째 계기는 새로운 계급과 이상의 영향으로 우리에게 생겨나는 새로운 인간관계이다.

남자	
연령	%
15세	0.4
16세	3.8
17세	5.8
18세	16.6

〈표 10〉 성병 감염자 연령별 비율(성병 감염 환자 총수를 기반으로 계산)

6-58] "이러한 영향은 우리의 조사에 오나니슴의 낮은 발생 정도, 이른 성생활의 시작, 자유로운 이성 관계, 매춘의 낮은 발생 정도, 성병과 정신병의 낮은 발생, 성생활에 대한 낭만적 요소와 신비적 이상화의 부재로 반영되었다"라고 저자는 말한다. 최종적으로 현대 청소년의 성생활에 관한 이 그림에 반영된 세 번째 영향, 세 번째 계기는 모든 가치의 일반적인 재평가, 이데올로기의 일반적 전환, 모든 세계관 및 세계와 맺는 관계의 변형을 반영한 것으로, 이들은 혁명과 함께 나타났으며 성생활과도 반드시 연관이 있다. 오래된 성 도덕으로부터의 탈피, 새로운 도덕의 탐색, 이와 관련된 성적 허무주의, 매우 일반적 문제를 단순화하여 자기 자신만의 해결책을 모색하는 것이 이 상태의

특징이다.

슈프랑거와 낭만적 이상주의자들은 성에 대한 기독교의 이원론적 사고의 연장선상에 있다. 이 일련의 사고에 따르면 사랑의 성적 측면은 사랑의 이상적이고 낭만적인 부분과 쉽게 분리될 수 있다. 왜냐하면 낭만적 열망은 실제 사람과 쉽게 분리되기 때문이다.

이것은 기독교에서 신성하고 고상한 사랑의 감정과 악하고 저열한 성행위의 분리를 의미했다. 그렇게 순수하게 분리된 존재가 천사이며, 기독교적 전통에 따르면 천사는 성기가 없다. 또한 이것은 순수하고 순결한 청소년의 사랑과 결혼, 출산, 중년의 회의(결혼은 낭만의 무덤이다)와 분리될 수 있다는 것을 의미하기도 한다.

5장에서 우리는 기사도적 사랑이 자신보다 높은 신분의 부인을 사랑하는 기사가 그 가망 없는 사랑을 용맹한 행동으로 승화시킬 것을 요구한다는 것을 보았다(독일의 낭만주의자들에게는 전통이 진짜 중세의 것인지 아닌지는 중요하지 않았다. 이들은 만들어진 역사가 진짜 사람보다 중요했다). 이것이 슈프랑거를 비롯한 청소년에 대한 문화-심리적 접근의 기반이었다.

괴테의 『젊은 베르테르의 슬픔』의 본질은 '기사도적 사랑'이다. 베르테르는 이상적인 어머니이자 가장 친한 친구의 아내를 향한 이룰 수 없는 사랑에 빠지게 된다. 결국 그는 자살한다.

6-59] 결론적으로, 이 조사는 시대에 완전히 뒤처진 것이라는 점을 지적해야 한다(1922). 이 조사만큼 범위가 넓지는 않지만 비슷한 유형의 연구가 이 사실을 보여 주었다. 그 후 몇 년간 생겨난 현대 젊은이들의 성적 삶의 변화를 추적하는 것은 매우 흥미로울 것이다. 하지만 아쉽게도 이 연구는 아직 실행된 바 없다.

연령	%	
	남성	여성
부모	1.1	4.0
교사	1.2	2.4
책	24.4	39.5
동료와 여자친구	33.5	24.4
그 외 사람	12.5	20.3
기타 원천	26.6	8.3
의사, 강의, 전시	0.7	0.4
배우자	-	0.7

〈표 11〉 성생활에 대한 지식의 원천

6-60] 성적 성숙은 다양한 시기에 일어난다. 우리는 이미 발달 과정이 여러 요인에 기인하는 고도로 복잡한 과정이라는 것을 안다. 따라서 발달은 시계처럼 근면하게 규칙적으로 일어나지 않으며 여권 연령상 동갑일지라도 흔히 그 실제 아동학적 연령에서는 다양한 단계에 위치한다. 이는 이들이 발달 과정에서 상이한 수준에 도달하여 상이한 국면에 위치하고 있음을 의미한다. 어떤 이는 앞서고 어떤 이는 뒤처진다. 성적 성숙과 관련해서도 마찬가지이다.

평균 연령	미성숙(%)	성숙 중(%)	성숙(%)
12.75	69	25	6
13.25	55	26	18
13.75	41	28	31
14.25	26	28	46
14.75	16	24	60
15.25	9	20	10
15.75	5	10	10
16.25	2	4	93
16.75	1	4	95
17.25	0	2	98
17.75	0	0	100

〈표 12〉 연령에 따른 성숙 단계의 분포(어빙 킹의 자료)

6-61] 다음의 두 표는 나이에 따른 성적 성숙의 분포를 분명하게 보여 준다. 우리는 성적 성숙 과정이 20세에 종결되지 않을 수도 있고, 흔히 16세에 완료되기도 한다는 것을 알 수 있다. 우리는 동일한 연령의 청소년이 발달상 세 가지 서로 다른 국면에 속할 수 있음을 알 수 있다. 일부는 성숙했고, 일부는 성숙 중이며, 또 일부는 성숙의 과정이 아직 시작되지 않았다.

6-62] 성적 성숙의 지연은 대체로 청소년 발달의 일반적 지연을 의미한다. И. А. 아랴모프는 자신의 연구를 기반으로 요즘 청소년 노동자의 성적 성숙 지연 현상이 유난히 널리 퍼져 있다는 것을 발견하였다. "이 성적 성숙 지연은 환경의 영향, 청소년 노동자 학교의 특성을 염두에 두고 연구되어야 한다. 상당히 강한 육체적(산업) 노동은 적당한 영양 공급을 통해 일반적 발달을 자극하는 성적 발달을 다소 지연시킨다"고 그는 가정한다. 그러나 오직 특화된 조사만이 이 현상을 더 설득력 있게 설명할 수 있을 것이다.

6-63] 특히, 아랴모프의 이 연구에서 성적 성숙의 지연과 학업 성취의 저하 간에 밀접한 연관이 있음이 밝혀졌다. 낮은 학업 성취도를 보여 주는 조사 대상 학생들의 나이가 많음에도 불구하고(15~21세), 그들 중 36.4%는 성적으로 성숙하지 않았다. 재학생 중 미성숙한 비율은 두 배 적었고(19%), 성취도가 높은 학생 중 미성숙한 비율은 4.5배 적었다(8.3%). 약 5,000명의 미국 청소년을 대상으로 조사한 어빙 킹의 연구에서도 같은 결과가 나왔다.

미성숙한 소녀	$12\frac{1}{2}$-13세의	57%가	우수한 성취를 보임
성숙 중이거나 성숙한 소녀	$12\frac{1}{2}$-13세의	69%가	-
미성숙한 소녀	13-141/2세의	60%가	-
성숙 중이거나 성숙한 소녀	13-14$\frac{1}{2}$세의	80%가	-
미성숙한 소년	14-14$\frac{1}{2}$세의	53%가	-
성숙 중이거나 성숙한 소년	14-14$\frac{1}{2}$세의	72%가	-

〈표 13〉 성적 성숙 단계와 학업 성취(어빙 킹의 자료)

나이	이차 성징이 나타나지 않음(%)	완전히 성숙하지 않음(%)	완전히 성숙함(%)
15세	25	31.3	43.7
16세	21.4	33	45.6
17세	19	29	52
18세	–	21.2	78
19세	–	11.1	88.2
20세	–	5.5	94.5
21세	–	–	100

〈표 14〉 연령별 성숙 단계 분포(아랴모프 자료)

6-64] 거의 모든 저자들이 성적 성숙을 세 단계로 구분한다. 비들은 이 세 단계와 내분비계 변화 사이의 관계를 확립한다. 그는 다음과 같이 구분한다. 1) 생식샘의 성장을 자극하는 뇌하수체와 갑상샘의 증가된 활동으로 특징지어지는 사춘기 이전 단계, 2) 발달하는 생식샘과, 그것이 작동을 방해하는 뇌하수체와 갑상샘 사이의 투쟁으로 특징지어지는 성숙 중 단계. 3) 투쟁의 종료와 전체 내분비계에 대한 생식샘의 지배로 특징지어지는 성숙 단계.

*A. 비들(Arthur Biedl, 1869~1933)은 현대 내분비학을 창설한 헝가리 병리학자이다. 그는 비엔나 대학교의 교수였으며, 1922년 다지증을 동반한 생식샘저하증을 지닌 두 자매에 대한 연구로 유명해졌다. 이는 내분비샘 질환으로 판명되었으며, 후에 바르데-비들 증후군이라 불리게 되었다.

- 심화 연구를 위한 참고 문헌

1. М. М. 루빈스타인과 В. Е. 이그나티예프. Психология, педагогика и гигиена ю- ности(청년의 심리학, 교육학, 위생학). Изд. "Мир". Москва, 1926 г. Ц. 2р. 40к. — ч. I: Гигиена периода полового созревания(성적 성숙기의 위생학).

2. И. Д. 겔만. Половая жизнь современной молодежи(현대 젊은이의 성생활). И- зд. Ⅱ. Гос. Изд. 1925 г. Ц. 70 к.

3. К. П. 베셀로프스카야. Педологические основы полового воспитания(성교육 의 아동학적 토대). "Раб. Просв." — Москва, 1926 г. ц. 60к.

4. Б. И. 자바도프스키. Проблемы старости и омоложения(노년과 회춘의 문제). И -зд. "Красная новь" — Москва. 1923 г.

다음 문제에 대한 답을 쓰고, 그 근거를 제시하시오.

1. 성숙의 세 지점의 불일치란 무엇이고, 어떻게 설명할 수 있으며, 이 불일치를 이행적 연령기의 가장 중요한 특성과 특징의 원천으로 간주할 수 있는 것은 왜인가?

2. 이행적 연령기의 가장 중요한 해부–생리학적 특성을 기술하시오.

3. 성적 성숙기에 일어나는 신경계의 가장 중요한 변화는 무엇인가?

4. 내분비샘이란 무엇이며, 어린이 발달 과정에서 그 역할은 무엇이고, 성적 성숙기에 일어나는 내분비계의 중요한 변화는 무엇인가?

5. 소년과 소녀에서 중요한 성적 성숙의 특성은 무엇이며, 그 원인은 무엇인가?

6. 남녀공학 교육의 아동학적 근거는 무엇인가?

• 성적 성숙

두 가지 의미에서 비고츠키는 그의 이론을 토대부터 세워 나간다. 마르크스가 더 영속적이고 덜 의식적이며 물질적 토대라고 부른 것으로부터 덜 영속적이고 더 의식적이며 관념적인 상부구조로 옮겨 가는 것이다. 자기 이론의 개요를 제시한 후에 비고츠키는 앞 장에서 약속한 바와 같이 객관적, 경험적 사실로부터 그에 대한 자신의 이론적 일반화로 나아간다. 둘째, 이러한 사실적 토대를 제공함에서도 비고츠키는 (앞장의) 생물적 성숙으로부터 (다음 권인 『청소년 아동학』 3권의) 심리적이고 사회문화적인 성숙으로 나아간다.

성적 성숙은 생물적인 동시에 심리-사회문화적인 성숙이지만 둘 중 어느 것으로도 환원할 수 없다. 따라서 이 장에서 비고츠키는 내분비샘의 생물적 성숙으로부터 사랑의 심리와 당시 소비에트 청소년의 사회문화적 행태에 대한 논의로 나아간다. 이러한 절차는 조악한 이원론에 빠지기 쉽다. 비고츠키의 전체 이론은 생물적 요인과 사회문화적 요인 사이의 불일치를 토대로 전개되는 데다가 특히 당시 소비에트 청소년들은 그러한 이원적 경향성을 드러냈기 때문이다(예컨대 소비에트 청소년들의 성적인 첫 경험이 사랑과 연결되는 경우는 매우 드물었다). 그러나 비고츠키의 전체 이론은 생물적 요인과 사회문화적 요인의 더 고등하고 복잡한 단위를 확립하는 것을 지향하므로 이원론은 그가 피해야 할 함정이었다. 이를 위해 비고츠키는 프로이트와 (18세기와 중세까지 거슬러 올라가) 다른 사상가들로부터 승화의 개념을 차용한다.

비고츠키에게 '승화'는 억압을 함의하지 않는다. 이는 단순히 성적 기생성의 반대 측면일 뿐이다. 비 생물적 자극을 생물적으로 변환하는 대신 청소년은 생물적 자극을 사회문화적 자극으로 변환하는 것을 배운다. 이처럼 굴절 적응된 승화의 개념이 내분비샘과 사랑에 대한 논의 사이에 나타나, 이 장의 가운데쯤(6-32)에 소개되는 것은 우연이 아니다. 내분비샘의 발달로 청소년은 자신의 신체가 더 이상 이전의 친숙한 어린이의 신체가 아니라는 생물적 발견을 하게 된다. 사랑은 간-인격적인 동시에 사회문화적인, 더욱 심오한 인간적인 발명이다. 그러나 성을 발견하지 않는다면 이 완전히 새로운 형태의 사랑, 청소년의 새로운 신체에 내재적인 동시에 그의 가족에는 외재적인 사랑은 상상하기 어려울 것이다. 생물적 성숙은 청소년이 관념적인 상부구조를 쌓아 올리는 물질적 토대이다.

A. 발달에서 분비샘의 역할은 무엇인가?

i. 비고츠키는 분비샘을 규정하고 종류를 열거하며 땀샘이나 침샘과 같은 관찰 가능한 친숙한 예시를 든다(6-1). 도구와 기호를 그 지향성에 따라 외적 환경을 향하는지(『역사와 발달』, 2-182), 내적 자아를 향하는지 구분했듯이 그는 분비샘이 유기체 외적 분비물을 만드는지, 유기체 내적 분비물(호르몬)을 만드는지에 따라 구분한다(6-2~6-3).

ii. 비고츠키는 후자의 예로 갑상샘, 뇌하수체, 가슴샘을 든다(6-4~6-6). 비고츠키는 동물과 인간의 병리적 결함의 사례를 기술하면서 이 분비샘들의 역할과 발달상 복잡한 평형을 보여 준다(6-7~6-8).

iii. 이후 유기체의 운명에 가장 커다란 영향을 미치는 분비샘인 성샘은 청소년기에 외분비물과 호르몬 모두를 내보내며, 따라서 외적 환경과 신체 자체를 동시에 향한다(6-9~6-12). 여기서도 비고츠키는 그 중요성을 병리적 결함을 통해 보여 주며 이는 불행히도 과학으로부터 유사과학으로 그를 이끈다.

   a) 과학적 접근은 호르몬 투여와 종내種內 성기 이식을 통해 기니피그, 쥐, 닭 등의 성별을 전환하는 초기 실험을 포함한다(6-13~6-6-14). 호르몬 처치는 오늘날 성별 불쾌감 치료 방법으로 인정되고 있다.

   b) 비과학적 접근은 성기능 장애를 겪는 노인을 '회춘'시키기 위해 염소나 원숭이의 생식샘을 이식하는 슈타이나흐와 보로노프의 실험을 포함한다. 비고츠키는 이 실험들이 사기임을 인식하지 못한다.

iv. 비고츠키는 성샘이 발달에 영향을 미치는 세 가지 방식을 요약한다.

   a) 성샘의 충분과 결핍은 정상 발달과 저발달을 이끈다(6-18).

   b) 성샘은 남성과 여성의 본질적 기능과 특성 그리고 특징적 행동을 청소년의 신체에 부여한다(6-19).

   c) 비고츠키는 슈타이나흐와 보로노프의 유사과학적 '회춘' 실험을 토대로 성샘의 활동이 실제로 인간 삶의 세 가지 중요한 단계(유년기, 성숙기, 노년기)를 구분한다고 믿는다(6-20).

이 세 가지 역할, 즉 발달적 규제, 성적 분별, 시기 구분은 청소년에게 어떤 분비샘이 '지배적'으로 작용하는가 혹은 주요 발달 노선으로 작용하는가를 보여 준다.

B. 성샘은 청소년 발달에서 무엇을 하는가?

i. 비고츠키는 신체의 다양한 분비샘의 성장과 성적 성숙의 관계를 요약한다. 먼저 가슴샘이 축소되면서 이전에는 가슴샘에 의해 억압되었던 뇌하수체가 성장을 자극한다(6-23). 뇌하수체는 키 성장과 성샘의 상대적 비중의 성장에 영향을 미친다(6-24).

ii. 그러나 발달은 언제나 불균형하게 일어나며 모순적 발달은 신체 사이뿐 아니라 신체 내에서도 일어난다. 평균적으로 소년들은 소녀보다 2년가량 성숙이 늦다(6-26). '1차적' 성적 특성(성기)은 출생부터 있었지만 이제 '2차적' 성징(소년 소녀의 신체를 특징짓는 체모, 가슴, 목소리 변화, 골격과 근육 변화)도 나타난다(6-

27~6-28).

ii. 비고츠키는 동물과 초기 인류, 어린이 인종(예컨대 피그미)에게서는 유년기가 끝나면서 성년기가 시작되지만 수렵 채집의 단계를 벗어나 생산 활동으로의 문화화를 위해 긴 기간을 요구하는 문화에서 인간은 청소년기를 발명하기 시작했다고 주장한다(6-29). 그 결과 일반 유기체적 발달과 학교에서의 사회문화적 교육은 어린이의 생식기능의 성숙을 훨씬 지나서까지 연장되며, 이는 어린이와 양육자가 겪어переживание 나가야 할 혹은 헤쳐 나가야 할 주요 '드라마'를 만든다. 러시아에서 переживание(페리지바니, 체험)는 '난관을 헤치고 생존한다'는 뜻으로 종종 사용된다.

iv. 비고츠키는 이러한 체험의 결과가 미리 정해져 있지 않음을 상기시킨다. 어떤 어린이는 조숙하고 이례적으로 개방적인 성적 발달을 체험하는가 하면(예컨대 사생활이라는 개념을 명확히 인식하기도 전에 성생활에 돌입하는 어린이들이 있다), 다른 어린이들은 억압을 겪는다(예컨대 종교적인 이유로 이성과의 동석조차 금지당하는 어린이들이 있다). 그러나 비고츠키에게 유일하게 건강하고 직접적이며 문화적인 경로는 승화의 경로이다(6-32).

C. '승화'는 무엇을 의미하는가?

i. 비고츠키가 처음 승화라는 개념을 도입했을 때 이는 잘킨트가 선호했던 조악한 혼합적 비유의 일종으로 보였다. 비고츠키는 열에너지가 전기, 빛, 기계적 운동 에너지로 변환될 수 있듯이 청소년의 성적 본능은 창조적 지성으로 '승화'될 수 있다고 말한다.

ii. 그러나 다음 순간 비고츠키는 (예컨대 조건반사가 무조건반사로 환원될 수 있듯이) 창조적 지성이 단순히 성적 본능에 토대하고 있는 것은 아니라고 말한다. 창조적 지성은 청소년기를 특징짓는 크나큰 생명력의 급증 전체를 포함한다(6-34). 그는 성적 본능 승화의 가장 '자연스러운' 형태는 풋사랑이라고 말한다(6-33). 예컨대 같은 반 친구에게 이성적인 호감을 느끼지만 차마 노골적인 표현은 어떤 식으로든 못 하는 것이다.

iii. 그러나 외견상 단순하고 순수한 청소년의 풋사랑은 매우 복잡하게 구성된다. 예컨대 소년과 소녀는 단순히 시기상의 차이만 보이는 것은 아니다. 비고츠키는 성적 사랑의 유기체적 구성이 다름을 보이는 자료를 제시한다. 즉 소년과 소녀는 서로 다른 이유로 사랑에 빠진다(6-38~6-42).

iv. 이러한 근본적 불일치가 소년과 소녀를 분리하여 교육해야 한다는 생각을 교사들 사이에서 널리 퍼지게 한 것으로 보인다고 비고츠키는 지적한다. 비고츠키는 이것이 거의 언제나 잘못일 것이라고 주장한다. 진정한 성교육은 '이성과 관련된 행동을 가다듬는 것'인데 이는 이성이 주변에 없다면 일어날 수 없기 때문이다(6-43~6-46). 이는 비고츠키가 이 장에서 다루는 마지막 문제로 자연히 우리를 인도한다. 성적 행동은 과연 학교 공부와 어떻게 연결되는가?

D. 승화가 학교생활에 미치는 영향에 대해 초기의 대규모 연구가 말해 주는 것은 무엇인가?

    i. 많은 연구자들은 성적 행동에 대한 최초의 대규모 조사는 A. 킨제이나 마스터와 존슨과 같은 미국학자들에 의해 수행되었다고 생각한다. 그러나 이 장의 마지막 부분에서 비고츠키는 그보다 앞선 네 개의 대규모 연구를 제시한다. 1922년에 겔만은 모스크바 고등학습원 학부생 1,600명을 조사했으며(6-46), 1908년 쥬반코프는 페트로그라드 학생들의 성생활을 연구하였다(6-46). 전쟁 중(1915~1917)에 메이로프스키는 브로츨로프에서의 성적 습관을 연구하였다(6-49). 모든 자료는 성적 성숙이 문화에 따라 다르며 따라서 사회문화적 통제에 좌우된다는 비고츠키의 주장을 지지한다. 최초의 성적 성숙을 가리키는 정서적 신호는 소년과 소녀, 러시아에서와 독일, 폴란드, 상이한 계급에 속한 어린이들에게 서로 다르게 나타난다(6-47~6-49). 이는 비고츠키가 '오나니슴'이라고 부른 것(즉, 자위)과 성교, 초경에 대해서도 사실이다. 우리가 이 책의 제목을『성애와 갈등』으로 붙였지만 성과 사랑이 동시에 일어나는 것은 소년에게서(0.4%)보다 소녀에게서(61%) 훨씬 더 일반적이다.

    ii. 비고츠키는 사회문화적 요인의 영향은 연구 수치가 보여 주는 것보다 훨씬 크다는 1922년의 겔만 연구로부터 두 가지 계기를 추출한다.

        a) 성적 경험을 향한 '자연발생적 충동'은 소년들에게서 지배적이다. 그러나 비고츠키는 이러한 '자연발생적 충동'에의 지적은 다만 환경이 사랑과 같은 심리적 요인에 어떻게 영향을 미치는지 연구자들이 추적하지 못함을 드러낼 뿐이라고 지적한다(6-55).

        b) 이러한 충동은 심리적 요인에 더 큰 영향을 받는 소녀들에게는 훨씬 적은 영향을 미친다(6-56).

    iii. 이에 더하여 비고츠키는 혁명 후의 낙관론을 반영하는 겔만의 1922년 대규모 연구에서 세 계기를 추출한다.

        a) 부르주아 사회의 성생활의 추악함. 예컨대 높은 비율의 매춘, 성병 및 여타의 나쁜 사례들.

        b) 소비에트 사회의 낮은 비율의 오나니슴, 이른 성적 성숙, 자유로운 이성 관계.

        c) 엄격주의와 낭만주의로부터 (때로는 성적 허무주의로 표현되는) 성적 솔직함으로 나아간 소비에트 이데올로기의 변화(6-58).

    iv. 비고츠키는 겔만의 연구에 대한 후속 연구가 없음에 아쉬움을 표한다(6-59). 그러나 그는 성적 성숙과 학업 성적 사이에 연결이 있는 것으로 보인다는 점에 큰 흥미를 가지고 주목한다(6-60~6-61). 소비에트의 아랴모프와 미국의 킹의 연구가 보여 주는 이 발견은 비고츠키에게 성적 성숙이 올바르게 승화되기만 한다면 학교 공부를 포함한 모든 인간 활동에서 거대한 에너지가 될 것임을 시사한다(6-63). 비고츠키는 인간 삶의 시기를 구분 지을 때 특히 이행적 연령기를 구분 지을 때 분비샘의 중요성을 재강조하며 이 장을 마무리 짓는다(6-64).

제7장
성 성숙 심리학

죽어 가는 막달레나(A.젠틸레스키, 1625년)
젠틸레스키는 한 손에는 기도를 위한 묵주들 들고 무릎에는 해골을 올려놓은 마리아 막달
레나를 보여 준다. 막달레나의 몸은 그녀가 청소년임을 짐작케 한다. 분명 그녀는 아직 죽을
나이가 아니다. 젠틸레스키의 시대에는 성적 절정을 가리켜 '죽음과 같은 천국의 맛'이라고
말했다. 이 장에서 비고츠키는 청소년기를 점점 쇠약해져 죽어 가는 시기라고 보는 이론들
을 소개하고 비판한다. 이 시기는 유년기의 전 개념적 구조가 성숙한 개념적 구조로 바뀌는
시기이기 때문이다. 비고츠키가 보기에 청소년기는 비유적으로나 사실적으로나 정서적 절정
의 시작일 뿐 아니라 인지적 절정의 시작이기도 하다.

수업 내용

성적 성숙의 세 단계, 슈프랑거의 이론―성 성숙 심리의 두 측면―성애와 성욕, 두 측면의 통합-그 이론적 바탕이 되는 형이상학적 이원론―성의 지배, 성의 신체적 요소와 대뇌피질적 요소―프로이트의 이론―어린이의 성, 억압, 승화―프로이트 이론 비판―긍정적 승화와 부정적 승화―어린이 성의 진정한 기원―어린이의 성적 기생―이행기 청소년의 인격 구조의 역동적 토대가 되는 성숙의 세 지점의 불일치―성교육의 토대가 되는 성 성숙 심리학, 대뇌피질적 요인이 성의 지배에 미치는 반대 효과―개인 윤리의 문제

학습 계획

1. 가능하다면 참고 문헌을 포함하여 전체 강의 개요와 계획을 세운다.

2. 성 성숙 심리학의 공통된 사실들(예를 들어 청소년의 사랑, 동성애, 오나니슴, 등)을 슈프랑거와 프로이트의 이론에서 어떻게 다르게 다루는지 설명한다.

3. 여러분 학교에서 이루어지는 성교육 체계를 본문에 제시된 이론의 관점에서 분석한다.

4. 여러분 자신의 관찰과 질문을 사용하여, 소년과 소녀의 성적 성숙의 가장 중요한 심리적 계기들을 비교한다.

7-1] 성 성숙 심리를 세 단계로 구분할 수 있는데, 이는 생리적 성숙 과정의 세 단계와 상응한다. 비들은 이 각 시기에 어떤 내분비샘이 지배적 위치를 점유하는가에 따라 이 단계들을 구분한다. 이들 분비샘의 발달 순서는 어떤 단계가 시작되는 순서와 기간을 결정한다. 첫째 단계는 우리가 전사춘기라고 부를 수 있는 것으로, 뇌하수체와 갑상샘의 우세로 특징지어지는데, 그 둘의 결합된 작용이 초보적(성-K) 분비샘의 급속한 성장에 기여한다. 둘째 단계는 진정한 의미에서 성숙의 단계인데, 이 단계에는 앞선 단계에서 발달한 초보적 분비샘의 활동이 한편이 되고, 갑상샘과 뇌하수체가 다른 한편이 되는 둘 사이의 투쟁이 일어난다. 이 투쟁의 끝에서야 성적 성숙 단계에 도달하는데, 그때 성샘은 중심으로 진출하게 되고, 인간의 전체 성인기 동안 지배적인 위치를 점유하며, 내분비계 전체를 조절하는 분비샘이 된다. M. C. 마슬로프는 "성적 성숙의 시작과 함께 성 호르몬은 내분비샘이 연주하는 음악의 기본 선율을 담당하고, 이는 노년까지 지속된다"고 말한다.

위 문단에서 언급된 '마슬로프'는 피라미드 형태의 욕구위계 이론을 창안한 미국의 심리학자 A. 매슬로Abraham Maslow가 아니라, 러시아의 소아과 의사인 M. C. 마슬로프Маслов, Михаил Степанович, 1885~1961, 사진)를 가리킨다. 마슬로프는 유년기 질병에 관한 임상적 강의를 1924년에 출간하였고, 비고츠키는 신생아의 배꼽 형성에 관한 연구에서 마슬로프의 연구를 인용한다.

검진 중인 M. C. 마슬로프

7-2] 성적 성숙 과정과 마찬가지로 많은 저자들은 심리적 측면을 예비적 시기, 위기적 시기, 기능적 완성 시기로 나눈다. 이 시기들은 심리적 영역에서 성적 성숙의 세 계기와 상응한다. 이처럼 우리는 전체 성적 성숙의 시기를 따로 괄호로 묶어 단일한 전체로 간주할 수 없음을 본다.

7-3] 바로 이 시기에 다양한 파동들, 상승과 하강이 생생하게 드러나며, 그 각각은 일반 유기체적 발달 체계에서 고유한 위치를 차지한다. 성적 성숙을 이렇게 각 단계들로 나누는 것은 전체 성숙의 과정뿐 아니라, 각 성숙의 부분들에 대해서도 영향을 미친다. 어떤 성숙의 계기를 선택하든, 우리는 언제나 세 개의 기본적 전환점을 통과하는 동일한 복합적 성숙 경로를 발견할 것이다. 성적 성숙의 심리학에 대한 후속 설명 전체를 올바로 이해하기 위해서는 이렇게 단계로 나눈 것을 염두에 두어야 한다. 이러한 올바른 이해를 위해서는 이 문제에 대해 과학 문헌에서 기술하고 있는 가장 중요한 최신 과학 이론들에 익숙해져야 한다. 우리는 이행적 연령기에 관한 현대 학설에서 지배적 위치를 차지하고 있는 슈프랑거와 프로이트의 두 이론만을 비판적으로 검토할 것이다.

7-4] 슈프랑거는 성 성숙 심리에서 성애와 성욕을 구별하는 것으로부터 그의 이론을 시작한다. 성애와 성욕을 통합적 성숙 과정의 서로 다른 두 측면으로 구별해야 한다는 것은 그의 전체 이론의 기본 입장이다. 슈프랑거에게서 이 구별은 성숙의 심리적 측면과 생리적 측면 사이의 구별과는 다른 것이다. 그는 생리적 측면을 고려 대상에서 완전히 배제하였으며 성적 성숙의 심리적 영역 안에서 이 두 계기를 구분 짓고자 한다. 그럼에도 불구하고 이 두 계기의 구분에서 이 저자의 토대인 정신과 신체 사이의 이원론적 구분이 드러난다.

7-5] 슈프랑거의 정의에 따르면, 성적 욕망, 쾌락, 열망과 직접 연관된 모든 것, 즉 그 바탕에 육체적 감각적 자극이 놓인 모든 성적 체험은 성욕이다. 반면 성애는 대상에 대한 미적 관계로 특징지어지는 체험

으로 간주된다. 이것은 정신적 형태의 대부분에서 사랑으로 나타나며 그 기저에는 미적 특성이 놓여 있다고 그는 말한다.

7-6] 이행적 연령기의 특징은 이 두 계기가 분리된다는 데 있다. 성숙 과정은 이 두 계기의 통합으로 이루어지며 이 둘의 일치는 성인기의 기본 특징이다. 청소년의 경우, 그들의 성애적 체험(환상-K)이 완전히 성적으로 실현될 경우 이는 폭력적 갈등, 환멸, 충격을 유발할 수 있으며 실제로도 그렇다. 이 시기에 성욕의 계기가 완전히 성애적으로 되는 것도 전혀 불가능한데 이는 슈프랑거의 의견에 따르면 성적 성숙 측면에서의 불완전성을 나타낸다. 슈프랑거는 성애를 아름다움에 대한 사랑, 사랑에 빠진 이를 동시에 자기 고양시키는 사랑으로 특징짓는다. 그는 성애가 영혼에 영감을 준다고 생각한 플라톤의 상상력 넘치는 정의를 인용한다.

7-7] 이 체험의 특성은 그것이 미분화되어 있다는 것이다. 이는 동성과도 관련될 수 있으며 훨씬 더 나이 든 사람을 향할 수도 있다. 그럼에도 불구하고 이러한 세분화되지 않은 충동, 일반적 욕망의 특성은 나름의 범위와 내용을 가지고 있다. 니체는 이를 생명 의지라 칭했으며 그를 따라 베르그송, 지멜, 슈프랑거도 같은 명칭을 사용하였다.

> 매우 어린 아이들은 정서와 지각이 분화되어 있지 않다. 대상을 보면 욕망하거나 거부한다. 좀 나이 든 아이들은 정서와 지각이 분화되어 있다. 어린이는 대상을 보지 않고도 욕망하거나 거부할 수 있으며, 욕망하거나 거부하지 않고 대상을 볼 수도 있다. 그러나 정서가 대상으로부터 완전히 자유로워지고 느낌이 정서의 대상이 되는 것은 청소년기이다. 예를 들어 음악을 들을 때 청소년이 추구하는 것은 종종 음악이 주는 느낌이며, 성적 끌림은 단지 성에 대한 것이지 사랑과 같은 것을 포함하지 않는다. 청소년의 흡연이나 음주 또한 아무런 외적 이유나 목적을 갖지 않으며 그저 '느낌을 느끼는 것'이다. 니체의 '생명

의지'는 단지 생기론―모든 생물학적 발달을 설명하는 자아실현을 추구하려는 '생명 본질'―과 관련된 것은 아니다. 이 관념은 의지―예컨대 초인을 특징짓는 '권력에의 의지'―와도 관련되어 있다. 니체의 초인은 특정한 목적을 추구하기 위해 권력을 원하지 않는다. 마치 청소년이 음악 자체를 위해 음악을 욕망하고, 성 자체를 위해 성을 욕망하고, 감정 자체를 느끼기 위해 감정을 욕망하는 것과 거의 같은 방식으로 초인은 권력을 그 자체로 욕망한다.

*F. W. 니체(Friedrich Wilhelm Nietzsche, 1844~1900)는 독일의 시인, 언어학자, 고전학자로서 귀족적이고 관념적인 독일 철학 문헌을 저술하였으며, 그 대다수는 유대교와 기독교에 반하는 것이었다. 슈프랑거와 짐멜처럼 그는 독일 낭만주의 전통에 속한다. 극도의 생명 의지를 지닌 '초인' 관념과 같은 많은 아이디어들이 나치에게 이용되었다.

뭉크가 그린 니체의 초상화(1906), 뭉크의 유명한 표현주의 그림 「절규」와 그 구성이 유사하다.

*G. 짐멜(Georg Simmel, 1858~1918)은 막스 베버의 친구로서 낭만적 사랑을 결혼 비율로 나타내는 등 계량화에 관심을 가진 사회학자였다. 대부분의 사회학자처럼 그는 심리학에 무관심했고 사회적 구조가 개인을 초월한다고 믿었다.

7-8] 생명의 힘과 아름다움에 대한 느낌은 처음에는 성애적 체험을 일으키는 대상을 향하고, 그 후에 느낌 자체가 이 체험의 토대가 된다. 타인에 대한 열망, 동일시, 우정을 토대로 생기는 숭배, 이 모두는 종종 일반적 이상화라 불리는 것을 이끈다. 이것이 이 연령기의 특징이다. 이 연령기에는 기본적인 성애적 욕망이 미분화되었기 때문에 외견상 동성애, 즉 동성을 향하지만, 당연히 본질적으로 성적인 의미의 것은 아닌

사랑이 출현한다. 슈프랑거가 성애라 불렀던 것에 대한 최상의 묘사는 그 상황을 다음과 같이 그려 낸 독일 시인 그릴파르처의 말이다. "이 시기 우리는 환상이 그려 내는 이미지만을 사랑한다. 우리가 사랑하고 있다고 생각하는 소녀는 우리의 상상이 펼쳐지는 도화지일 뿐이다. 나는 누군가(나 자신일 수도 있다)로부터 자신이 사랑에 빠졌지만, 누구와 빠졌는지는 아직 모른다는 말을 들은 적이 있다. 나는 이보다 진실되고 청소년을 더 잘 특징짓는 말을 결코 들어 본 적이 없다."

슈프랑거와 낭만주의자들은 어째서 청소년의 성적 성숙과 낭만적 느낌의 뚜렷한 연결을 부정한 것일까? 비고츠키는 철학적 이유를 들어 이들을 비판한다. 첫째, 슈프랑거는 육체를 부정한다. 그는 성애가 대상이 없는 순수한 미적 사랑인 반면, 성은 대상이 있는 순수한 심리적 사랑이라고 주장한다. 이후 프로이트는 의식적인 정신을 부정한다. 즉 성은 본질적으로 육체적 욕망이지만 그것이 금지된 대상을 향하면서 심리적인 것이 된다는 것이다. 슈프랑거는 성을 사랑의 그림자로, 프로이트는 사랑을 성의 그림자로 환원한다. 이 둘 모두 육체적 과

정과 심리적 과정 간의 근본적인 이원론에서 벗어나지 못한다. 철학적 이유는 언제나 역사-문화적 배경을 갖는다. 슈프랑거와 프로이트는 모두 어린이가 자신과 같은 성을 가진 어른을 첫 성적 사랑의 대상으로 삼는다는 점에 동의한다. 독일 낭만주의에 커다란 영향을 미친 고대 그리스 사람들은 동성애적 행위와 이성애적 행위를 구별하지 않았고, 다만 인간 발달의 여러 계기에서 다르게 나타나는 것이 정상이라고 생각했다. 따라서 이들은 늙은 남자와 청

소년의 성관계를 부정하지 않았으며 오히려 이것을 최상의 (성)교육이라 생각했음이 플라톤의 향연이나 파이드로스, 알키비아데스 등에 나타나 있다. 성인 남자와 소년 간의 (성)교육의 가장 일반적 형태는 사진 속 그리스 꽃병을 보면 알 수 있다. 그림 속의 남자는 한 손을 아래로 향하여 소년의 성기에 대고, 다른 손은 소년의 턱에 댄 채 소년의 눈을 우러러 바라보고 있다. 이 '위, 아래' 몸짓이 바로 육체와 정신의 이원론을 완벽하게 보여 준다(물론 이것은 저차적 기능과 고등 기능의 통합을 보여 주기도 한다). 물론 슈프랑거와 프로이트는 이성애와 동성애를 구별하고 성인과 미성년자의 성을 금지하는 문화에 속했다. 다수의 낭만주의 사색가들은 그리스적 관점을 충분히 알고 있었고 일부는 받아들이기도 했다. 그러나 슈프랑거가 이해한 그리스 사랑, 즉 완벽히 이상화되고 그 어떤 성적 행동과 완전히 분리된 사랑은 사실 낭만주의자들에게 더 일반적인 것이었고, 낭만주의자들이 완전히 틀린 것은 아니었다. 그리스시대에도 구강성교나 항문성교와 같은 성행위는 노예나 매춘부에게 해당되는 것이었다. 아래 시에서 시인은 성적 행동에 가까워질수록 혐오를 표시한다. 추상적인 것에 가까워질수록 성과 관련된 신체 기관과 멀찍이 떨어지는 것이다.

키스

그릴파르처

손 위에 하는 것은 존경의 키스
이마 위에 하는 것은 우정의 키스
볼 위에 하는 것은 감사의 키스
입술 위에 하는 것은 사랑의 키스
감은 눈 위라면 기쁨의 키스
손바닥 위라면 간구하는 키스
팔과 목에 하는 것은 욕망의 키스
그 밖의 키스는 모두 미친 짓.

*F. 그릴파르처(Franz Grillparzer, 1791~1872)는 괴테와 동시대를 살았던 오스트리아의 시인이자 극작가로서, 이아손과 황금 양털에 관한 비

극 삼부작으로 잘 알려져 있다. 철학에서 그는 강한 반헤겔주의자이자 친칸트적 성향을 가졌다. 그는 평생 아무도 사랑하지 않고 결혼도 하지 않았다.

7-9] 슈프랑거가 이 연령기의 성애적 욕망의 발달을 특징지으며 염두에 두고 있었던 것은 바로 이러한 방향성 없고 미분화되어 있으며 대상에 고정되지 않은 사랑의 상태이다. 슈프랑거가 이를 심리적 의미에서 사랑과 동일한 것으로 간주했다고 생각할 수 있으나 그는 이 두 개념을 엄밀히 구분해야 한다고 말한다. 그는 다음과 같이 말한다. "나는 이러한 발달의 초기 연령에 진정하고 위대하며 진실한 사랑이 나타날 수 있다고 믿지 않는다. 그러기엔 청소년은 지나치게 자신에게만 몰두하는 존재이다. 정신적 통합을 향한 욕구와 모든 정신적 신체적 인격의 완전한 통합을 향한 욕구라는 두 욕망 사이의 괴리가 이 시기에는 아직 너무도 크다."

7-10] 따라서 성숙의 초기 연령기에 성애는 위대하고 진정한 사랑으로 성장할 수 없다. 성애는 단지 사랑의 겉모습만 갖추었을 뿐, 앞서 말했듯이 아직 대상을 찾지 못한 사랑이다.

7-11] 성 성숙 심리의 또 다른 노선을 형성하는 것은 성욕이다. 그러나 우리가 이미 말했듯이, 슈프랑거에게 성욕은 성숙의 생리적 측면과 같은 것이 아니다. 그는 오직 심리에 대해서 논했지만 심리, 행동과 체험에서조차 발달의 이 두 번째 노선을 분리해서 추적할 필요가 있다는 것을 깨닫는다. 그는 성적 체험과 반응에 대해 언급할 때에도 그것이 생리학으로부터 추론될 수 있는 종속적 자질과 같은 것이 아니라고 주장한다. 그는 프로이트가 성적 성숙을 이 연령기의 주요 결정 요인으로 고려하고 이 연령기와 관련된 모든 심리적 현상은 이 기초 위에 놓

인 상부구조로 간주한다는 점에서, 심리적 유물론이라고 비난한다.

7-12] 이런 점에서 슈프랑거는, 심리학 영역에서 프로이트가, 역사 영역에서 마르크스가 택한 것과 유사한 경로를 택하여 다른 모든 것을 의존적 기능이나 상부구조로 환원시킬 수 있는 독립변수를 찾으려 하였다고 가정한다. 그러나 그의 의견에 따르면 프로이트의 오류는 바로 이 입장에 존재론적 의미뿐 아니라 개체발생적 의미를 부여한 것이다. 프로이트는 성욕이 먼저 나타나고 성애는 나중에 나타나며, 개체발생에서 사랑의 심리적 정신적 측면은 생리적 성숙이 대부분 이미 일어난 다음에 나타난다고 가정한다.

7-13] 이와 같이 이 이론에서는 심리적 변화가 성욕의 반영으로만 간주된다고 슈프랑거는 말한다. 프로이트 심리학은 종종 심층 심리학이라 불리지만, 슈프랑거는 이 이론을 단순히 피상적 심리학으로 평가한다. 성 성숙 심리에서 슈프랑거의 출발점은 이원론이다. 그는 두 개의 똑같이 원초적이며, 서로 독립적이고, 궁극적으로 성애적 계기와 성욕적 계기의 통일을 이끌어 성적 성숙 과정 전체를 완성하는, 두 발생적 경로를 구분하는 것 말고는 청소년 심리학을 알고 이해할 수 있는 다른 과학적 경로는 없다고 말한다.

7-14] 이런 이유로 슈프랑거는 청소년기의 행동과 체험 속에 나타난 성욕적 계기의 특징을 자세히 살핀다. 첫째, 성욕적 계기는 성숙이 청소년의 정신에서 일으키는 진정한 혁명이라고 슈프랑거는 지적한다. 이와 관련된 충격은 매우 강력하다. 완전히 새로운 측면이 청소년에게서 발견된다.

7-15] 슈프랑거에 따르면, 이 발견과 그것이 불러온 결과를 이해하는 것은 우리가 수년간의 평화로운 시절 끝에 갑자기 스스로에게서 전에 없던 완전히 새로운 것을 발견했을 때 우리가 어떻게 행동할지 상상해 봄으로써만 가능하다.

7-16] 이처럼 성욕은 청소년의 체험과 행동에 파고들어서 그에게 유사한 충격, 자신으로부터의 분리, 심오하고 결정적인 태도 변화를 가져온다. 슈프랑거는 이러한 성욕적 체험과 행동 형태 자체를 세 가지 기본 계기로 환원한다. 첫째로 그는 성욕적 흥미를 구분한다. 이는 성생활의 영역과 연결된 모든 것을 향하며, 다양한 단계에서 정신적 흥미와 연결되고 변형된다. 물론 성욕적 흥미는 성적 성숙이라는 사실 자체에 더 큰 뿌리를 내리고 있다. 그러나 이러한 흥미가 아무리 본능에 깊숙이 뿌리를 내리고 있다 해도 이들은 이 동일한 발달 노선의 다른 극단에 놓여 있는 진정한 의미에서의 성욕적 욕구나 욕망과는 구분되어야 한다. 후자가 나타나는 체험 체계와 반응 체계는 흥미가 나타나는 형태와는 매우 다르다. 이 후자는 청소년 성 발달의 두 번째 계기이다.

7-17] 이 둘 사이의 중간 지점에 환상이 자리하며, 그것은 이 영역에서 흥미와 욕망에 봉사한다. 그러나 우리가 이미 말했듯이 슈프랑거는 이 연령 전체의 가장 고유한 특징은 성욕이 성애적 계기를 완전히 결여하고 있다고 주장한다. 또한 그는 성욕의 세 가지 발현 형태(흥미, 환상, 욕망)는 청소년의 성애적 발달 노선을 특징짓는 대상 없는 일반적 사랑의 상태와는 엄격히 구분된다고 주장한다. 일반적으로 슈프랑거는 이행적 연령기에 성애적 체험과 성욕적 체험의 대상이 다르다고 말한다. 두 욕구가 향하는 대상의 불일치는 슈프랑거가 성 성숙의 심리의 중심이라고 보았던 두 발생 노선의 분리가 겉으로 드러난 것일 뿐이다.

7-18] 사실, 슈프랑거의 이 마지막 명제는 일련의 온갖 문서, 일기에 의해 사실적으로 확증된다. 특히 러시아 연구자들은 자신들이 가지고 있는 자료로 이를 지적하였다. M. M. 루빈스타인은 『청소년의 심리학, 교육학, 보건학』에서 자료로 가지고 있는 일기를 통해 성애적 사랑과 성욕적 욕망의 대상이 구분된다는 사실을 더없이 뚜렷이 보여 준다.

7-19] 이 저자는 다음과 같이 말한다. "이 글 전체의 내용은 어린

사랑에서 직접적인 성적 욕망은 설 자리가 없을 뿐 아니라 청소년이 그로부터 완전히 멀어진다는 것이다. 간호학교에서 온 16세 소년의 일기가 내 손에 있다. 그 일기에는 일기의 저자 자신에 대한 부분뿐 아니라 그의 동료들에 대한 부분도 상당히 있는데 가장 뒤틀린 타락에 대해 자화자찬격의 이야기들이 담겨 있다. 이것이 사실을 과장한 묘사가 아니라는 것은 이 기숙학교의 여러 교사들에 의해 확인되었다.

7-20] 그러나 여기서 그가 성적 방탕함으로부터 눈을 돌려 좋아하는 소녀에 대한 생각으로 향하자, 저자가 묘사한 모든 혐오스러운 행동 한 가운데서 그와 동료들은 매우 다른 행동을 취한다. 이제 그의 생각은 완전히 다른 정신을 호흡한다. 그들은 순결이나 함께하는 미래와 같은 고양된 생각으로 가득하다. 그의 일기장과 여기저기를 가득 채웠던 표현이나 묘사들은 흔적도 없이 사라졌을 뿐만 아니라, 일기의 저자는 자신과 이 소녀 사이의 성적인 관계를 추정한 젊은이들 중 하나에 대한 극한 증오와 싸움까지 묘사한다."

7-21] 슈프랑거에 따르면, 이 예에서는 매우 과장된 형태로 나타나는 것이 정상발달의 경우 아직 형성되지 않은 성애적, 성욕적 욕망의 배아에서조차 서로 독립적으로 나아가는 두 노선을 명확히 구별할 수 있게 해 준다.

7-22] 그러나 이행적 연령기의 두 번째 고유한 특성은 성 성숙 심리에서 각각의 두 발생 노선이 통합을 향한 분명한 경향을 보여 준다는 것이다. 바로 이러한 경향 속에서 전체 연령기의 근본적 역동성이 나타난다. 슈프랑거에 따르면 이 지점에 도달함으로써 성숙 시기가 끝난다.

7-23] 모든 일련의 심리적 계기들이 이 경향을 보여 줄 수 있다. 하나의 사례로 성애적 사랑의 단계에서 종종 나타나는 질투를 들 수 있다. 이는 청소년의 이 발달 노선이 성욕적 발달 노선과 이미 가까워지거나 부분적으로 겹치고 있음을 명백히 나타낸다. 그러나 이 통합에서

두 측면은 서로 일치하지 않는다. 슈프랑거는 성적 성숙의 심리적 측면을 단순히 성욕의 반사로 간주하기를 거부한다. 그는 다음과 같이 말한다. "우리가 볼 때 육체는 단순히 타락한 천사가 세속의 몸을 입은 것이 아니다. 우리는 전체 영혼의 두 측면, 즉 관념적-성애적 측면과 감각적-성욕적 측면이 똑같이 고유하다고 주장한다." 일반적 청소년 발달에서 성애와 성욕은 통합을 향해 나아간다. 이 둘은 본질적으로 동일한 것이기 때문이다. 다만 이들은 서로 다른 두 측면 혹은 서로 다른 두 속성을 체험할 뿐이다.

> 많은 전통문화에는 '타락천사'에 관한 이야기들이 있다. 예컨대 유대문화에는 인간 여자에게 유혹당한 '수호천사'에 관한 이야기가 있으며, 기독교 문화에서도 신에 대항한 사탄의 반란에 가담한 천사들에 관한 이야기가 있다. 또한 이슬람 문화에도 인간을 신의 가장 위대한 창조물이라 보는 것을 거부한 천사들에 관한 이야기가 전해온다. 이와 가장 유사한 한국 설화의 예는 나무꾼과 선녀 이야기이다. 슈프랑거가 여기서 의미하는 것은 청소년기 성이, 선녀가 하늘에서 내려와 나무꾼과 결혼하는 방식으로 우아함에서 타락하여 육체적 죄를 범한 성애가 아니라는 것이다. 대신에 성욕적 사랑과 성애적 사랑은 각각의 발생적 발달 노선을 가짐에도 불구하고, 둘 다 세속적이고 육체적이기보다는 '신성하고' 정신적이다. 그렇기 때문에 이 둘은 궁극적으로 안정적인 결혼의 신성한 결합에 이르게 된다. 나무꾼과 선녀가 영원히 만나지 못하는 것과는 대조적이다.

7-24] "이와 같이 성애적인 것은 성욕적인 것의 결과가 아니며, 성욕적인 것이 성애적인 것의 결과도 아니다. 둘은 모두 각각의 고유한 발생적 의미에서 하나의 동일한 체험의 영역에 속한다. 즉, 둘은 모두 하나의 동일한 토대로부터 분화된 것이다. 이 둘은 얼마간 서로 다른 노선을 따라가다가 꽃이 만발한 생의 정점에서 통합된다. 이 둘의 상호

지향성을 다르게 상상해서는 안 된다"라고 저자는 말한다.

슈프랑거는 사랑을 둘로 나눈다. 성애적 사랑(그릴파르처의 시)에는 대상이 없지만, 성욕적 사랑(교실에서 누군가에게 반했을 때)에는 대상이 있다. 그런 다음 슈프랑거는 성욕을 세 가지, 또는 어쩌면 네 가지로 나눈다. 한 극단에는 '성적 흥미'(반했지만 감히 아무 말도 못하는)와 '성적 욕망'(반해서 편지를 쓰는)이 있으며, 다른 극단에는 종종 사랑과 거의 관련이 없는 '성적 행동'(자위, 성희롱, 매춘, **7-18~19**에서 루빈스타인이 기술한 간호학교에서의 '방탕')이 있다. **7-17**에 따르면 그 사이의 중간 지점에 '성적 환상'(반해서 편지를 쓰고 난 후 편지를 찢어 버리는)이라는 네 번째 지점이 존재한다.

우리는 이를 다음과 같은 체계로 표현할 수 있다.

그러나 왜 슈프랑거는 성애와 성욕이 단일한 토대를 갖는다고 말하는가? 이는 슈프랑거가 이원론자이며 성애적 사랑과 성적 사랑을 (생각과 말처럼) 서로 다른 발생적 기원을 갖지만 청소년기 말에 하나로 융합되는 별개의 발달 노선으로 본다는 비고츠키의 주장과 모순되지 않는가? 슈프랑거는 이원론자이지만 관념론자이기도 하다. 어린이의 잘못된 성적 행동을 포함하는 이 모든 현상들이 본질적으로 심리적이고 정신적이며 심지어 본성상 가치 지향적이라는 것을 상기하자. 예컨대 성적 행동은 다른 형태의 사랑에서 볼 수 있는 고상한 충동에 대한 부정이다. 우리는 이 서너가지 사랑의 유형(흥미, 환상, 욕망, 행동)을 케이팝 걸그룹 멤버와 비교할 수 있다. 그들은 대개 '거칠고 섹시한' 유형과 '사랑스럽지만 시크한' 유형(또는 '활달한' 유형과 '침울한' 유형, 또는 '착한 여자와 나쁜 여자' 유형) 사이에 퍼져서 존재한다. 하지만 그 범위는 그렇게 넓지 않다. 그들은 모두 한 그룹의 멤버이며, 종종 역할을 바꾼다.

7-25] 따라서 이 이론은 그 모든 이원론적 특성에도 불구하고 이 두 계기의 상호작용과 연결성을 부정하는 경향을 전혀 없다. 이미 말했 듯이, 이 관점에서 보면 오히려 성 성숙기의 전체 의미는 이 두 경로가 한 지점에서 교차한다는 것이다. 창조적·심리적 사실이 성적 계기와 연 결됨을 지지하는 사실, 즉 프로이트가 자신의 이론의 토대로 삼은 사 실을 슈프랑거 역시 인정한다. 그는 경험적 사실 자체가 심리적 삶이 성 적인 것에 의존한다는 것을 뒷받침한다는 것에 동의한다.

7-26] 위대한 정신적 창의성은 대체로 성애가 고조되는 시기에 나 타난다. "모든 창조는 고요한 약혼, 각 피조물은 무언의 동의이다." 그러 나 이원론은 이 모든 사실에 대해 다른 해석을 내놓는다. 이원론은 이 모든 사실들이 바로 사랑의 정신적 측면으로부터, 즉 이상의 영역, 도달 할 수 없는 것, 언제나 영원한 여성성을 지향하는 대상 없는 사랑으로 부터 나타난다고 주장한다. 슈프랑거는 "그러면 이 모든 것들이 리비도 에서 일어나는 욕구의 전이로 이해되어야만 하는가?"라고 질문한다.

"영원한 여성"은 괴테의 파우스트 2부에서 파우스트가 그의 죄에도 불구하고 마가리트의 영혼에 의해 구원받는 장면에서 인용한 것이다.

Das Ewig-Weibliche Zieht uns hinan
"영원한 여성이 우리를 끌어당긴다."

세잔은 이를 풍자하여 "영원한 여성"이 라는 그림을 그린다. 음악가, 화가, 작가, 심 지어 주교까지도 모두 여성의 신체를 찬양 한다. 물론 여성 화가는 그림 속에 없다. 미술관 누드화의 85%가 여성인 데 반해 여성 화가는 5%에 지나지 않는다.

7-27] 이것이 첫 번째 이론(슈프랑거-K)의 매우 간략한 개요이다. 그

속에 들어 있는 한 톨의 진실은, 성 성숙 심리의 복합적 특징을 인식하고 심리적 영역에서 순전히 기계적이고 자동적인 성욕의 발현을 부정하는 데 있다. 두 발달 노선 사이에 발생적·구조적으로 더 복잡한 관계가 있다는 주장은 틀림없이 프로이트를 능가하는 이 이론의 장점이지만, 이 모든 것에도 불구하고 이 이론은 잘못된 토대 위에 서 있다. 발달의 정신적 측면과 신체적 측면을 하나로 환원될 수 없는 원초적으로 독립된 두 개의 원인으로 가정하는 관념론적 이원론이, 앞 장 중 하나에서 이미 말했듯이, 슈프랑거의 출발점이다.

7-28] 이 경우 그는 오직 대단한 일관성으로 신체적인 것은 신체로부터 정신적인 것은 정신으로부터 나온다는 자신의 기본 생각을 고수하며, 인간 발달에서 결정적인 모든 것은 이원적임을 보이고자 한다. 이 둘은 똑같이 고유하고 똑같이 독립적이다. 슈프랑거는 이 둘 중 하나가 기원적이고 근본적인 것이 되어 다른 것을 종속 변수로 설명할 수 있다는 것을 결코 수용하지 않는다.

7-29] 우리는 앞 장 중 하나에서 이 이론을 겨냥하는 가장 치명적인 반대 중 하나를 이미 언급했고, 이것은 K. 뷜러가 독일 문헌을 통해 논의한 것이다. 이것을 기억할 것이다.

7-30] 내분비샘의 활동이 성 성숙 심리를 설명해 주지 못한다는 슈프랑거의 입장을 취하면서 K. 뷜러는 질문한다. 그러나 거세되어 성샘 활동이 배제된 동물이나 성샘 발달에 장애가 있는 사람들과 같은 비정상적인 발달 사례가 우리에게 알려 주는 것은 무엇인가? 이때, 슈프랑거가 성적 성숙의 이상적인 성애적 측면으로 묘사한 모든 체험과 반응 체계가 심리적 영역에서 과연 완전히, 온전히 사라지지 않는가? 마치 일부러 고안된 자연적 실험처럼, 이 사실은 다음과 같은 거역할 수 없는 논리적 주장을 내세우지 않는가? 주어진 사례에서 근원적 결정적 원인은 생식샘의 성숙이라는 신체적 과정이며, 모든 심리적 측면은 비

록 신체 과정의 자동 반사가 아니고 사실상 고유한 기원과 구조를 가지지만 그럼에도, 종속적인 복잡한 과정이다.

7-31] 이 사례에 대해서 우리는 성적 성숙의 생리적 이론의 토대를 형성할 수도 있는, 동물로부터 얻은 훌륭한 실험적 자료와 사실을 가지고 있다. 이 자료는 의심의 여지 없이 한가지 기본 입장을 확립한다. 즉 성적 성숙의 모든 신경-심리학적 측면이 분비샘의 성숙이라는 하나의 기본 계기에 의존한다는 것이다.

7-32] 지배성을 연구하는 동안 우흐톰스키 교수는 다음의 기본 입장을 확립했다. 그가 철저히 연구했던 성적 지배성을 포함하여 모든 일반적 지배성은 별자리처럼 흩어진 대뇌 영역들의 흥분 뒤에 숨는다. 그러한 전체 지배성 속에서 대뇌피질적 요인과 신체적 요인, 즉 지배성을 형성하는 대뇌반구의 피질 부분과 신체 부분을 구분할 필요가 있다. 그러나 한 번 체험된 지배성은 대뇌피질적 요소를 통해서만 회복될 수 있다는 것이 지배성 활동의 주요 법칙이다.

*A. A.우흐톰스키(Алексей Алексеевич Ухтомский, 1875~1942)는 소비에트의 생리학자로서 개 대신 고양이를 이용하여 파블로프의 실험을 재연하다가 우연히 주의 분산이 반응을 약화시키기보다 오히려 강화하는 효과가 있음을 발견했다. 예컨대 전기 충격을 가해 공포 반응을 산출함으로써 고양이의 배설을 멈추려 한다면, 이는 고양이를 달아나게 만들기보다는 오히려 배변량을 증가시킨다. 유사하게, 부서진 장난감 때문에 울고 있는 유아는 젖을 물리거나 젖꼭지를 이용하여 주의를 분산시킬 수 있지만, 젖을 빨고 있는 유아에게 부서진 장난감을 보여 줌으로써 젖 빨기를 멈추고 울게 만들 수는 없다. 이로부터 우흐톰스키는 비고츠키에게 분명 영향을 미친 발달 이론을 만들었다. 유아의 빨기와 같이 발달의 각 단계는 특정한 지배성과 연관이 있다. 각 지배성은 신경 영역에 별자리처럼 흩어져 있

다. 운동 영역은 인지 영역에 연결되어 있고, 인지 영역은 감각 영역에 연결되어 있다. 예컨대 유아의 배고픔의 영역(감각 영역: 위와 뇌)은 식욕의 영역(인지 영역: 뇌)과 연결되며, 이것은 다시 빨기 영역(운동 영역: 근육, 혀, 뇌)과 연결된다. 이 빨기는 다른 행동 형태들을 가로 막는다는 의미에서 지배적이다. 우흐톰스키는 독실한 기독교인이었으며, 성숙한 기독교인의 지배성은 타인의 지배성을 인식하고 그것을 자신의 것으로 삼는 것이라고 믿었다. 예컨대 성숙한 기독교인은 자신의 배고픔을 인식하기 전에 타인의 배고픔을 인식하고 그것을 자신의 것으로 삼아 그들과 음식을 나누며, 자신의 외로움보다 타인의 외로움을 먼저 인식하고 우정을 나눈다는 것이다. 기독교인은 언제 어떻게 이것을 배우는가? 청소년기에 성적 본능을 통해 배운다. 왜냐하면 성 지배성은 타인을 만족시킴으로써만 충족될 수 있기 때문이다. 1941년 포위된 레닌그라드에 머물던 우흐톰스키는 타인에게 음식을 나누어 주고 정작 자신은 아사했다. '지배성' 개념은 오늘날 널리 이용되지 않으며, 비고츠키조차 모든 발달 단계는 하나의 '지배적' 기능을 갖는다(예컨대 정서적 지각, 기억 등으로 이어지는)는 초기 믿음을 수정해야 했다. 그러나 비고츠키는 다음과 같은 이유로 우흐톰스키의 연구를 매우 긍정적으로 평가했다. 첫째, 우흐톰스키는 성 지배성 발달을 위한 잠재력은 유기체적으로 주어지지만 성 발달의 특정한 형태들은 체험에 의존함을 설명한다. 이는 성적 반응으로 자극된 대뇌 영역들의 고유한 별자리가 문화에 따라 왜 달라지는지 설명해 준다. 예컨대 중국에서는 발이 매우 성적인 것으로 간주되는 반면 프랑스에서는 뒷목, 브라질에서는 엉덩이가 성적인 것으로 간주된다. 둘째, 우흐톰스키는 비고츠키에게 기능들의 (신체에서 뇌로의) 상향 전이 법칙을 제공한다. 이는 팔다리를 잃은 사람들이 어떻게 수년 후에도 여전히 팔다리를 '느낄' 수 있는지, 말을 배운 후 청각을 잃은 어린이들과 타고난 청각 장애 어린이들이 왜 그렇게 다른지, 청소년기 이전에 생식샘을 잃은 사람은 정상적인 성적 반응을 발달시키지 못하지만, 청소년기 이후에 생식샘을 잃은 사람들은 저차적 기능들의 상실을 어떻게 뇌를 통해 완벽히 보완할 수 있는지 설명해 준다. 물론 이는 폐경을 겪은 여성이나 노인이 된 남성에게도 적용된다.

7-33] 그러나 이러한 대뇌피질적 요인들은 파생적이고 종속적인 계기들로, 일단 나타나면 독립적 의미를 갖지만 스스로 나타나지는 못한다. 우흐톰스키 교수는 다음과 같이 말한다. "지배성의 무게 중심을 대뇌피질 요인으로 옮기고 지배성의 능력이 그 대뇌피질의 요인에 따라 재확립되는 것은 소위 본능적 행위라 불리는 것에서 특히 분명하게 드러난다. 거세 전까지 코이투스(성교-K)를 경험하지 않은 말은 거세되면 성 기관의 흥분성이 영원히 사라진다. 이 경우 성적 지배성은 동물의 삶에서 단순히 소멸된다. 그러나 거세 전 코이투스를 경험하여 대뇌가 그것을 후각적·신체적 인상과 연결시켰다면, 거세한 말이 암말과 가까워 질 때 성적 흥분성과 짝짓기 시도는 재개될 것이다. 내분비샘의 지배성의 자극은 소멸했지만, 순전히 신경적인 경로, 대뇌적 요인을 통해 반사적으로 지배성의 신체적 요인을 회복할 수 있다.

7-34] 비슷한 결과가 인간의 병리학적 사례에 대한 관찰에서도 나왔다. 여기서도 신체적 계기는 일차적이고 결정적인 것인 반면 신경-심리적 계기는 이차적이고 부차적인 것으로 드러났다. 그리고 마지막으로, 생식샘 활동을 실험적으로 변화시킨 것 예컨대 (수탉으로 전환된 암탉같이) 언제나 기질의 변화를 수반하는 인위적 동물 성전환과 같은 극도로 명확한 실험과, 회춘 실험이 유사한 형태로 동일한 명제를 입증한다.

> 보로노프의 가짜 '회춘' 실험 결과는 비고츠키의 주장을 예증하는 것으로 보이지만 실상은 다르다. 여기서 비고츠키는 생식샘의 발생적·구조적 우선성(중요성)에 초점을 둔다. 즉, 생식샘이 성숙하면 성 반응을 조절하는 피질 영역이 뒤따르며, 그 반대로 일어나지는 않는다. 회춘 실험은 이를 지지하는 것처럼 보이는데, 왜냐하면 생식샘과 혈류의 연결을 외과적으로 바꿈으로써 노인들을 회춘하게 만드는 것처럼 보이기 때문이다. '회춘 수술'은 매우 인기 있었다(프로이트는 구강암 치료

의 목적으로 회춘수술을 받았다). 오늘날 우리는 이러한 모든 실험이 가짜라는 것을 알고 있다. 보로노프는 유인원 생식샘을 인간에게 이식할 수 없었고 슈타이나흐가 수행한 반半-정관수술은 정자를 생산하던 성적 에너지를 호르몬을 만드는 데 사용함으로써 남성을 회춘하게 하려 했으나 실패했다. 그렇다면 그들이 성공하는 것처럼 보인 것은 어떻게 된 것일까?

물론 플라시보 효과에 의해서이다. 고등 피질 영역이 이미 작동하고 있기 때문에 감소하는 생식샘의 기능은 의지적인 활동(예를 들어 더 젊은 여성을 적극적으로 찾는 것)에 의해 대체될 수 있었다. 이것은 의학적 수수께끼는 아니지만 사회적 문제가 될 수 있다.

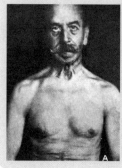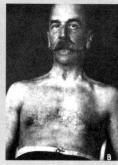

보로노프의 책 『*How to Restore Youth and Live Longer*』(젊음을 되찾고 더 오래 살 수 있는 방법, 1928)에 나온 스타이나흐 반정관절제술을 받은 54세 남자의 '전과 후' 사진. 두 번째 사진에서 조명을 켜고 배꼽 주위의 조인 밴드로 '포토샵 처리'한 것을 주목하자. 90년 동안 마케팅 기술은 크게 변하지 않았다!

7-35] 이처럼 모든 심리적 현상이 상응하는 신경과정에 일반적으로 의존한다는 사실은 물론이고 성적 성숙에서 신체적 계기와 대뇌피질적 계기의 상호 관계조차도 슈프랑거는 잘 이해하지 못했다. 그릇된 이해를 피하기 위해 우리는 단서를 달아 두어야 한다. 우리가 지적한 모든 사실들과 이 사실을 획득된 생리적 연구는 성 성숙 심리가 온전히 성적인 것의 자동 반사로만 간주되어야 한다는 것을 결코 지지하지 않는다.

7-36] 때가 되면 우리는 S. 프로이트의 이론을 비판적으로 고찰하여 이 관점의 부정확성을 드러낼 것이다. 전체 신경-심리적 생활을 규

정하는 기관인 대뇌피질과 인간 생식 기관 사이의 관계는 프로이트가 가정한 것보다 헤아릴 수 없이 훨씬 더 복잡하며, 특히 대뇌피질 자체는 생식 체계에 매우 강력한 영향을 미친다.

7-37] 우리는 이행적 연령기의 모든 고유성이 바로 대뇌피질과 생식 체계 간의 이러한 고유한 상호작용 속에 포함되어 있다는 것을 나중에 보게 될 것이다. 지헨이 생식샘의 성숙은 물론 대뇌피질의 성숙도 이 연령기의 모든 변화에 똑같이 기여한다고 지적한 것은 놀랍지 않다. 그러나 그 모든 것에도 불구하고 한 가지는 완전히 분명하다. 슈프랑거가 주장했듯이, 성적 성숙의 두 측면—신체적 측면과 심리적 측면—은 동일하게 시초적이지 않고 동일하게 독립적이지 않다.

*G. T. 지헨(Georg Theodor Ziehen, 1862-1950)은 잘 알려진 독일의 심리학자이자 신경학자이다. 그는 니체의 정신과 의사였다. 그는 연합 심리학자였지만, 임상학자로서 오늘날에서 여전히 사용되는 많은 용어(예컨대 정신병)를 도입했으며, 최초로 어린이 정신 이상에 대한 설명서를 저술했다.

7-38] 비종속적, 원래적, 독립적 계기들이 종국에는 완전히 합쳐진다는 두 번째 입장도 그릇되다. 사실 성인의 두 노선 사이에는 어떤 특정한 의존 관계가 나타난다. 실제로 이 노선들은 결코 서로 완전히 융합되지 않는다. 이처럼 슈프랑거의 이론은 가장 기본적인 것, 즉 성적 성숙의 신체적 측면과 신경-심리학적 측면 사이에 나타나는 모든 복잡한 드라마를 우리에게 설명하지 않는다. 이러한 의미에서 그의 이론은 이러저러한 자연 현상의 원인에 대해 "원래 그렇다"라고 대답한 원시적 인간을 상기시킨다.

7-39] 성적 성숙 시대에 관찰되는 복잡한 분기를 설명하기 위해 슈프랑거는 이 분기가 원래적인 것임을 지적한다. 언제나 그랬었다는 것

이다. 이처럼 이 설명은 아무것도 설명하지 못하고, 오히려 제기된 문제를 지워 버린다. 본질적으로 그는 이 문제를 설명할 수 없는 것으로 만든다. 분기가 어떠한 구체적 원인으로부터 생겨나는가라는 완전히 정당한 심리학적 문제 대신, 이 이론은 순수한 형이상학적 진술을 내놓는다. 이 진술은 최종 분석에서 인간본성 자체가 이원적이라는 것으로 환원된다.

7-40] 이 설명 불능의 중심에는 모든 형이상학적 체계의 결점이 놓여 있으며, 본질적으로 슈프랑거의 이론도 그러하다. 동시에 이 이론은, 앞서 말했듯이, 그 속에 올바른 생각의 싹을 지니고 있다. 이 이론은 성적 성숙에서 심리적 측면과 신체적 측면 사이에 존재하는 복잡한 상호작용을 지적하며, 성애와 성욕 사이에 존재하는 모순, 이 둘 사이에 성립된 복잡한 상호작용을 설명하려 한다. 그러나 이 이론은 바르게 관찰된 사실들을 바르게 설명할 힘이 없다.

7-41] 프로이트의 이론은 그러한 설명을 제공하고 이원론적 성숙이론을 통합으로 환원하려는 근본적인 시도이다. 우리는 프로이트가 제시한 전체 성적 성숙이론을 진술하지는 않을 것이다. 그 역사는 출생의 순간부터 시작되기 때문이다. 그의 의견에 따르면 성적인 것은 아기와 함께 태어난다. 나아가 이 이론에 따르면 성적인 것은 어린이와 성인의 모든 발달과 그 현상의 추동력이다. 이 때문에 프로이트에 따르면 전체적인 성적 발달 이론을 어느 정도 온전히 진술하는 것은 그가 볼 때 인간 삶의 전체 역사를 말하는 것임이 명백하다. 따라서 우리는 이 이론의 중심 지점 중 하나에 대해서만 살펴볼 것인데, 이것이 이행적 연령기의 가장 특징적인 것이기도 하다.

7-42] 프로이트의 기본 가정은 인간의 성적 발달이 파국적으로 일어나지 않으며, 이행적 연령기의 이차 성징과 함께 발생하지 않는다는 주장이다. 프로이트는 성이 매우 긴 역사를 가지고 있으며, 진정한 의미

의 성적 성숙이 나타나기 이전에 매우 복잡한 변형 과정이 나타난다고 주장한다. 초기 유년기와 좀 더 이후 유년기의 성생활에 대한 관찰은 사실의 측면에서 볼 때 의심의 여지 없는 프로이트의 공로임을 언급할 필요가 있다.

7-43] 프로이트나 그의 이론과 별도로, 몰 같은 진지한 연구자들은 초기 유년기에 성적 발현이 빈번히 일어날 뿐 아니라 그것이 종전에 생각했던 것처럼 그 어떤 병리적 현상이 아님을 확립하면서 같은 결론에 도달했다. 프로이트의 대척점에 서 있는 슈프랑거조차, 몰의 발견을 기반으로, 초기유년기에 성적 발현이 관찰됨을 인정한다. 단지 그는 프로이트가 여기에 부여한 보편적 의미를 거부하고, 프로이트가 발견한 것과 동일한 내용을 드러낼 뿐이다.

7-44] 프로이트의 두 번째 입장은 정상적 성욕과 변태적 성욕을 한 지붕 아래서 통합하는 것이다. 프로이트는 아동기와 이행적 연령기에 종종 나타나는 오나니슴, 사디즘, 마조히즘, 동성애, 노출증이나 그 밖에 변태적인 성욕이 그 자체로 건강하고 정상적인 성욕의 요인이며, 단지 더 이른 발달 단계에 고유한 것이라고 간주한다. 그는 이 중 가장 왜곡된 것조차 발달의 지연이나 더 이른 성 발달 단계로의 회귀라고 간주한다.

7-45] 프로이트는 이러한 성적 욕구를 처음에는 분리되어 있던 부분적인 욕구들, 즉 몽상, 자기노출, 잔인성으로 발생적으로 환원한다. 이러한 요소들도 정상적 성 발달에 구성 계기로서 참여하지만, 이들이 종속적이 아닌 지배적 위치를 차지할 경우 도착과 전도의 형태를 취한다. 우리는 우리의 관심사인 이행기의 운명과 관련된 범위 내에서 이 입장들을 언급할 것이다.

7-46] 프로이트의 의견에 따르면 초기유년기 성욕은 분산적이고 모호하게 확장된 특징을 지니며 우리 신체의 특정한 부분과 연관되어 있

다. 이 부분은 그 나름으로 성적 자극을 일으키며 쾌락을 주므로 프로이트는 이를 성감대라고 부른다. 이러한 성감대는 입과 입술로 이는 이후 성인의 성생활에서 매우 중요한 역할을 한다(키스). 후에 우리의 피부와 근육 체계가 동일한 성감대의 역할을 하며 성인의 성적 충동에 본질적으로 참여한다.

7-47] 이처럼 유아의 성의 특징은 성기가 아닌 전혀 다른 체계들에 분산 배치된다는 것이다. 그럼에도 불구하고 프로이트에 따르면 이 영역의 자극으로 어린이가 경험하는 쾌락은 전형적인 성적 쾌락으로서, 그는 이를 성적 쾌락과 동일한 이름인 리비도라고 부른다. 이 어린이 발달의 첫 번째 시기를 프로이트는 자기성애기라고 부른다. 어린이의 성욕은 자기 신체를 향하며 외적 대상으로 연결되지 않기 때문이다.

7-48] 이 자기성애기 바로 뒤에 자아도취기가 이어지며, 이 시기의 토대에도 성적 욕망이 자기 자신을 향하는 자기애가 놓여 있다. 프로이트는 성적 발달의 두 번째 시기를 양성적 시기라 부르며, 이 시기 성적 욕망은 이미 외적 대상을 향하지만 아직 성과 관련하여 분화되지 않았음을 지적한다. 이 시기 성적 욕망은 소녀만큼 소년을, 성인과 어린이를, 남자와 여자를 똑같이 향할 수 있으며, 아직 분화되지 않았고 생식샘의 기능 및 생식 기능과의 관계를 개시하지 않았다. 성적 성숙의 연령으로 넘어간 세 번째 시기에서야 비로소 성적 욕망이 생식 기관의 영역에 고정된다.

연령	부위	지향	활동
출생~18개월	구강(입과 입술)	자기 자신	수유, 손가락 빨기
18~36개월	항문(직장과 창자)	자기 자신	배변, 자발적 변비, 똥 놀이 (그리고 돈 놀이!)
38개월~6세	생식기(생식 기관)	타인	거세 공포, 남근 선망, 초기 자위
6~11세	잠복기	양성	억압, '다형적 도착'
11세 이후	성적 성숙	이성 또는 동성	성 관계

프로이트의 아동 심리-성적 발달 이론

7-49] 이렇게 이 연령기에 새로운 것은 일반적으로 이전에 이미 있던 성적 욕구의 출현이 아니라 성적 욕구의 부위이다. 만약 이 고정이 지연되어 성적 욕구가 다른 단계, 더 이른 단계에 고정되면, 성욕의 치환이나 변태가 나타난다. 그러나 이미 발달의 가장 초기 단계에 엄마에 대한 어린이의 성적 애착이 나타난다. 엄마와의 관계는 성애적으로 물드는데, 그것은 아주 초기에 엄마의 가슴에 안기고, 엄마를 만지고, 엄마의 애무를 느끼는 것이 어린이의 성감대를 자극하기 때문이다. 그러나 이런 초기의 성적 애착은 외적 대상을 향한 성욕의 일반적 지향들과 마찬가지로 사회적 금기를 만나게 되고, 주위 사람들에 의해 "하지마"라는 지시를 받게 된다. 그 결과 무의식의 영역에 성적 욕망의 억압이 일어난다.

7-50] 이 경우 두 가지 결과가 가능하다. 억압이 성공하든지, 아니면 실패를 직면하는 것이다. 이 억압의 결과가 실패한 경우, 성공하지 못한 억압된 성적 욕구는, 슈프랑거의 말을 빌리자면, 땅속에 묻힌 햄릿의 아버지처럼 의식의 표면 밑에서 방황하기 시작한다. 이 억압된 성적 욕구는 우리의 정신에 지뢰를 묻고 폭발시켜, 완전히 억압되지 않은 성욕의 분출구를 위장된 형태로 제공하는 환상이나 신경증을 통해 대리만족을 얻는다.

7-51] 이 억압이 성공하면 성욕은 그 자체로는 의식적 삶에서 사라진다. 그러나 그와 연결된 에너지는 완전히 사라질 수 없다. 그것은 의식 형태로부터 숨어 창조적 심리 활동으로 변환된다. 프로이트는 이 과정을 승화라고 부른다. 우리는 승화에 대한 프로이트의 정의를 인용한다. 프로이트는 성 성숙 심리의 모든 기제를 이 과정으로 설명하기 때문이다. 프로이트는 다음과 같이 말한다. "이 과정은 다음과 같다. 생식과 관련된 부분적 만족이나 만족의 획득을 추구하는 성적 욕망이 일차적 목적에서 벗어나 그와 발생적으로 연결되었으나 그 자체로는 성적이

아닌 사회적이라고 불려야 하는, 다른 목적을 지향한다. 우리는 이 과정을 승화라고 부른다."

7-52] 이처럼 성 성숙 심리의 기제는 프로이트에 따르면 다음으로 환원될 수 있다. 어린이와 청소년의 원초적 성적 욕구는 억압된다. 그것의 직접적 충족은 사회적 환경이 부과하는 윤리적 제재를 받기 때문이다. 이 억압이 성공하지 못하면 성적 욕구는 창조의 형태나 심리 신경증적이라고 불리는 고유한 병리적 형태의 우회적 경로로 대체된다. 이 경우 환상의 심상이나 신경증적 증상은 그 사람 자신도 이해할 수 없는 형태로 이전의 성적 욕구를 대체하며, 그리하여 그 욕망을 대신 충족시킨다. 원초적 성적 욕구를 성공적으로 억압하면 동시에 성적 욕구는 인간의 의식적 체험과 행동에서 완전히 사라진다. 그러나 그와 연결된 에너지는 사라질 수 없고 이는 고등한 형태의 창조적 활동으로 전환된다.

7-53] 이로부터 청소년의 윤리적 욕망, 문화, 예술, 종교, 과학, 창조에 대한 흥미가 비롯된다. 프로이트는 성 성숙의 심리적 측면 전체를 승화 이론으로 설명한다. 이를 근거로 슈프랑거는 프로이트가 성 성숙의 심리 전체를 성생활의 단순한 반사로 간주한다고 비난한다. 우리는 이미 슈프랑거의 비판의 올바른 측면을 지적했다. 즉 프로이트는 성숙의 심리적 측면과 성적 측면 간의 복잡한 관계에 대해 지나치게 단순하고 기계적으로 이해했다는 것이다. 그러나 우리는 또한 슈프랑거의 비판이 표적을 넘어가 버렸다고 말했다. 왜냐하면 생리적 유물론에 대해 프로이트를 비난하면서, 슈프랑거는 이를 통해 바로 프로이트 이론의 가장 강력한 부분을 위험에 빠뜨렸기 때문이다. 이 부분은 우리가 이미 보여 주고자 했던 것처럼, 일반적으로 모든 생리학적 이론과 공유되며, 성 성숙의 심리적 측면은 신체적 성숙 과정에 의존하여 결정된다는, 논쟁의 여지 없이 누차 확인된 사실에서 유래한다.

7-54]　우리가 보았듯이, 슈프랑거는 청소년의 두 측면의 성적 성숙의 분기를 인간의 모든 본성에 대한 형이상학적 이원론으로 환원한다. 그는 이 분기가 원래적이고 원초적이라고 간주한다. 관념주의 관점으로부터, 위로부터 프로이트를 비판하기도 했던 셸러가 이 극도의 형이상학적 토대 역시도 매우 불가해하다고 주장한 것은 그럴 만한 근거가 있다. 승화 과정 자체가 무엇으로 이루어지는지, 성적 욕망이 어떤 형태로 다른 충동을 일으키는지 불분명하다.

＊M. 셸러(Max Scheler, 1874~1928)는 베를린 대학교에서 스텀프, 딜타이, 짐멜의 학생이었다. 1902년에 후설을 만나 관념주의 심리학자가 아닌 관념주의 철학자가 되었다. 비고츠키가 그를 과학자(**7-57**)가 아닌 '연금술사'라고 부르는 것은 그의 관념주의 때문이다. 그러나 셸러는 심리학자, 특히 형태주의자인 쾰러, 베르트하이머, 코프카와 친하게 지냈다. 심리학자로 훈련을 받았던 그는 후설의 현상학이 방법론을 제공하는 대신 '영적 태도'를 제시한다고 간주했다. 그러나 셸러는 후설에 충실했고, 후설의 불충한 제자였던 하이데거를 혹독하게 비평했다. 그러나 하이데거와 마찬가지로 셸러도 자신의 성적 충동을 창조적 생산물로 충분히 돌리지 못했던 듯하다. 두 사람은 학생과의 부적절한 관계로 유명했지만 그중 유대인이었던 셸러는 결국 교단을 떠나야 했다. 몇 년 후에 셸러는 프랑크푸르트학파와 가까워졌고 나치의 위협이 커지는 것을 비난했다. 나치는 이후 그의 연구를 금서 조치했다. 그는 하루에 80개가 넘는 담배를 피웠고, 나치에게 살해당하기 전에 사망했다.

7-55]　프로이트의 설명에 따르면, 그는 모든 종류의 인식, 예술, 직업 활동에 나타난 모든 정신 활동 작용이 억압된 리비도에서 비롯된

것이라고 주장하는 것으로 보인다. 만약 프로이트가 실제로 그렇게 생각한다면, 여기서 어떤 논의도 가능하지 않다. 왜냐하면 리비도가 생각, 선을 향한 욕망 등을 만들어 내는 그러한 심리적 연금술에 대해서 우리에게 알려진 바가 전혀 없기 때문이다. 이렇게 셸러는 말한다.

> 왜 비고츠키는 셸러와 프로이트를 연금술과 연결시키는가? 먼저 비고츠키는 연금술을 연상시키는 '승화'라는 낱말에 주목한다. 이어서 그는 과학으로서의 심리학이 이제 막 시작되었음을 보여 주고자 한다. 연금술이 화학의 전前 과학이듯(연금술은 화학이 아니다. 현대 화학은 1871년 멘델레예프의 주기율표와 함께 비로소 시작되었다), 셸러와 프로이트의 심리학은 전前 과학인 철학에 가깝다. 그러나 이는 과학적 심리학이 여전히 과학 이전의 철학자들로부터 배울 것이 많다는 것을 의미하기도 한다. 특히 과학적 심리학은 과학 이전의 철학자들이 실패했던 것으로부터 많은 것을 배운다. 이는 마치 멘델레예프가 연금술사들이 실패했던 문제들을 연구함으로써 많은 것을 배웠던 것과 같다. 우리는 왜 비고츠키가 우흐톰스키에게 그렇게 흥미를 가졌는지 이제 알 수 있다. 우흐톰스키는 과학적 심리학자가 아닌 과학적 생물학자이기 때문에, 과학이 무엇이고, 무엇을 할 수 있는지 알고 있었다. 우흐톰스키의 설명이 그렇게 과학적이지는 않았지만, 그는 윤리적으로 선을 추구하는 일이 어떻게 성性으로부터 생겨나는지 설명한다.

아랍어에서 온 '연금술alchemy'이라는 낱말은 '화학chemistry'이라는 낱말을 포함한다. 중세 라틴어에서 비롯된 '승화sublimation'라는 낱말은 연금술에서 다른 물질로부터 금, 은 등의 귀금속을 만들어 내는 전 과학적 과정을 지칭했으나 이 속에도 변증법적 '지양sublate'이라는 낱말이 포함되어 있다.

한 원소가 어떻게 다른 원소로 '승화'되는지 보여 주는 자비르 이븐-하이얀의 그림(8세기).

7-56] 그러나 이 반론에는 다음과 같은 약점이 포함되어 있다. 즉 셸러는 슈프랑거와 마찬가지로 다시 한 번 형이상학적 관점을 취한 것이다. 그는 지금 구분되어 있는 것이 이전에도 언제나 구분되어 있었을 것이며, 이는 인간본성의 서로 다른 두 기원을 나타낸다고 가정한다.

7-57] 나아가 그는 모든 것이 그 자체와 동일하다고 가정한다. 그가 보기에 신경-심리 에너지가 변환된다는 사실은 연금술이다. 그는 선을 향한 욕망과 생각—이 모두는 고등형태이다—이 성적 욕구로부터 나타날 수 있다거나 그것과 연결되어 있다는 것을 받아들이기 힘들었다. 승화에 대한 프로이트의 가르침이 흔히 연금술을 연상시키는 것은 사실이다. 그는 이러한 변환이 일어나는 기제를 설명하지 않기 때문이다. 그러나 셸러는 기존의 요인들로부터 새로운 통합체가 나타난다는 것, 욕망의 전환과 발달, 새로운 특질의 출현을 거부하면서 연금술과 함께 화학도 내던져 버린다.

> 자기동일성은 A=A라는 아리스토텔레스의 동일률에서 온 것이며 라이프니츠는 "어떤 것도 자기 자신과 같다"라고 했다. 아리스토텔레스는 형이상학에 이것을 포괄했지만, 소크라테스의 다음 대화에서도 찾을 수 있다.
>
> **소크라테스** 무엇보다, 소리와 색깔, 이 둘이 존재한다고 자네는 생각하는가?
> **테아이테토스** 그렇습니다.
> **소크라테스** 그렇다면 자네는 이 둘이 서로는 다르지만 그 자체와는 동일하다고 생각하는가?
> **테아이테토스** 물론입니다.
> **소크라테스** 그러면 이 둘은 두 개이고, 그들 각각은 하나인가?
> **테아이테토스** 네, 역시 그렇습니다.
>
> 비고츠키가 동일률을 거부하는 것은 이상하게 보일 수도 있다. 그러나 사실 변증법은 동일률을 부정하는 것에서 시작한다. 모든 것이 항

상 그 자체와 동일하다면 어떤 변화도 불가능하기 때문이다. 소리와 색깔은 모두 파동으로 서로 둘이 아니고, 그들 각각은 동일하지 않다. 예를 들자면, 자외선은 볼 수 없고, 초음파는 들을 수 없다.

7-58] 슈프랑거가 취한 다른 반론은 훨씬 더 심각하며, 실제로 프로이트 비판의 핵심 지점으로 우리를 인도한다. 이 반론은 다음과 같다. 프로이트 이론에 따르면 억압을 일으키는 힘은 이 억압의 결과로서만 나타나는 힘과 본질적으로 같은 힘이다. 사실 억압은, 우리가 들었듯이, 윤리적 요구나 사회적 규범의 토대 위에서 나타나며, 그것 없이는 억압 과정 자체를 생각할 수 없을 것이다. 다른 한편으로 이러한 윤리적 규범과 사회적 요구 자체가 프로이트에 따르면 억압된 성적 충동의 승화에서 비롯된다.

7-59] 이런 식으로, 이것은 논리적 악순환임이 밝혀진다. 억압은 어떤 힘의 작용으로 설명되는데 그 힘의 출현은 다시 억압에 의해 설명된다. 셸러는 다음과 같이 말한다. "프로이트가 말했듯이, '리비도'라는 용어에 일반적인 정신적 에너지라는 의미를 부여한다면, 그로부터 리비도 자체를 가로막고 억압하도록 만들어진 힘이 어떻게 나타나는지 이해하기는 극도로 어렵다." 여기서 리비도는 실제로 거의 신비적 존재로 간주되기 시작한다. 그것은 스스로 경계를 한정하는 피히테의 '자아'와 마치 두 개의 물방울처럼 비슷하다.

*J. 피히테(Johann Gottlieb Fichte, 1762~1814)는 독일 관념주의 창시자 중 한 명이다. 칸트와 헤겔처럼 그는 사물의 철학적 기초를 확립하는 데 관심이 있었고, 이는 그를 주체의 문제, 즉 인간이 세상에 대해 알고 그것에 작용하는 것이 어떻게 가능한지의

문제로 이끌었다. 피히테는 아마도 칸트 철학과 헤겔의 철학을 단순화한 것으로 알려져 있다. 오늘날 대부분의 사람들이 알고 있는 '바보들의 변증법', 즉 '정-반-합'의 개념은 헤겔이 아니라 피히테가 만든 것이다.

이 문단에서 비고츠키는 피히테의 '절대적 자아'에 대해 언급하고 있다. 피히테에 의하면, 다른 어떤 것이 나타나기 전에 자아가 먼저 나타나야 한다. 그러나 또한 자아는 사회적 삶이 가능하기 위해서 스스로를 제한해야만 한다. 비고츠키의 관점에서 자아에 대한 이러한 설명은 리비도에 대한 설명과 마찬가지로 순환적이다. 비고츠키는 셸러의 『공감의 본질과 형태*Wesen und Formen der Sympathie*』(1923), p. 206를 인용하고 있다.

7-60] 우리는 프로이트 자신도 자기 입장이 일관성 없음을 느꼈다고 생각한다. 우리가 그렇게 생각하는 까닭은 그가 최근 저작에서 성적 욕구와 나란히 자아의 욕망을 자신의 이론에 도입하려 하기 때문이다. 그는 이 자아의 욕망과 성적 욕구의 상호작용을 통해서 리비도의 미래 운명 전체를 설명하고자 한다. 이로써 프로이트는 리비도가 억압과 승화 과정에서 겪는 그 복잡한 변형을 리비도 자체의 힘의 작용으로는 설명할 수 없다는 것을 인정한 셈이다. 성적 욕구의 변형을 설명하고 이해하려면 그것과 상호작용하는 더 원초적인 욕구를 반드시 도입해야 한다.

7-60] 그러나 두 개의 동일한 계기가 프로이트의 이 시도를 실패로 이끈다. 첫 번째 계기는 이미 슈프랑거가 지적했다. 승화 이론에서 프로이트는 자아 욕망의 본질을 조금도 밝혀내지 못한다는 것이다. 이처럼 이 이론의 모든 것은 마치 인간 심리 속에 오로지 성적 욕망만이 있는 것처럼 본다. 따라서 우리가 앞에서 지적했던 악순환은 여전히 강력히

지속된다.

7-62] 두 번째 계기는 이러한 자아의 욕망 자체가, 완전히 명백하고 구체적인 생물학적 의미를 지니고 있으며 생식 기능과 연결되어 있는 성적 욕망과 달리, 프로이트에게 자아의 욕망 자체는 실제 생물학적 본능이라기보다 사변적인 구조라는 점이다. 모든 경우에서 이 욕망의 진정한 토대는 결코 일차적, 시초적, 본능적인 것이 아니라, 인격의 사회적, 생물적 진화의 복잡한 결과이다. 그 결과로서만 우리가 인간의 자아라고 온전히 바르게 부를 수 있는 현상이 나타날 수 있는 것이다.

7-63] 그러나 이 이론의 중대한 오류는 인과적 요인의 영향을 일방적으로 고찰하는 데 있다. 프로이트는 복잡한 상호작용 과정에는 언제나 신경-정신적 과정에 대한 신체적 과정의 영향뿐 아니라, 신체적 과정에 대한 대뇌피질의 역영향도 존재한다는 사실을 고려하지 않는다. 이 부단한 과정 속에서 원인과 결과는 서로 자리를 바꾼다. 지금 우리의 흥미를 끄는 경우에도 상황은 동일하다. 틀림없이, 성 성숙 심리에서 일차적인 것은 분비샘과 생식 기관의 신체적 성숙 과정과 그 활동의 복잡한 전체 기제이다. 성적 성숙과 연관된 신경-심리적 과정은 틀림없이 이러한 신체적 과정에서 비롯된 충동의 영향하에서만 일어난다. 그러나 신경-심리적 과정은 일단 출현하면 그 자체로 성적 본능의 신체적 측면과 관련하여 최고로 조직적, 지도적, 지배적, 통제적 역할을 한다.

7-64] 앞 강의 중 하나에서 대뇌피질의 역할에 대해서 말했던 것을 떠올려 보자. 대뇌피질은 유기체의 서로 다른 부분들 간의 복잡한 연결을 창조하는 기관이며, 사회적 환경의 영향하에 행동의 유전적인 형태들을 재구조화하는 기관이라는 것을 기억하자. 만약 심리적 발달이 정말로 내적으로만 진행된다면 프로이트는 완벽하게 정확했을 것이다. 그가 이해하는 한 신경계는 단지 수동적으로 성적인 충동을 반영하는 기관이며, 성적 충동을 다른 유형의 에너지로 변형하는 기관일 뿐이다.

신경계는 생식 기관에 그 어떤 반대 효과를 미치지 않는다.

7-65] 같은 식으로, 프로이트는 성적 본능 발달에 미치는 사회적 환경의 영향을 일방적인 것으로 평가한다. 그가 보기에 사회적 환경은 다양한 종류의 제한, 금지의 원천일 뿐, 성적 본능에 긍정적, 강화적, 우회적 영향을 주지 않는다. 이 두 질문이 서로 밀접하게 연결되어 있음은 대뇌를 논의하는 자리에서 이미 드러났다.

> 비고츠키가 처음 발표한 글은 예술에 관한 것이었다. 그는 회화의 노출, 문학의 구애, 음악의 낭만주의처럼 예술이 성애와 성욕으로 가득 차 있음을 알고 있었다. 비고츠키는 문화역사심리학자이다. 청소년의 성에 대한 지극히 긍정적인 태도 없이는 그 어떤 역사도 문화를 창조할 수 없었을 것이다. 따라서 비고츠키는 다음과 같이 주장한다. 문화가 순전히 억압적인 역할만을 수행할 수는 없다. 문화 속에는 교사와 부모가 사용할 수 있는 성에 대한 긍정적인 통로 또한 있어야 한다. 이 긍정적 측면과 부정적 측면은 모두 뇌의 작용이지만 둘 다 뇌에서 비롯된 것은 아니다.

7-66] 따라서 대뇌피질이 인간 발달에서 갖는 의미에 대한 질문은 전체 심리학의 핵심 질문이며, 이는 사회적 환경의 영향에 대한 문제이다. 사회적 환경은 대뇌피질을 통해 인간 행동을 형성하기 때문이다. 뇌의 피질은 우리가 앞 장 중 하나에서 학술원 회원인 파블로프의 실험을 인용하며 말했던 것과 유사하게, 복잡한 신경 에너지 전환 체계를 창조한다.

7-67] 연구실에서 실험적으로 본능의 변환이 일어났듯이, 환경도 유기체의 다양한 반응을 자극하고 각 반응들 사이의 완전히 새로운 연결을 계속 창조하면서 본능적 에너지의 분포와 지향에 심오한 변화를 일으킨다. 이처럼 장치로서의 대뇌의 역할, 즉 한편으로는 인간 유기체

속에 사회적 영향력을 포함하고 다른 한편으로 인간 행동의 모든 개별 측면을 전체적 특성으로 묶어서 제공하는 역할은 인간의 성적 발달 과정을 바르게 밝혀 줄 수 있다.

7-68] 현대 생리학이 확립했듯이 신경계는, 셰링턴의 말을 빌리자면, 하나의 전체로서 작용한다. 신경계의 주요 기능은 활동을 통합하는 것이다. 그것은 모든 개별 반응을 통합하여 특정 계기마다 행동에 통일성과 전체성을 부여한다. 전체성, 구조적 형태, 전체 유기체 발현의 진정한 일원성이라는 동일한 계기가 지배성의 원리를 거듭 강조한다.

*C. S. 셰링턴(Charles Scott Sherrington, 1857~1952) 경은 비고츠키가 법칙이라 부르는 많은 원리에 대한 실제 실험과 과학적 증거를 제공한다. 예를 들어 그는 대뇌피질 기능의 영역별 분화를 증명했다. 그것은 이전에는 골상학의 한 가설에 불과했다. 그는 각각의 척수 신경이 특정한 피부 영역에 연결되어 있고 이 영역들이 겹친다는 것을 보여 주었으며, 한 근육이 자극되었을 때, 다른 근육들이 '억제'된다는 것을 보여 주었다. 이는 우흐톰스키가 지배성이라 불렀던 것을 설명해 준다. 이는 단순한 '반사궁' 이론에 종지부를 찍고 오늘날 우리가 가진 상호 연결된 단일한 망으로서의 신경계에 대한 이해를 창조했다. 셰링턴은 또한 여러 원천(소리, 접촉, 시각)에서 비롯된 모든 신경 자극이 단일한 지배적 반응(예컨대 성)으로 모아질 수 있다는 '깔대기' 개념을 개발했다. 이는 단지 연인에 관한 것이라면 무엇이든 설렌다는 통념의 원천일 뿐 아니라, 앞으로 보게 될 것처럼, 저녁 식사 소리가 발정난 고양이를 성적으로 흥분하게 만드는 이유이기도 하다.

7-69] 우흐톰스키 교수가 성적 본능의 활동 분야에서 이 원칙의 활동에 대한 예시를 드는 것은 그리 놀라운 일은 아니다. 중립적이거나

평소에는 전혀 다른 반응을 일으키는 모든 외적 자극이 발정기에 성적 흥분 상태에 있는 고양이에게는 원초적인 성적 지배성을 강화할 것이다. 평소에는 고양이의 섭식 반응을 조건적으로 자극하는 식당의 덜그럭거리는 접시나 포크와 나이프 소리가 이제는 오직 성적으로 고양이를 흥분시킬 뿐이다. 성적 지배성은 신경계로 흘러 들어가는 모든 흥분이 직접적인 경로에서 이탈하여, 유기체의 일반 상태에서 반응을 유발하는 것이 아니라 원초적 지배성인 성을 확대, 강화한다는 것을 의미한다. 포접반응 시기의 개구리는 주사 바늘이나 전기 막대에 대하여 평소와 같은 뒷다리 방어 반응이 아닌 더 강력한 포접반응을 나타낸다.

7-70] 모든 지배성은 이러한 신경 에너지의 변형, 이전 경로로부터의 이탈, 그 지배성에 의해 확립된 새로운 경로로의 치환의 생생한 예라고 할 수 있다. 이때 지배성은 외적 자극에 대하여 이른바 능동적 선택 활동을 드러낸다. 우흐톰스키 교수는 이에 대하여 다음과 같이 말한다. "성 기관이 내분비샘의 영향을 받아 흥분하기 시작하면, 다양한 자극은 그 흥분을 강화하면서 팔에 작동할 것이다.

7-71] 여러 가지 새롭고 예측할 수 없이 분산된 중립적 동기가 이제 성의 자극제가 되지만 이는 오래 지속되지 않는다. 강화 자극의 영역은 점진적으로 국지화되고 특수화되어, 활성화된 수많은 새로운 동기 중에서 유전적·역사적으로 개별적 성 기관의 생물적 흥미를 끄는 것만이 공고히 정착된다.

7-72] 이처럼 지배성은 수많은 동기 중 지배성과 생물적으로 친족성이 판명된 것만을 포획한다. 이 새로운 동기는 공고히 정착되어 지배성의 타당한 자극이 된다. 지배성에 대한 타당한 자극이 되면서 새로운 동기는 이제 그것(지배성-K)만을 선별적으로 소환할 것이다." 이처럼 여기서 우리는 위에서 강조한 두 가지 명제의 생리적 토대를 본다.

7-73] 첫째 명제는 외적 자극, 특히 인간의 경우 사회적 환경이 성

적 지배성을 강화하고 확립하는 데 얼마나 커다란 역할을 수행하는지 지적한다. 둘째는 성적 반응의 전체적 지배적 특성을 지적한다. 우리는 성적 반응이 지배적이 되면서, 모든 외적 자극을 자기 쪽으로 끌어당겨, 그 에너지를 자양분으로 삼고, 그것을 소비하여 자신을 공고히 하고, 그 토대 위에서 자신을 강화하는 것을 보게 된다.

7-74] 동일한 자극이 지배적인 것에서 하위의, 종속적인 것이 될 때 명제가 갑자기 변한다는 걸 쉽게 알 수 있다. 이전의 영역이 모든 외적 흥분을 자기 쪽으로 끌어당긴 것처럼, 이제는 새로운 지배적 영역에 자신의 에너지를 양보할 것이다. 결국 모든 지배성 이론의 기본적 입장은 다음과 같다. 즉, 지배성은 신경계의 작용에서 한 번에 영구적으로 확립되는 부분이 아니라, 유기체와 환경의 전반적인 평형화에 의존하여 재구조화되는 역동적이고 기능적으로 변화하는 영역들의 별자리이다.

7-75] 고양된 정서적이 모든 행동 형태로 하여금 지배성 형성에 있어 각별한 유연성을 갖게 하는 이행적 연령기에, 이 지배성의 일반 법칙은 훨씬 더 큰 중요성을 가진다. 이행적 연령기의 성질을 특징지으면서 A. Б. 잘킨트가 다음과 같이 말한 것은 놀랍지 않다. 이행기의 가장 큰 특징은 지배 과정의 역동성, 이동성, 불안정성이다. 그로 인해 지배성이 한 영역에서 다른 영역으로 쉽게 이동하는 것이며 변화도 쉽다. 그는 말한다. "이 지배적 고정물, 즉 감정과 흥미는 운동 과정의 결정적 요인이며, 이 지배성 없이는 건강하다 하더라도 운동 과정은 종종 억제된다."

7-76] 여기서 우리는 성적 성숙의 생리학에서 심리학으로 넘어가 성적 지배성의 전환적 역할과 외적 자극의 흥분시키는 역할이라는 두 가지 계기가 어떻게 청소년의 성 성숙 심리에서 두 가지 중요한 형태를 형성하는지 보이고자 한다. 한 가지는 슈프랑거에 의해 완전히 타당하게 지적된 바 있다. 청소년의 성적 욕구에 대한 문제를 논의하면서 그는 호프만의 의견을 지적한다. 오직 과민한 청소년만이 이 욕구를 의식

하는데 이는 그의 성적 체험이 불안정한 심리적 상황으로 들어가기 때문이라는 것이다.

> 슈프랑거나 프로이트와는 달리, 비고츠키는 성 발달의 생리학적 측면과 심리학적 측면을 통합하고자 한다. 그는 정서성과 같은 심리적 현상이 생리적 토대를 가지며, 민감성과 같은 생리적 현상이 심리적 토대를 가진다는 것을 보여 줌으로써 이를 이룰 것이다.
>
> 이 문단에서 슈프랑거가 언급한 호프만  (Heinrich Hoffmann, 1809~1894)은 의사이자 정신과 의사이며 시인이었으며, 『더벅머리 페터』의 저자로 더 잘 알려져 있다. 이 이야기는 반항적인 청소년이 끔찍한 벌을 받는 어두운 이야기이다. 예컨대 '밥투정하는 아이Suppen Kaspar'는 아주 건강한 어린이가 수프를 안 먹기로 결심한 지 5일 만에 굶어 죽는 내용을 담은 시이다. 이는 청소년기 거식증에 대한 초기 묘사로 간주된다. 다음은 그 시의 일부이다.
>
>
>
> 운명에 가까워진 넷째 날에
> 카스파는 실처럼 말라서
> 몸이 반쪽이 되었네.
> 다섯째 날에는 죽고 말았네.
>
> 호프만의 시와 그가 직접 그린 삽화

7-77] 그는 다음과 같이 말한다. 일반적인 모든 성적 성숙이 결국 과민성 없이 펼쳐지는 것은 매우 드물다는 것을 덧붙여야 한다. 과민성이 자극 민감성, 과흥분성, 그리고 이와 함께 무엇보다 환상과 욕망의 영역에서 신체적·심리적 기능이 쉽사리 소모되는 것으로 표현된다는 것을 제외하고 우리가 아는 것이 무엇인가? 그는 특히 현재 대도시의 문

화 환경을 지적한다. 한편으로는 외적 조건 자체가 신경계의 특정 자극과 흥분을 일으키며, 다른 한편으로는 특별한 자극, 즉 성적 노출을 위해 디자인된 현대 패션, 진열장에서의 자극적 그림과 부족한 독서, 알코올, 버라이어티 쇼, 영화 등이 생식 기관의 흥분을 일으킨다고 지적한다.

7-78] 이 저자는 "나는 사람이 어떻게 그런 집중 공격에 버틸 수 있는지 알고 싶다"고 말한다. 이러한 분위기에서 프랭크 베데킨트의 등장인물들이 태어났다고 그는 말한다. 이것을 토대로 성 성숙 심리 전체에 커다란 의미를 갖는 심리적 현상이 나타난다. A. B. 잘킨트는 처음으로 이것을 명확히 식별하고, 어린이의 성적 기생성이라 올바르게 불렀다.

*F. 베데킨트(Frank Wedekind, 1864~1918)는 성욕에 관한 기괴한 희곡을 쓴 '퇴폐적' 극작가였으며 젊은 베르톨트 브레히트에게 큰 영향을 미쳤다. 트로츠키는 그의 소설 「미네-하하, 젊은 처녀의 육체적 교육」을 사회적 풍자라 칭송하였다. 보수적이고

자신의 연극 「룰루」에서 연기하고 있는 베데킨트와 틸리. 룰루를 주인공으로 한 연극들은 영화(루이스 브룩스의 〈판도라의 상자〉)와 음악(알반 베르크의 오페라 「룰루」)에서 중요한 모티브가 되었다.

매우 청교도적인 작가인 슈프랑거는 이 작품에 충격을 받은 것이 분명하다. 자유분방한 생활 끝에 베데킨트는 스무 살 연하의 여배우와 결혼하였으며, 자유분방한 역을 계속 연기했지만 상당히 엄격한 일부일처주의자가 되었다.

7-79] 본질적으로, 이 현상의 토대는 위의 인용문에서 우흐톰스키 교수가 말했던 생리적 과정에 있다. 성적 본능과 전혀 무관한 이질적 신경 에너지의 범람 과정은 성적 본능이 유기체에서 지배적인 것이 되었다는 사실의 영향을 받는 것이다.

7-80] 프로이트 이론에 대한 A. B. 잘킨트의, 기본적이지만 상황의 전체 의미를 완전히 바꾸어 놓은 수정 사항은 바로 프로이트에 의해 관찰된 초기 어린이 성의 강력한 형태가 성 신경 체계 기제에 뿌리를 둔 일차적인 생물적 계기가 아니라는 것이다. 이는 오히려 어린이가 살고 있는 사회적 환경과 그들이 받은 교육에서 비롯된 이차적 계기이고, 바로 이 계기가 성적 체험이 지배적 과정을 이루는 상황을 만든다. 이는, 신경계 생리학에 대한 우리의 현재 지식과 더불어, 모든 것을 설명한다.

7-81] 일단 이 체험이 지배적이 된다는 것은 이 체험이 자신을 위해 모든 외적 자극, 모든 유기체 활동 형태를 착취함을 의미한다. 이 체험은 신경계에 침투하는 모든 자극을 포섭하고 그것들을 모아 최소 저항의 노선에 따라 그 방향을 정한다. 그리하여 이 체험은 어린이의 모든 행동과 인격을 포괄하여 이 인격을 흠뻑 물들이며 성적으로 만든다. 이 이론에 따르면 프로이트가 관찰한 범성애성은 법칙이 아니라 예외이며 건강하지 않은 병적인 현상이다.

7-82] 성적 본능은 손쉽게 지배적이 될 수 있으며 전통적인 문화화의 조건 아래서 매우 자주 그렇게 된다는 것에는 논쟁의 여지가 없다. 논쟁은 오직 이것이 모든 환경에서 필수적이고 불가피한지의 여부와 모든 문화화 조건에서 동일한 역할로 귀결되는가 하는 것이다. 어린이의 미사용된 활동성은 보통 성적 경로로 굴절되어 변형된다.

7-83] A. B. 잘킨트는 말한다. "어린이의 응축된 성욕은 일차적인 생물적 현상이 아니라, 정말 보잘것없는 일차적인 생물학적 성 요소에 부정적·사회적 영향을 주입한 결과이다. 현대 어린이에게 주어진 과도한 성적 내용은 매우 긴급한 문제이다. 왜냐하면 이 환경은 다른 일반적인 생물적·사회적 충동을 몰아내고 그 에너지의 자원을 기생적으로 빨아 먹기 때문이다." 동일한 저자의 말에 따르면 "이는 성적 본능에 사로잡혀 궤도가 변경된 에너지이다."

7-84] 이것은 승화 학설에 매우 본질적인 수정을 도입한다. 우리는 긍정적 법칙의 승화가 있을 뿐 아니라 그보다 훨씬 더 자주 부정적 법칙의 승화가 있다는 것을 보게 된다. 즉, 더 높은 목표로 성적 에너지가 전환될 뿐 아니라, 반대로 에너지가 다른 자극과 연결되어 성적 경로로 전환되기도 한다. 이 과정은 부정적 승화라고 부르거나 혹은 부정적 전환이라고 부르는 것이 더 나을 수 있다. 사람들은 이를 아주 올바르게 어린이의 성적 기생성이라 부르며, 이는 전체로서의 에너지 전환 과정을 올바르게 비춰준다.

프로이트에게 응축과 치환은 모두 승화의 한 형태이다. 예를 들어 응축 개념은 억압된 성적 사랑과 미움이 하나의 꿈 이미지로 집중되는 것을 포함한다. 어머니에 대한 사랑은 가슴에 관한 꿈으로, 아버지에 대한 미움은 뱀에 대한 공포로 '응축'된다. 치환 개념은 억압된 성적 느낌이 비非성적인 대상으로 대체되는 것을 포함한다. 남근 상실의 공포는 치아 상실에 관한 꿈으로 나타난다. 그러나 이러한 '잠재의식적' 과정을 일상적인 의식 활동으로 해석하는 것도 가능하다. 예를 들어 여성들이 '오빠'라는 말을 요염하게 사용하는 경우나 영어권 남자들이 '베이비baby'라는 말을 여자를 유혹하는 데 사용하는 경우, 이 말들은 모두 비非성적인 관계를 성적인 것으로 만든다. 욕할 때 쓰는 말들은 정확히 반대의 사례이다. 욕은 원래 성적인 것을 의미했다 하더라도 종종 대인관계적 의미만 남아 있다. 비고츠키는 성적인 것이 되는 것과 탈-성적인 것이 되는 것이 모두 긍정적일 수도 부정적일 수도 있다고 말한다. 교사로서 우리는 그것을 다음과 같은 표로 생각해 볼 수 있다.

모든 부정적 요소들은 청소년기 이후에 나타나며 불평등한 사회-문화적 상호작용(성인들과 청소년들 간의)을 포함하고, 금전 거래가 얽혀 있다. 이는 우연이 아니다. 성적 성숙(육체적·심리적 모두)과 사회적 성숙(사회적 금전적)의 불일치로 청소년 사랑의 잠재성은 비참한 결과를 맞이한다는 것을 보여 준다. 청소년은 성적 사랑에 대한 육체적·심리적 욕구가 있지만 사회문화적, 금전적 수단이 없기 때문에, 불평등한 교제에 특히 취약하다. 교실 상황에서 남녀의 경쟁은, 과학과 수학이 남자의 전유물이 되고 인문과학은 여성의 전유물이 되는 것을 막는 매우 긍정적인 역할을 수행할 수 있다. 체육교육(프로 스포츠 등)에서는 성별을 분리하는 경향이 있지만, 일반 교육(수학, 윤리, 국어)에서는 양성 간 협력과 경쟁을 지향한다.

+/- 성 +/- 발달	비성적인 것 → 성적인 것	성적인 것 → 탈-성적인 것
긍정적	오빠, 연애 놀이, 도서관 연애, 이성 간 교실 협력과 교실 경쟁	성교육, 예술교육, 성병 예방 교육, 피임, 임신, 출산
부정적	베이비baby, 상품화, 소아 매춘, 소아성애	욕설, 결혼 비즈니스, 배타적 혼맥

7-85] 이 개정에 비추어 볼 때 승화의 일반적 이론은 완전히 새로운 형태를 가지게 된다. 프로이트가 처음 말한 어린이 성 발달의 모든 국면들은, 이 원칙에 비추어 보면, 생물학적이고 일차적인 것이 아니라 기생을 토대로 생겨나는 이차적인 것이다. 이 관점에서 초기 유년기 성 문제를 보며 A. Б. 잘킨트는 다음과 같은 결론을 내린다. 우리는 초기 유년기의 매개되지 않은 성을 거부해야 한다. 많은 저자들이 관찰했던 사실, 즉 어린이의 전체 체험 영역이 이르게 성적으로 되는 이유는, 무엇보다 유휴 상태에 있는 몸의 다른 부분에서 사용되지 않은 에너지를 공급받은 과도한 성적 활동성 때문이다.

7-86] 어린이 성 발달에서 자기성애적 시기 대신 A. Б. 잘킨트는 자기감각적 시기에 대해 논하자고 제안한다. 어린이의 몸과 직접 연결된 과정에 고착되는 것이 이 시기의 가장 큰 특징이기 때문이다. 저자는 다음과 같이 말한다. 이처럼 자기감각적 시기는 자기성애적 시기가 아니다. 어린이는 오직 병리적 사례에서만 자기성애적이 된다."

위 문단에서 인용문이 시작되는 부분의 인용부호가 누락되었다.

7-87] 덧붙여, 프로이트가 설정한 두 번째 혹은 양성적 시기는 이 이해에 비추어 보면 양성적 시기가 아니다. 이는 어린이의 사회적 유대의 발달로 특징지어지므로 사회적 접촉 시기로 부르는 것이 옳을 것이다. 그러나 프로이트가 관찰한 환자들의 경우와 같이, 건강하고 효과적인 어린이의 사회적 연결을 창조하지 못하고 어린이의 사회성이 때 이르게 성으로 변질되는 환경에서 이는 다시 양성적이 될 수 있다."

7-88] 끝으로 A. Б. 잘킨트는 이와 연결된 세 번째 시기를 사회-생물학적 성숙의 시기라 부르며, 이를 성적 생활 과정을 포함하는 생물학적 과정은 물론 청소년의 사회적 인격의 성숙 시기로 이해한다. 이 강좌의 첫 번째 장에서 우리가 말했던 세 성숙 지점의 불일치를 고려할 때, 이 마지막 시기는 완전히 옳다고 생각되지는 않는다. 그러나 프로이트가 관찰한 사실들이 이 접근 방법을 통해 완전히 실질적인 과학적 설명을 획득한다는 것에는 누구나 동의할 수밖에 없을 것이다.

7-89] 이렇게 A. Б. 잘킨트 교수의 입장은 프로이트가 생각했던 것보다 훨씬 더 복잡한 것으로 드러난다. 잘킨트는 이행적 연령기에 성숙하는 성적 욕망 앞에 세 가지 다른 경로가 열린다고 말한다. 첫째 경로는 타당한 만족이라 불린다. 왜냐하면 이는 정상적인 성적 자극에 상응하고, 그 결과 일반적인 성적 반응이나 성적인 것을 포함하는 각각의 부분적 욕망들의 만족으로 이끌기 때문이다. 이 경로는 슈프랑거가 성적이라고 말한 모든 것, 즉 자신을 향한 성애인 자기만족이나 외적 실체의 도움으로 얻는 만족에서 궁극적으로 표출되는 성적 흥미, 환상, 욕망을 포괄한다.

7-90] 둘째 경로에서 성 욕구는 몸의 다른 부분으로 욕구 에너지의 전환을 일으키면서 직접적 경로와 다른 어떤 경로로 방향이 바뀌어 이로부터 비뚤어진 만족을 얻는데, 이것은 전환이라 불린다. 이 전환의 예로, 욕구가 마치 유기체 안에 갇힌 것처럼 몸의 지속적인 자기 흥분

상태, 과도한 흥분의 발생, 피로 증가, 때로는 신경증을 초래하는 상태를 들 수 있을 것이다.

프로이트와 자네에게서 '전환' 장애는 단순히 불안이 신체의 어느 한 부분에서 다른 부분으로(예컨대 성적 욕구불만이 복통으로) 대체되는 것을 의미한다. 전환 장애의 가장 오래된 형태(고대 이집트의)는 성적으로 남편에게 만족하지 못한 여성의 '방황하는 자궁'에 의해 야기된 것으로 생각되었다(히스테리). 하품 히스테리는 성적 만족에 대한 대체 현상이며 마비 히스테리는 공격을 저지하는 것에 대한 대체 현상으로 정상적 행동을 대체한 '왜곡된 만족'을 나타낸다. '전환 장애'는 오늘날도 여전히 외상 후 장애, 특히 성 학대를 겪은 어린이를 검사할 때 사용된다. 이 어린이들은 명백한 신경학적 원인이 없는 마비 현상을 보인다.

프로이트가 근무했던 살페트리에 병원의 '전환 장애' 기록. '히스테리적인 하품'으로 표시되어 있다.

7-91] 마지막으로 셋째 경로는 승화의 경로이다. 이는 욕구를 더 고등한 창조적 경로로 번역하고, 직접적 반응을 우회적 심리적 경로로 대체하는 것을 포함한다. 이미 말했듯이 우리는 긍정적 승화와 부정적 승화를 구분하고 후자를 성적 기생성이라고 칭한 것과 가까이 둘 것을 제안한다.

7-92] 가장 간단한 승화의 형태는 사랑과 슈프랑거가 말한 청소년기의 풋사랑이다.

7-93] 한편으로 그것은 성적 욕구의 근원 자체에 가장 근접하여 가까워지며, 다른 한편으로 직접적 욕구에 대한 복잡한 심리적 상부구조를 나타낸다. 확고한 근거 위에서 A. Б. 잘킨트는 승화 가능성 자체가

실제로 사회적 환경, 즉 어린이 행동을 위해 창조된 보조적 경로에 의존한다고 지적한다. 특히 사회적으로 반동 시기에는 성적 문제에 대한 관심의 고조 및 전체 성생활의 일반적 단순화가 이행적 연령기에 나타나며, 반대로 사회적 고양시기는 대개 더 건전한 성적 성숙기의 진행을 수반하는 것으로 알려져 있다. 특히 A. Б. 잘킨트가 말하듯 승화 가능성은 사회주의가 승리한 나라에서 유난히 광범위하게 펼쳐진다.

7-94] 우리가 여성 해방 계기와 이것을 토대로 사춘기 소녀에게 창조된 완전히 새로운 사회심리적 환경 하나만을 보아도, 이 가능성의 광범위함을 지적하기에 충분할 것이다. 이제 우리는 서로 다른 이론과 관점 간에 오래된 논쟁 전체를 요약할 수 있다. 슈프랑거의 이론이나 프로이트의 이론은 비록 각각 어떤 진실의 일부 요소를 포함하고는 있지만, 일반적으로 그리고 그 이론의 주요 구성에서 성 성숙 심리의 모든 복잡한 문제의 그 어떤 진실도 포괄하지 않는다는 것을 우리는 확인했다. 의심의 여지 없이 슈프랑거의 성정을 담는 첫 번째는 청소년의 심리가 성적 본능의 성숙에 뿌리를 두고 발생하지 않는다는 것이다. 그것은 훨씬 더 광범위한 생물적 토대를 두고 있다.

7-95] 이 토대가 전혀 슈프랑거가 말한 순수한 정신적 사랑이라는 관념적 영역이 전혀 아님은 사실이다. 이 또한 물질적이며, 결국 성적 본능만큼이나 유기체적이다. 그리고 도입 장에서 이미 지적했듯이 이것은 이 연령기의 다른 욕구들에 그 뿌리가 있다. 이 욕구들은 청소년 노동자 삶의 최우선적 요건인 노동의 필요, 경제적 적응의 필요와 연결되어 있다.

7-96] 이 욕구와 관련하여, 그리고 이를 토대로 하여 온갖 이차적·파생적인 일시적 욕구가 나타나며, 이는 다시 온갖 흥미의 둥지를 키워 낸다. 이 모두는 행동 일반과 마찬가지로 결국 인간의 본능에 그 뿌리를 두고 있으며 결코 성적 본능에만 근거하지 않는다.

7-97] 이와 같이 승화의 개념 자체는 보편성을 잃는다. 우리는 더이상 프로이트처럼 모든 것이 승화로부터 비롯된다고 가정하지 않는다. 우리는 이 연금술적 원리, 셸러의 표현에 따르면 거의 '신화적 존재'를 거부한다. 이렇게 볼 때 승화의 과정 자체는 훨씬 더 자연스럽고 유기체적이며 따라서 이해 가능하다. 그 기저에 놓인 기본 가정은 분명히 참이다. 즉, 신경 에너지는 한 형태로부터 다른 형태로 변형되고 신체의 각 기능과 부분에 고정적으로 연결되어 있지 않다.

7-98] 위대한 에너지 전환의 커다란 일반 법칙(역학적 에너지가 열에너지로, 전기 에너지가 빛 에너지로 등)이 존재하는 것처럼, 우리의 신경계에도 마찬가지로 자체의 에너지 전환 법칙이 존재한다. 인간의 모든 생활은 연속적이고 끊임없는 전환의 과정이며, 그 전환의 토대에는 신경계의 기본 특성, 즉 신경계의 활동 통합성, 그 기능의 지배성, 전체성과 통일성이 놓여 있다.

7-99] 두려움에서 비롯된 즐거움, 부정적 정서의 긍정적 정서로의 변화, 심미적 즐거움, 어떤 감정의 일반적인 소진 등과 같은 예를 상기하는 것만으로 이 사실이 완벽하게 명확하다는 것을 확인하는 데 충분하다. 이런 의미에서 승화는 어떤 예외적인 것이 아니라 신경 에너지의 일반 운동 법칙의 구체적인 사례이다. 이 개념의 또 다른 한계는 그것이 낮은 것에서 높은 것으로의 경로일 뿐 아니라 높은 것에서 낮은 것으로의 경로라는 점에서 비롯된다. 긍정적 승화는 성적 기생성으로 이끄는 부정적 승화의 반대쪽 극단에 놓여 있다.

7-100] 끝으로, 프로이트 이론과 대조적으로 우리는 이 과정을 이끄는 지극히 중요한 두 가지 계기를 확립한다. 이미 말했듯이, 정신분석 이론에서는 억압과 승화를 이끄는 그 힘이 어디서 오는지 알 수 없고, 저차적 형태의 에너지를 고등 형태로 전환하는 과정을 수행하는 장치가 무엇인지도 분명치 않다. 이 둘은 새로운 이론에 비추어 잠정적으로

설명된다. 이는 우리로 하여금 성적 본능에 뿌리내린 것이 아닌, 다른 성숙의 정점에 토대한 또 다른 필요에서 뻗어 나온 욕구와 흥미의 존재만이 승화를 일으키는 필수 전제 조건임을 의심의 여지 없이 확립하게 해 준다.

7-101] 승화는 필요를 만들어 낼 뿐이지만 이 필요는 다시 성적 본능에 의해 뒷받침되어야 한다. 셸러의 표현에 따르면 스스로를 제한하는 성적 본능이 이러한 마법적 특성을 상실하여 종속적 힘이 되고, 행위의 장 속에 더 강력한 힘이 나타나면 자신의 직접적 경로를 이탈한다. 끝으로 승화에 대한 이러한 이해는 대뇌피질 안에 승화 과정 자체를 일으키는 매우 복잡하고 미묘한 장치가 있다는 것을 함의한다. 성적 욕망의 에너지가 나타났다거나, 욕구가 존재했다거나 혹은 그것을 새로운 경로로 이탈시키는 욕구가 존재했다는 것으로는 불충분하다. 그것을 처리할 수 있는 장치가 또 있어야 한다. 이 장치 없이는 그 어떤 승화에 대해서도 말할 수 없다.

셸러에 따르면 프로이트의 '리비도' 관념은 처음부터 나타나고 스스로를 제한함으로써 발달의 원천인 동시에 발달이 일어나는 현장이 되므로 신과 같은 것이다. 따라서 그것은 어린이와 달리 환경을 필요로 하지 않는다. 리비도는 리비도의 원천이자 반反-리비도, 즉 억압과 승화의 원천이기도 하며, 억압과 승화는 사회와 문화를 만들어 낸다. 셸러가 '리비도'를 오이디푸스, 에로스, 제우스와 같은 신화적 존재라고 부르거나, 비고츠키가 그것을 스스로를 전제하고 제한함으로써 스스로를 규정할 수 있는 피히테의 자아에 비유한 것은 이상한 일이 아니다. 비고츠키에 따르면 리비도를 제한하는 힘은 결코 마술적인 힘이 아니다. 청소년은 섹스를 원하지만 직업이 필요하다. 직업의 필요성은 섹스에 대한 접근을 제한한다. 직업이 없다면 청소년과 청년은 집도 차도 돈도 가질 수 없으며 성생활을 포함한 생활 자체가 불가능하다. 이는 성적 본능 자체가 이러한 필요성을 뒷받침하고 있음을 의미한다. 그럼에도 직업의 필요성은 섹스의 필요성을 초월한다. 따라서 성적 본능은 자신의 한계를 마술적으로 만들어 내는 것이 아니다. 어떤 대상이 나타나고 규정되기 위해서는 그 대상보다 더 큰 전체가 필요하다. 개체발생은 언제나 최신의 사회발생을 출발점으로 삼는다. 즉, 사회가 먼저 오고, 사회는 청소년 삶의 많은 힘들 가운데 하나인 리비도를 제한한다. 마찬가지로 사회가 먼저 있고, 문화화의 많은 힘들 중 하나인 자아를 생산한다. 그러나 이러한 문화화 과정은 어디서 일어나는가? 문화화를 위한 정확한 생물학적 장소가 없다면 우리는 그저 하나의 신비한 신화를 다른 신화로 대체할 뿐이다('사회'는 그 자체가 모든 발달을 일으키는 신화적 존재, 즉 신과 같은 것이 된다). 문화화는 환경에 대한 반응인 동시에 유기체의 자기-조직화 원리이며, 신체의 일부인 동시에 인격의 일부인 신체 체계, 즉 청소년의 뇌와 신경계에서 일어난다.

7-102] 이런 식으로 우리는 이 복잡한 과정을 설명하기 위한 결론에 도달한다. 우리가 전에 제안했던 성적 성숙의 최고점과 사회적 성숙의 최고점이라는 두 정점으로는 충분하지 않으며 여전히 제3의, 한 종류의 에너지를 다른 종류의 에너지로 변형시키는 기제를 제공할 수 있는 일반-유기체적, 문화적 성숙이 필요하다. 간단히 말해, 성적 욕구로부터 비롯된 어떤 에너지가 있고, 더 나아가 청소년기 사회적 성숙과 관련된 강력한 잠재적 욕구가 있더라도, 대뇌피질의 충분한 발달이나 문화적 행동 형태의 충분한 발달이 없다면 승화 과정은 실현되지 않을 것이다.

7-103] 이렇게 우리는 성 성숙 심리에서 세 지점이 모두 협력하는 것을 보게 된다. 우리는 그 지점들 간의 불일치를 통해 이행적 연령기의 독특한 구조를 설명하려고 했다. 그러나 하나의 힘이 성 성숙 심리를 고찰할 때 대개 망각되는데, 그 힘은 청소년 자신의 인격이다. 심리학자들의 계산에서 이 큰 값이 누락된 사실은 이러한 심리학 이론으로

부터 성교육 실천이라는 의미에서 실천적 결론을 도출할 때면 언제나 민감하게 감지된다.

7-104] 슈프랑거는 성교육의 과업은 선제적으로 적용하여 성적 성숙의 계기에 이르기 전에 청소년을 준비시키는 데 있다고 완전히 정확하게 지적한다. 이 문제의 어려움과 복잡성은 현재와 미래에 작용하는 것이 아니라, 욕망이 성숙하여 드러나기 훨씬 전에 준비하도록 하는 데 있다. 청소년기 성적 금욕의 해로움에 대한 의학적 문제를 논하면서 슈프랑거는 이 문제에 대한 직접적인 답변을 회피한다. 우리가 아는 바와 같이, 옛날에는 성적 성숙 이후 수년간의 금욕이 모든 경우에 남성성에 해롭다는 의견이 있었다. 최근에 이런 관점은 대부분의 권위 있는 연구자들에게 공유되지 않는다. 그러나 이 질문은 제쳐 두고, 동시에 우리는 의심할 여지가 없어 보이는 한 명제에 동의하지 않을 수 없다. 즉, 욕구가 최대로 자라났을 때 욕구를 억제하는 것은 신경적 긴장을 극심하게 하고 다른 어떤 작업도 불가능하게 한다는 것이다.

7-105] 슈프랑거는 말한다. "이것을 어떻게 다루어야 하는가는 성교육 문제이지만, 성 욕구가 이미 나타났다면 전혀 이 투쟁은 일어날 필요가 없다. 이 투쟁의 본질은 이런저런 특수한 활동으로 환원되지 않으며, 육체적 삶과 정신적 삶 전체가 응축된 에너지로 손에 주어진다는 것으로 환원된다."

비고츠키는 성적 성숙 이전에 성교육이 시작될 필요가 있다는 것에 동의한다. 이는 교수-학습이 뒤에서 발달을 쫓아가는 것이 아니라, 발달을 이끌어야 한다는 비고츠키의 관점과 완전히 일치한다(『생각과 말』 6장). 또한 이는 우리나라에서 이루어지는 교육과도 일치한다. 우리는 매우 어릴 때부터 남녀를 함께 두고, 소년과 소녀들이 서로 말할 기회를 보장하기 위해 노력한다. 또한 비고츠키는 성교육이 소년들에게 성적 흥분을 느낄 때 찬물로 샤워를 하라고(보이스카우트처럼) 가르치거나 소녀들에게 바나나 위에 콘돔을 씌워 보라고(프랑스 교사들처럼) 가르치는 것과 같은 특수한 성교육 기법의 문제가 아니라는 데 동의한다. 이는 청소년의 인격 형성이 일반 유기체적 성숙, 심리적-성적 성숙, 사회-문화적 성숙의 불일치를 극복해야 한다는 비고츠키의 관점과 일치한다. 성교육을 학습해야 하는 것은 인격 전체이며, 그것은 비고츠키가 '성적 계몽' 개념을 지지하는 이유가 된다. 또한 비고츠키는 슈프랑거의 잘못 일부를 공유한다. 슈프랑거와 비고츠키 모두 성적 금욕이 젊은 여성에게 좋은지 나쁜지에 실제로 아무런 흥미가 없다는 것에 주목하자. 그들은 금욕이 젊은 남성에게 좋은지 나쁜지에만 관심을 보인다. 그렇다면 비고츠키가 슈프랑거에 동의하지 않는 곳은 어디인가? 독일의 낭만적 관념론자인 슈프랑거는 항상 의지를 강조하며, 특히 개인적인 자기-명령으로서의 의지를 지나치게 강조한다. 비고츠키에게 자유의지는 본능, 습관, 창조적 지성 위에 세워졌을 때에만 의미를 갖는다. 따라서 그것은 자유 선택에 가깝고 타인의 욕구에 대한 인식을 포함한다.

7-106] 본질적으로 말해서 우리의 성교육 체계는—슈프랑거가 염두에 두고 있는 것과 근본적, 원칙적, 사실적으로 다름에도 불구하고—이 두 입장, 즉 조기에 청소년을 준비시키고, 일반 교육 활동의 모든 결정적 계기에 성교육을 투입하는 입장을 포함한다. 이행적 연령기에 대한 소비에트 교육학 체계에서 성교육의 위치를 특징짓는 기본 원칙은 잘킨트 교수의 책에서 제시된 세 가지 기본 명제로 요약된다. 첫째, 일상적 교수 및 문화화 활동과 동떨어진 특별한 성교육이 있어서는 안 된다는 것이다.

7-107] 이 명제는, 성적 본능이 다른 모든 욕구 및 행동 형태와 상호작용한다는 것에 토대를 둔 승화 이론 자체로부터 도출된다는 것이 완전히 명백하다. 이렇게, 다른 흥미와 다른 활동의 측면에 집중함으로

써 우리는 성적 욕구를 승화하여 문화화하는 경로들을 창조할 수 있을 것이다.

7-108] 둘째, 모든 학습-문화화 수행 과정에는 성교육의 요소가 어느 정도 포함되어야 한다. 마지막으로 셋째, 모든 유년기에는 다른 문화화의 목적과 함께 성적 요인이 어느 정도 고려되어야 한다. 잘킨트 교수의 책 전체는 교육적 환경, 즉 사회과학과 자연과학, 예술과 노동, 어린이 단체와 소년단 활동, 체육교육, 남녀공학과 같은 이 모든 계기들이 어떻게 성교육 실행의 중요한 받침점이 될 수 있는지에 대한 상세한 고찰에 집중되어 있다.

남학생들로만 구성된 1949년 소비에트의 초등학교 모습. 교실 전면에 "지식을 향한 투쟁, 과학을 향한 투쟁, 모든 학생들의 의무이자 첫 번째 책임!"이라고 적혀 있다.

7-109] 이 모든 계기들은 성적 본능과 그 에너지를 창조적 활동이라는 고등 경로로 전환하는 방법에 토대한다. 우리가 보기에 기본적으로 이 문제는 여기서 사실상 그 실천적 측면에서 해결되고 있지만, 우리가 볼 때 위와 같은 입장은 이론적, 실천적 측면에서 완전하지 않다. 앞에서 지적한 바와 같이 여기서는 청소년의 인격 자체가 망각되었거나 무시되었기 때문이다. 일반적으로 마치 청소년 자체가 존재하지 않는 듯, 모든 성교육이 체험과 욕구를 마치 대상을 다루듯 문제가 설정되고 실천적으로 해결된다.

7-110] 모든 성교육은 일반적으로 청소년 신경계 내에 우회로를 지

니는 수로의 복잡한 체계를 창조하여 그(신경계-K)에 규칙적으로 작용하는 것에 토대를 두고 있다. 그러나 이것은 청소년의 인격 자체가 이 시기에도 성장하고 형성되며, 이 연령기의 가장 두드러진 특징은 인격이 무엇보다도 그 내적 세계와 자신의 모든 행동을 숙달하고자 하는 것이라는 상황을 염두에 두지 않았다.

7-111] 동물과 달리 인간은 자신의 욕구를 숙달하고, 자신의 지배력으로 본능을 굴복시키며, 자신의 의지로 행동을 주도하며, 스스로 새로운 욕구를 창조하고, 자기 행동을 이러저러한 측면으로 능동적으로 지향시킨다. 자기 행동을 지배하는 이런 인격의 힘 또는 능력을 과대평가하는 것은 큰 잘못이지만, 또한 모든 승화의 과정에, 따라서 성교육에 결정적인 영향을 미치는 것으로 드러난 이 새로운 요인을 과소평가하는 것 역시 잘못일 것이다.

7-112] 니체는 성적 본능에 놓인 거대한 자연적 에너지의 저장고를 염두에 두고 다음과 같이 말한다. "증오, 분노, 성적 본능 등은 성공적으로 기계의 동력이 될 수 있으며, 예컨대 장작 패기, 우편배달, 밭 갈기와 같은 유용한 작업을 하게 만들 수도 있을 것이다. 본능은 노동에서 결과를 찾아야만 한다." 니체는 이런 생각을 신경 에너지에 대한 물리적 등가물이 존재하며, 이 관점에서 바라본 본능은 인간이 노동의 과정에서 자기의 힘 아래 종속시키는 자연적 힘과 같은 것이라는 생각을 자세히 설명한다.

관념론자인 니체로부터 완전히 유물론적인 공식이 도출된다. 신경 에너지에 대한 물리적 등가물이라는 관념론적 생각, 심리-신체의 평형주의는 데카르트로, 스피노자를 거쳐 니체에 이르렀으나 오늘날의 발견에서 물질적 지지를 획득한다. 신경 자극 전파는 아데노신3인산(ATP)이 아데노신2인산(ADP) 또는 아데노신1인산(AMP)로 전환되는 과정에서 에너지를 얻는다. 이는 신체적 노동에서 근육 수축에 에너지를 제공하는 것과 동일한 과정이다.

ATP의 분자구조. 왼쪽에 인산기가 3개가 붙어 있는 것을 확인할 수 있다. 인산기를 1개 혹은 2개를 가수 분해하며 다량의 에너지를 방출한다. ATP는 이 책이 러시아에서 출판되었던 때인 1929년에 로만(Lohmann)에 의해 발견되었다. 다만, 신경과 근육 에너지를 만드는 데의 실제적인 역할은 1941년까지는 정확하게 알려지지는 않았다.

7-113] 이행적 연령기에 나타나는 인간 행동의 가장 고유한 특징은, 인간이 스스로의 행동 과정을 자신의 힘 아래 종속시키는 것을 기반으로 본능의 활동을 규제한다는 것이다. 인간 스스로의 힘으로 인간 성생활에 영향을 미칠 엄청난 가능성이 열리는 것이다.

7-114] 우리 생각에 성교육의 최종 목표는 시기상조적 소모와 관련된 변태적 전환, 기생적 발달, 최소 저항에 따른 만족으로부터 성적 본능을 보호하는 것뿐 아니라, 이 본능의 우회와 승화를 위한 경로와 잠재력의 창조에 있고, 가장 중요하게는 윤리적인 청소년 인격의 창조에 있다.

7-115] 성 성숙에서 청소년 인격의 역할에 대한 질문을 회피했던 슈프랑거조차도 성 성숙 심리가 올바른 윤리 형성에 얼마나 거대한 의미를 갖는지 완전히 올바르게 지적한다. 그는 말한다. "우리가 주어진 자연적 힘을 숙달하고 지양하며 스스로의 목적에 종속시킬 수 없다면 어떤 것을 기술적으로 획득했다고 가정할 사람은 없을 것이다. 마찬가지로, 고등한 힘을 창조하기 위해 종속적 힘을 숙달해야 한다는 의지가

없는 이가 인생의 가치 구조, 윤리를 건설할 수 있을 것이라고 기대해서는 안 된다."

7-116] 이 생각은 심리학을 통하지 않고 윤리학으로 가는 길은 없다는 것이다. 윤리적 노력은 인간 내에서 지배하는 자연적 욕망을 숙달하는 것이다. 스피노자가 말했듯이, 인간은 자연의 왕국 외부에 놓인 특별한 왕국에 있는 것이 아니라, 동일한 자연의 일부이다. 따라서 베이컨의 일반 명제, 즉 우리는 자연의 법칙에 복종하는 것으로 자연을 지배한다는 것이 여기서 진실로 남는다.

스피노자는 『정치 신학론』 2장 6절에서 '왕국 속 왕국imperium in imperio'이라는 표현을 사용한다. 이는 인간이 자연적 법칙(신의 법칙) 밖에 있다는 관점에 대한 비판이다. "이러한 무지는 자연의 명령을 따르는 대신 거역한다. 그들은 자연 속 인간을 마치 왕국 속의 왕국인 것처럼 생각한다."

*F. 베이컨(Francis Bacon, 1561~1626)은 엘리자베스 여왕의 대법관을 지냈으며 영국 경험주의의 토대를 놓았다. 닭고기를 냉동 보관하는 방법에 대한 실험을 하는 중에 폐렴에 걸려 사망한다. "자연은 그에 복종하기 전까지는 정복할 수 없다"(Natura non vincitur nisi parendo)는 『신新오르가논』 1권에 나오는 구절로 비고츠키에게 큰 인상을 주었다. 비고츠키는 이를 『역사와 발달』의 초고가 된 어린이의 문화적 발달의 역사에 대한 원고의 머리글로 사용한다.

F. 베이컨(1617)

7-117] 이런 의미에서 윤리적 결정이 필수적으로 전제하는 자유의지는, 자연적 필연에 대한 올바른 이해를 토대로 한 스스로에 대한 지배이다. 자기 자신을 숙달하기 위해서는 특정한 심리적 경험을 갖는 것

이 필수적이다. 이는 오랜 연구가 필요한 길고 고된 작업이며, 슈프랑거가 옳게 말한 것과 같이 자연을 숙달하는 다른 예술들 중에서도 가장 어려운 것이다. 스스로의 성적 욕망에 대한 윤리적 관계를 맺지 않고서는 모든 성숙 과정에 대한 건강한 심리적 분위기가 있을 수 없다고 그는 옳게 말한다. 이것 없이는 오직 '지나침'과 '해로움'의 의식만 있을 뿐 윤리적 질서의 동기는 존재할 수 없다고 말한다.

7-118]　이행적 연령기에 만연한 오나니슴의 문제가 이러한 관점의 사례가 될 것이다. 예전에는 오나니슴이 청소년의 육체적, 신경적 건강 모두에 가장 큰 위협이 된다는 견해가 널리 퍼져 있었다. 오나니슴의 유해성을 알리는 대중적 책자에서 뇌연화腦軟化, 전반적 마비, 총체적 의식 상실 등의 다양한 해악이 묘사되었다. 이 책들은 그 어떤 객관적 토대도 없이 청소년들을 위협하고 종종 심각한 정신 반응을 유발하는 등의 유해성을 발휘하였다.

이것은 제목을 인쇄할 수 없을 정도로 너무 끔찍해서 '제목 없는 책'이라 불렸던 1830년 프랑스의 책자이다. 이 책에는 다음과 같이 쓰여 있다. "그는 자신을 망쳤다. 그는 곧 자신의 죄의 고통을 짊어지게 되어, 일찍 늙고 … 등은 굽어 버렸다." 후에 그는 머리가 다 빠지고, 피를 토하고, 반점에 덮여 죽는다. 비고츠키 시대에 G. S. 홀, H. 엘리스 등과 같은 많은 심리학자들은 비슷한 책을 써서 많은 돈을 벌었다. D. H. 로렌스는 오나니슴을 문명화된 인간에 대한 큰 위협으로 간주했고, 프로이트는 성기능 장애의 주요 원천이라 생각했다. 비고츠키조차도 자위가 너무 이르거나 빈번하지 않도록 해야 한다는 중간 입장을 취하려 노력했지만, 이 중간 입장조차도 본인이 앞 문단에서 비판했던 부정적 입장으로 인도할 뿐이다.

7-119]　이 관점은 현재 반대 관점으로 대체되었다. 많은 저자들에 의해 제시된 이 관점은 오나니슴이 한편으로는 동물에서도 관찰되며 다른 한편으로는 아무런 해를 끼치지 않는 정상적 생리 현상임을 인정한다.

7-120]　블로흐나 메치니코프와 같은 저자들은 오나니슴을 본능의 성숙과 지연된 정상적 성생활의 시작 간의 모순으로 나타나는 어려움에 대한 자연적 생리적 해법으로 간주한다. 슈테켈을 비롯한 많은 정신분석학자들은 이 의견에 동의하며 오나니슴은 성적 본능 등의 발달에서 완전히 필수 불가결한 단계라고 간주한다.

*I. 블로흐(Iwan Bloch, 1872~1922)는 독일의 피부과 의사이자 정신과 의사였다. 그는 사드 후작의 사라진 원고(소돔의 120일)을 발견하였으며, 훗날 사드 후작의 전기를 펴냈다. 블로흐는 성과학에 인류학적으로 접근했다. 이 문단에서 비고츠키가 말하는 것과 달리, 블로흐의 연구는 오나니슴을 반대한다. 그는 오나니  슴이 심각한 의학적 문제를 일으키지는 않지만, 사람들로 하여금 성관계로부터 너무 많은 것을 기대하게 만든다고 생각한다.

 *W. 슈테켈(Wilhelm Stekel, 1868~1940)은 프로이트의 첫 환자들 중 한 명이었으며 가장 열렬한 추종자였다. 그는 변태 성욕이 사랑의 대체 형태라는 성도착 이론을 만든 사람이기도 하다. 그가 1912년 오이디푸스 콤플렉스에 의문을 제기하자 프로이트는 그와 절연했다. 이 문단에서 비고츠키가 언급한 것은 슈테켈의 1920년 논문인 듯하다. 거기서 스테켈은 오나니슴이 성 장애, 특히 오르가슴에 도달하는 데 문제를 겪는 여성을 치료하는 데 사용되어야 한다고 주장했다. 이 치료는 오늘날에도 널리 시행된다.

메치니코프에 대해서는 **5-1-22** 참조.

7-121] 그러나 이 질문에 대한 좀 더 심오한 연구는 앞의 두 가지를 하나로 통합하는 다소 새로운 관점으로 이끈다. 신체적인 측면에서 오나니슴은 그 자체로 이전에 생각했던 것만큼 해로운 것은 아닐 수 있다. 그렇지만 지나치게 이른 오나니슴, 따라서 언제나 이행적 연령기에 나타나 지나치게 쉽고 빈번한 만족을 이끄는 오나니슴은 의심의 여지 없이 성숙을 약화시키고 불안정한 호르몬 체계를 일으키는 계기가 될 수 있다.

> 비고츠키는 악명 높은 청교도인으로 혁명적 프롤레타리아의 성 12 계명의 저자였던 잘킨트의 말을 인용한 것처럼 보인다. 마지막 문장의 '의심의 여지 없이'라는 표현은 의심스럽다. 성행위와 임신처럼 오나니슴은 호르몬의 급상승을 유발하지만 장기적인 영향을 미친다는 증거는 없다. 오늘날 의학적 견해는 메치니코프의 생리학적 관점과 스테켈의 성기능 장애 치료적 관점 모두를 지지한다. 따라서 우리는 비고츠키가 여기에 제시했던 잘킨트의 입장이 비과학적이며 비상식적이라는 것임을 독자들에게 분명하게 밝히고자 한다.

7-122] "어린이다운 감정과 태도의 때 이른 상실, 사회적 창조성과 생물학적 조건 없는 성숙 시기로의 편입, 사랑의 체험이 펼쳐내는 황폐화, 청소년의 모든 로맨티시즘의 붕괴, 사회적으로 창조적인 모든 탐색과 욕구의 황폐화, 자연 발화하여 빠르게 꺼지는 성의 손쉬운 지배, 이 모든 것들은 전체 모든 발달을 일반적으로 지연시키고 약화할 뿐 아니라 성본능 자체의 발달을 지연시킨다.

7-123] 기본적으로 성적 성숙 시기에 오나니슴이 야기하는 것은 아직 충분히 발달하지 않은 생식샘의 화학 원소들을 때 이르게 소모하는 것이다. 생식샘이 전반적인 중심적 생리 기능(대뇌피질, 물질대사, 모든 조직 성장의 질적 조절 등)을 담당하는 것을 고려한다면, 이러한 생물학적

성숙 기금의 때 이른 낭비가 심각한 결과를 야기할 것은 분명하다(잘킨트)."

7-124] 그러나 오나니슴과 관련해서, 특히 오래 지속되고 빈번한 경우 가장 심각하고 가장 중요한 결과는 오나니슴이 어린이의 사회적 행동에 흔적을 남긴다는 것이다. 그 심리적 결과는 생리적 결과보다 더 심각하다. 일찍 시작된 과도한 오나니슴이 생리적 관점에서 해롭다면, 모든 오나니슴에는 확실히 심리적 위험이 숨어 있다.

7-125] 이 위험은 더 복잡한 심리적 상태가 이 토대 위에 세워진다는 것이다. 그것은 한편으로는 쉽고 짧은 자기만족과, 모든 심리적 욕구의 보유고를 빠르게 소진하는 것과 관련이 있다. 학술원 회원인 파블로프가 지적했듯이 장애물의 존재, 모종의 긴장은 본능이 올바르게 기능하기 위한 필수적인 조건이다. 반대로 빠른 만족은 반사의 목표 자체를 사라지도록 하며 이는 일반적 공허함, 삶의 의미의 상실을 초래한다.

7-126] 학술원 회원인 파블로프는 이행적 연령기의 전형적 현상으로 처음 나타나는 자살을 이런 반사 목표의 상실과 연결한다. 슈프랑거는 오나니슴이라는 바로 그 사실이 이미 청소년의 내적 상태 전반의 불안정성을 가리키는 것이라고 올바르게 말한다. 대체로 그는 아직 위대한 과업을 위한 태도를 갖고 있지 않으며, 그를 충만하게 하는 강력한 연결이나 사랑도 없다. 슈프랑거는 자아에 대한 의도적 거부, 세계관의 지연 계기 같은 것이 오나니슴에 있다고 말한다.

비고츠키는 오나니슴이 신체적으로 전혀 해롭지 않다는 엄밀한 과학적 관점과 심각한 정신-신경학적 위험을 초래한다는 비과학적인 관점을 결합하고자 하는 것 같다. 그러나 이는 몸과 마음이 실제로 서로 고립되어 발달할 수 있다는 것을 암시한다. 비고츠키는 어떻게 하여 전체론적 아동학에 반하는 이러한 결론에 도달하게 되었을까? 우리는 예컨대 **7-122~7-123**에서 드러난 일부 금욕적 관점이 비고츠키가 아닌 잘킨트의 관점임을 보았다. 여기서 러시아 정교회 사제로 훈련 받은 파블로프는 오나니슴이 목적(생식)과 생리적 반사(오르가슴) 간의 연결을 끊으며 체액을 소진한다는 관점을 드러낸다. 체액은 파블로프의 세계에서 위대한 과업, 유기체 간 연결, (파블로프는 심리적 현상을 믿지 않기 때문에) 생화학적 형태의 '사랑'과 동의어이다. 파블로프는 전체론을 재확립하지만, 그것은 위대한 과업, 사람 사이의 강력한 연결 그리고 사랑을, 체액을 보존하는 남성적 능력으로 환원함으로써만 가능하다 비고츠키의 진짜 관점은 무엇인가? 불행히도 이 문단과 다음 문단에서 비고츠키는 자신이 앞에서(**7-118**과 그의 1926년 책『교육 심리학』 225쪽에서) 우리에게 경고했던 바로 그 잔인한 겁주기에 빠진다. 연령에 따른 전 세계 자살 통계에서 우리는 자살이 청소년에 '전형적인' 것은 아닐지라도 10~15세 사이에, 특히 중간이나 저소득 가정의 어린이들에서, 엄청나게 증가하는 것을 보게 된다. 이 중 일부는 종교적으로 독실한 젊은이들에게 치명적 영향을 미칠 수 있는 오나니슴에 대한 겁주기와 연결될 수 있다. 예컨대 일부 모르몬 교도는 실제로 오나니슴이 수백만의 잠재적 생명을 훼손하는 일종의 살인이라고 배운다.

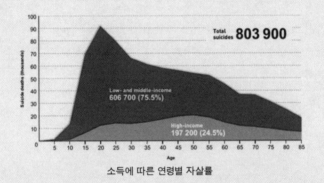

소득에 따른 연령별 자살률

그러나 이러한 겁주기조차 고소득 가정의 청소년과 중-저소득 가정의 청소년 간 자살률의 차이를 설명할 수 없다(오나니슴과 유언비어 유포의 비율은 아마 거의 같을 것이다). 10~15세 사이의 중-저소득 가정 청년의 엄청난 자살 증가(거의 7배)의 원인은 오나니슴과는 전혀 아무런 관련이 없고, 파블로프가 단순히 '심리학'으로 일축한 것, 즉 사회문화적 배경과 전적으로 관련되어 있다는 것이 훨씬 그럴듯하다. 비고츠키의 후기 저작(『분열과 사랑』 0장)에 따르면, 13세의 신형성은 분열이고 청소년기의 신형성은 개념 형성이다. 파블로프는 용인할 수 없었을 이 새로운 심리적 요인이야말로 저소득층과 고소득층 청소년들 모두에서 나타나는 자살 증가의 원인을 설명할 수 있을 것이다. 그들 모두는 분열을 경험하며, 죽음과 죽어 감에 관한 개념을 형성하고 있다. 비고츠키의 초기 저작(『분열과 사랑』 5장)에서, 이 요인은 일반-해부학적 성숙(자살을 실행에 옮길 수 있는 신체적 힘을 포함하는), 성적 성숙(생물학적 생식 능력을 포함하는), 사회-문화적 성숙(자신과 배우자를 부양하고, 자식을 교육하는 등의 사회-문화적 재생산 능력을 포함하는)의 불일치이다. 이 사회-문화적 간극은 가난한 사람과 부유한 사람들의 실제 사망자 수가 다른 이유를 설명해 줄 것이다.

7-127] 오나니슴 행위자들은 분명 심리적으로 일종의 표리부동 상태이며, 여기에 오나니슴의 심리적 위험성이 깔려 있다.

7-128] 우리 생각에 오나니슴 속에 내포되어 있는 세계관의 지연 계기는, 인격이 인격과 충동의 관계를 자신만의 특별한 방식으로 결정한다는 데 있다. 그러나 소위 승화로 규정되는, 스스로에 대한 윤리적 태도만이 역시 세계관의 지연 계기로 나타난다는 반대 입장도 마찬가지로 옳다.

7-129] 이제 우리는 한 지점에 접근한다. 이 지점을 밝히는 것이 이 장의 전체 과업이다. 특히 우리는 이행적 연령기의 윤리적 계기 발달의 특징과 그것이 청소년의 일반 문화-사회적 발달과 어떻게 연결되어 있는지를 언급해야만 한다. 여기서 우리는 단지 스피노자의 윤리학에서 조명되었던 지점에 접근했음을 지적하고자 한다. 지금까지 청소년 성교육을 말했던 이들은 모두, 스피노자의 표현에 따르면, 인간의 노예성과 수동적 정념의 힘을 말한 것이다.

7-130] 이행적 연령기와 더불어, 철학자 스피노자의 말을 빌리자면, 인간의 자유에 대한 장 혹은 정신의 힘에 대한 장이라 부를 수 있는 장이 시작된다. 모든 성적 성숙 문제를 밝힘에 있어, 스스로의 충동을 숙달하고 그것을 자신의 통제와 지배하에 두는 문제가 이론적, 실천적 중심을 차지해야 한다.

7-131] 이와 관련하여 우리는 이 장을 마무리하면서 두 계기를 지적하고자 한다. 첫째, 이행적 연령기에는 윤리적 문제와 자기숙달에 대해서 비슷한 흥미가 나타난다는 특징이 있다. 이것은 종교적, 도덕적 완벽성이라는 경로를 향하는 청소년의 윤리적 탐구에 관해 기술한 톨스토이의 『청소년기』에 잘 나타나 있다.

7-132] "원칙에 따라 살아가려는 태도, 원칙을 실행함에서 나타나는 이 과장된 엄격함이 이 연령기의 특징이다. 그와 동시에 그 탐구는 당연히 주위의 문화 세계가 주는 사회적 가르침과 양육의 영향을 받는다. 톨스토이가 묘사한 청소년은 추상적 질문, 인간의 목적, 미래의 삶, 불멸의 영혼에 대한 질문에 온 정신을 집중한다"(코노발로프).

> 이 문단에서 비고츠키는 톨스토이에 관한 저술을 남긴 문학비평가 S. A. 코노발로프(1899~1982)를 언급하는 것으로 보인다. 비고츠키가 이 강의록을 쓸 무렵 코노발로프는 막 옥스퍼드 대학교의 교수가 되어 톨스토이의 저술을 편찬하였다.

7-133] 이 모든 흥미들의 영향하에서, 그는(『청소년기』의 주인공 '콜랴'를 지칭함-K) 일 년 내내 자기 자신에 몰두하여 외로운 도덕적 삶을 살았다. 청소년이 매달렸던 외적 금욕주의는 이 시기의 가장 큰 특징이다. 노동에 익숙해지길 바라면서, 그는 고통을 참으며 5분 동안 팔을 뻗어 무거운 사전을 들고 있거나, 창고에 들어가 부지중에 눈에 눈물이

나올 만큼 거칠게 자신의 벌거벗은 등을 채찍질했다. 이는 초등학교 학생에게는 알려지지 않은 행동 형태이며, 툼리르즈 같은 저자가 이행적 연령기 전체의 중심이자 근본으로 간주하는, 자신의 내적 세계를 숙달하려는 경향을 증명한다.

> "때때로 나는 행복이 외적 조건 자체가 아니라, 외적 조건과 우리의 관계에만 의존한다고 생각하곤 한다. 고통을 참는 데 익숙해질 수 있다면, 사람은 결코 불행할 필요가 없을 것이다. 이 가설을 입증하기 위해, 나는 (끔찍한 고통에도 불구하고) 한 번에 5분 동안 팔을 뻗어 타치스체프의 사전을 들고 있거나, 창고에 들어가 눈에서 눈물이 찔끔 나올 때까지 내 등에 채찍질을 할 것이다"(톨스토이 『청소년기』 19장 중).
>
> 툼리르즈에 관해서는 **4-9** 참조.
>
>
>
> 스무 살의 레오 톨스토이 백작의 모습이다. 이 사진에는 자신의 잘생긴 외모에 대한 자의식과 청년의 진지함이 동시에 드러나 있다. 그의 성적인 욕망은 때로 스스로를 채찍질하는 것과 같은 고행으로 나타났다. 그의 청년의 진지함 역시 숭고한 사람으로 인정받고 싶은 강렬한 욕구의 형태임을 짐작할 수 있다. 이러한 욕망들은 레빈이 '유사욕구'라고 말한 것으로서 일시적인 것이다.

7-134] 이것과 연결된 두 번째 계기는 우리가 이 관점으로 볼 때 성 계몽 문제에 대해 당연히 제기하게 되는 개정사항이다. 여러분도 알다시피 성계몽의 중요성을 과장하는 것은 순진한 것이다. 인간 본성 일반과 특히 성적 본능에 대한 주지주의적 관점을 버린 마당에 한 사람의 행동을 진실된 길로 나아가게 하기 위해 그를 가르치고 계몽하거나 설득하는 것으로 충분하리라 기대해서는 안 된다.

> 여기와 이 장의 마지막 부분에서 비고츠키는 성교육을 '성 계몽'과 대조한다. 성 계몽은 성적 자유와 자유연애를 의미하는 것처럼 들리기도 하지만, 비고츠키는 이것이 주지주의적이라고 지적한다. 러시아 혁명

은 스스로를 프랑스 대혁명의 연장으로 보았다. 프랑스 혁명은 스스로를 교회는 지성으로, 왕정은 민주주의로, 봉건적 토지는 평등으로 대체하는 '계몽'의 연장으로 보았다. 유사하게, 소비에트 연방은 가정의 양육을 '사회를 기반으로 한 문화화'로, 문법학교를 노동학교로, 대중적 미신을 과학과 계몽으로 대체하고자 하였다. 그렇기 때문에 소비에트 정부의 교육부와 문화부를 합병하여 '인민 계몽부(Народный коми-ссариат просвещения 또는 나르콤프로스)'라고 불렀고 비고츠키도 여기에 속했다. 비고츠키는 본능을 빼고 사람에 대해 이야기할 수 없다고 말한다. 다양한 문화적 현상들은 본능이 대체 경로를 통해 발현된 것이다. 동시에 그는 성교육을 생식과 관련된 것으로만 생각하는 순수한 생물학적 관점을 비판한다. 이는 한편으로는 슈프랑거와 다른 한편으로 프로이트에 대한 실천적, 교육적 비판이다.

7-135] 야고도프스키나 라이코프와 같은 교육자와 자연과학자는 학교의 자연과학 교육과정에서 성교육 문제에 별로 관심을 기울이지 않았다. 전자는 학교에서의 집단 성교육의 효과에 대한 신뢰를 잃었다고 직접 말한다. 핀케비치는 이행적 연령기에는 성 문제에 관한 논의를 제쳐 두는 것이 최선이라는 결론을 도출한다. 이 시기에는 그 어떤 암시나 부적절한 표현도 매우 불쾌한 결과를 일으키기 때문이다.

비고츠키는 생물학적 관점을 지녔던 세 명의 과학교육자를 언급한다. 그들은 사회-문화적 성숙을 포함하는 성 계몽이 아니라, 일반 해부학과 생식 기능 학습을 기반으로 '성교육'을 지지한다.

*К. П. 야고도프스키(Константин Павлович Яго-довский, 1877~1943)는 박물학자이자 북극해와 백해, 흑해의 탐험가였다. 새 정부가 '자연과학 지식'을 자연적 온전체의 과학으로 도입함에 따라 그는 과학 교육에 흥미를 가지게 되었다.

*Б. Е. 라이코프(Борис Евгеньевич Райков, 1880
~1966)는 생물학자이자 과학 사학자로서 자연사에 관한
많은 교과서를 저술했다. 비고츠키는 학교 성교육에 관
한 그의 1927년 책을 언급하는 것으로 보인다. 거기서
라이코프는 협소하게 생식과 건강에만 관심을 두는 성性이 빠진 성교
육을 장려했으며, 성 계몽이 아니라 성교육을 옹호했다.

*А. П. 핀케비치(Альберт Петрович Пинкевич,
1883~1937)는 식물과 암석 채집을 위해 볼가강을 탐험
한 박물학자였다. 훗날 혁명에 참여한 그는 카잔 대학
교에서 두 번이나 추방되었지만, 뛰어난 과학적 업적
때문에 다시 임용되었다. 혁명 후에 그는 당원이자 아동학자가 되었다.
핀케비치는 존 듀이의 열렬한 지지자이자 제2모스크바 대학교에서 비
고츠키의 직속상관이었다. 그는 또한 어린이들이 자연적 온전체의 과
학으로서 자신들이 살고 있는 지역을 공부해야 한다고 주장하는 '향
토학' 지도자였다. 1937년에 그는 총살당했다.

7-136] 우리 중 소로흐친만이 자연과학 교사가 끝까지 모두 설명
하는 임무를 수행해야 한다는 생각을 열렬히 주장한다. 그러한 첫 번째
실험들에 수반된 오류와 실패에도 불구하고 그 기저에는 올바른 생각
이 놓여 있으며, 그중에서 우리는 이행적 연령기와 연관된 것만을 취한
다. 이 저자는 이행적 연령기의 성 계몽 내용을 체육과 성 보건의 본질,
승화 과정의 본질을 설명하고, 성적 이상성, 매춘, 결혼에 대한 문제와
모성과 유아의 문제를 조명하는 것으로 환원한다.

비고츠키는 신경생리학자인 Г. Н. 소로흐친(Георги-
й Николаевич Сорохтин, 1894~1972)을 가리키는 것으
로 보인다. 전쟁 중 하바로프스크로 피난한 그는 인
삼에 대한 연구를 했다.

7-137] 성교육을 위해 실시되는 온갖 활동 체계에서 성적 계몽은 청소년 자신의 의식과 직접 연관성을 가진다는 점에서 다른 계기들과 확연히 구별되는 것으로 보인다. 당연히 우리는 이 의식의 역할을 과장해서는 안 된다. 물론 한 조각의 지식은 어린이에게 건강한 성적 지향을 제시하기에 충분하지 않을 뿐 아니라 이 문제에 대한 결정적 요인이 될 수도 없다.

7-138] 마찬가지로, 성적 관심과 공상, 또는 욕망과의 긴밀한 관계 때문에 이러한 정보의 전달 자체가 주의를 끌어 초기 유년기의 성을 촉진하는 부정적 역할을 할 수도 있다. 우리가 제안하는 개정안은 다음과 같다. 우리는 성 계몽 자체에 대한 이해를 확장하여 청소년의 윤리적 자세를 교육하는 일반적 과업의 토대하에서만 성 계몽을 확립할 것을 제안한다.

7-139] 청소년의 머리 위에서, 그를 무시하고 다만 이러 저러한 변화를 일으켜야 하는 대상으로 다루는 것이 아니라 청소년을 통해서, 이 교육이 그의 삶에 가져오는 그 자신만의 해결책을 통해 청소년 자체를 이 사태에 직접 끌어들임으로써 성교육의 문제를 해결하려는 성 계몽만이 건강하다고 우리는 믿는다. 성교육은 대부분 성적인 자기 교육이 되어야 한다. 그럴 때에만 건강한 심리적 토대 위에 놓이게 되는 것이다.

7-140] 뒷장에서 우리는 인간 스스로의 행동을 특정한 목표에 지향시키면서 스스로의 모든 활동성에 새로운 동력을 도입하는, 인간 스스로가 창조하는 이 일시적 욕구가 문화적 인간 행동에서 얼마나 거대한 역할을 하기 시작하는지 드러내고자 할 것이다.

> 동물과 달리 인간은 스스로의 환경을 숙달하고 창조할 수 있다. 이 것은 인간이 스스로의 욕구를 숙달하고 창조할 수 있음을 의미한다.

예컨대 인간은 수저를 사용할 욕구, 도서관에 다닐 욕구 혹은 자기존중감에 대한 욕구를 타고나는 것이 아니다. 이러한 욕구는 인격을 창조하고 숙달하는 과정에서 창조되고 숙달된다. K. 레빈은 이러한 욕구를 유사욕구類似 慾求, quasi-Bedürfnisse라고 부른다. 예컨대 매력적으로 보이고 싶은 욕구, 진지하게 받아들여지고 싶은 욕구, 집이나 차, 안정된 직장에 대한 욕구 등이 이에 포함된다. 레빈은 이러한 욕구들이 산소, 음식, 물, 체온과 달리 일시적이라고 말한다. 이 욕구들은 충족되는 순간 일시적으로 사라지거나 심지어 영원히 사라지기도 한다. 노인들의 매력적으로 보이고 싶은 욕구는 젊은 사람들이 가지는 욕구와 다르며, 젊은 사람들이 집, 차, 직장에 대해 가지는 욕구는 노인이 그에 대해 갖는 욕구와 다르다. 비고츠키에 따르면 진개념의 형성을 포함하는 청소년의 신형성은 대체로 이러한 유사욕구에 의존한다(이에 대해서는 청소년기 심리적 성장의 정점에 대한 논의인 청소년 아동학 3권에서 상세히 다루어질 것이다). 어린이는 개념적 지식에 대한 욕구를 타고나지 않으며 학문적 개념은 인간의 삶에서 보편적으로 요구되지 않는다. 이러한 유사욕구들은 행동을 특정한 목표를 향하게 만들고, 인격을 창조하고 숙달하려는 새로운 동기를 불러일으킨다.

● 심화 연구를 위한 참고 문헌

1. А. Б. 잘킨트. Половое воспитание(성교육). — Работник Просвещения, Моск-
   ва, 1928 г. — Ц. 1р. 35к.
2. И. Д. 젤만. Половая жизнь современной молодежи(현대 젊은이의 성생활). —
   Изд. II — Гос. Изд. — 1925 г. — Ц. 70к.
3. А. Б. 잘킨트. Революция и молодежь(혁명과 젊은이). — Изд. Свердловског-
   о университета, 1925 г.
4. М. М. 루빈스타인과 В. С. 이그나티예프. Психология, педагогика и гигиенаг-
   юности(청년의 심리학, 교육학, 위생학). — Изд. Мир, Москва — 1926 г. — Ц. 2р.
   40к. — Гл. 8—11и 21—22.

● 성 성숙 심리학

비고츠키는 이 장의 과제로 네 개의 질문을 던진다. 즉, 이 강의의 전반적 목적은 무엇인가? 다른 이론들은 청소년 행동(오나니슴)을 어떻게 설명하고 있는가? 현재 성교육 실태는 어떠한가? 남녀공학에서 소년과 소녀의 성적 성숙은 어떤 차이가 있는가? 늘 그렇듯이 그는 강의가 어떻게 진행될지 윤곽을 그려 보라고 요구하며, 늘 그렇듯이 우리는 이 과제를 여기서 비고츠키가 제시한 질문에 따라 네 개의 절로 나누어 살펴보고자 한다.

비고츠키는 매우 짧은 첫째 부분에서 7장을 소개하면서 청소년기가 생물학적으로 획일적이고 안정된 것과는 거리가 멀고, 어떤 내분비샘이 '지배적'이냐에 따라 세 시기로 나눌 수 있다는 비들의 생각을 언급한다. 이 장에서 비고츠키는 이 시기들을 작동 순서에 따라 흔적뿐인 성샘의 잠복기, 성샘의 깨어남과 갑상샘, 뇌하수체와의 투쟁기, 성샘이 '삶의 협주곡'의 기본 가락이 되었다는 선언기로 나열한다.

훨씬 긴 둘째 부분에서 비고츠키는 기본 가락의 풍부한 변주, 즉 사랑, 오나니슴, 동성애, 청소년의 호기심과 창의성을 아우르는 확장된 모든 상상들을 언급한다. 비고츠키가 보기에 슈프랑거와 프로이트는 이 풍부함을 설명하지 못하고, 다만 서로 배타적이면서 서로를 거울처럼 비추는 이론을 만들어 내는 데 그쳤다. 슈프랑거에게서 성욕적 감정(슈프랑거는 성적 행위를 다루지 않는다)은 성애적 감정(대상에 대한 심미적 관계)을 거울처럼 비춘다. 프로이트에게서 미적 감정은 단지 억압된 성욕을 비춘 것이다. 두 이론 모두 청소년기가 감각, 사고, 경험, 실험이 통합된 전체임을 잘 설명하지 못했다.

셋째 부분에서 비고츠키는 슈프랑거와 프로이트에 대한 자신의 비판으로부터 긍정적인 결론을 이끌어 낸다. 그것은 바로 청소년기에 성적 성숙의 지배성이 정점을 이루고, 이 성적 성숙이 생물적 성장과 문화화와 일치하지 않는 현상이 있으며, 이 현상의 긍정적 측면과 부정적 측면이 곧 승화(성적 자극의 성적 측면 제거)와 기생(비성적 자극의 성적 자극화)이라는 것이다. 이 현상은 일반적으로 성샘에서 일어나는 것이 아니라 고등신경체계인 대뇌피질에서 일어난다. 신경체계가 샘에 의해 조절되는 본능과 사회적 환경에 의해 조절되는 습관, 창의성, 자유의지를 매개하기 때문이다. 비고츠키가 보기에 주로 생물학적 지식에 치중한 당시의 성교육은 별로 급하지 않은 본능적인 요소, 수정과 임신에 관한 요소에 초점을 맞춤으로써 당장 시급한 심리적 요소와 사회문화적 요소를 소홀히 취급한다.

넷째 부분에서 비고츠키는 성 계몽 프로그램에 대해 간략히 설명한다. 말할 것도 없이 이 체제의 기본은 생물적 성장, 성적 성장, 사회문화적 성장의 불일치이다. 여기에 세 봉우리의 불일치가 소년과 소녀에게 서로 다름을 꼭 덧붙여야 할 것이다. 성적 성숙의 생물적 토대의 근원이 분배샘이라면, 성적 성숙의 사회문화적 상부구조의 근본은 윤리이다. 예를 들어 성적 성숙 과정이 나와 같거나 같지 않은 타인을 향해 어떻게 성적 행동을 해야 올바른지 배워야 하는 것이다. 이 윤리적 행위는 부르지 못한 노래나 속으로 울리는 단순한 리듬이 아니다. 마치 춤처럼 이 행위는 내가 아닌 또 한 사람을 필요로 한다. 그래서 이것은 단지 분비샘이 아닌, 청소년의 뇌와 새롭게 장착된 모든 신경 활동을 반드시 포함해야 한다.

A. 청소년기를 어떻게 전체적으로 그려 내고, 세분할 수 있을까?

   i. 비고츠키는 성적 성숙의 생물적 토대부터 시작한다. 내분비샘들 간에는 일종의 음악적 이어달리기가 존재한다. 뇌하수체와 갑상샘은 성샘을 깨우고, 이번엔 성샘이 점차 뇌하수체와 갑상샘을 억누르고 침묵시킨다. 그런 다음 성샘은 성과 사랑을 청소년기와 뒤이은 성년기의 기본 음으로 조율한다(7-1).

   ii. 많은 저자들은 이 샘들의 변화를 심리학에 직접 투사했으며, 그 결과 청소년기는 내분비샘의 변화 전, 변화 중, 변화 후로 나뉘었다(7-2).

   iii. 비고츠키는 분비샘 발달이 성숙의 생물적 근간이 된다는 것을 인정하고, 분비샘 발달의 세 시기가 존재한다는 것도 인정한다. 그러나 이 기간 중에도 서로 다른 물결들이 일렁이며, 이 물결들은 반드시 설명되어야 한다(7-3).

   iv. 이를 위해 비고츠키는 두 개의 주요 이론인 슈프랑거와 프로이트의 이론을 비판적으로 비교, 대조한다(7-3).

B. 슈프랑거와 프로이트는 성 성숙의 심리적 사실들을 어떻게 설명하는가?

   i. 독일 관념주의자 슈프랑거는 심리학에서 생리학을 완전히 배제하고 시작한다(7-4). 그럼에도 불구하고 슈프랑거는 이원론자이다. 그는 대상과 미적 관계를 맺는 플라톤적인 '성애'와 대상과 감각적 관계를 맺는 채워지지 않는 '성욕'을 상정한다. 하지만 성욕은 아직 성숙하지 않았기에 작용하지 않는다(7-5). 성애는 플라톤적이다. 이는 아름다움을 향한 영혼의 노력이다. 성애는 그 대상을 추구하면서 겉모습이나 성별, 젊음과 늙음을 차별하지 않는다(7-5~7-10). 성은 단지 환상일 뿐, 실제 성관계는 청소년에게 충격과 혐오를 줄 수 있다(7-10~7-17). 루빈스타인은 이러한 이중성을 일기 연구를 통해서 잘 보여 준다. 간호학교에 다니는 16세 소년들이 있다. 이들 대부분은 소녀들을 깔보지만, 같은 반 소녀에게 반한 한 소년은 친구들이 자신과 소녀의 성적 관계에 대해 언급하자 공포와 분노를 드러낸다(7-18~7-20). 성적 성숙은 순전히 정신적이고 미적인 충동과 감각적이고 육체적인 충동의 점진적 통일이다(7-21-24). 이는 과거가 아닌 미래를 공유하는 것이고, 성애적이고도 성욕적인 상호지향을 설명하며(7-25), 예술적 창

조에 미치는 타인의 역할을 설명하기도 한다(7-26).

ii. 이에 대해 비고츠키는 회의적이고, 뷜러와 우흐톰스키도 그렇다. 동물실험은 아주 어린 새끼일 때 성샘을 제거하면 성욕이 발달하지 않지만, 성 경험이 있은 후에 제거하면 성적 행동이 지속된다는 것을 보여 준다. 따라서 비고츠키는 루빈스타인의 일기 연구에 나타난 성적 감정의 복잡성을 인정한다. 그러나 성적 감정이 애초부터 근본적으로 분리되었고 점차 통일된다는 것은 받아들이지 않는다. 오히려 비고츠키는 원래의 분비샘 변화가 대뇌로 상향 이동한다고 주장한다(7-27~40). 그렇다면 청소년은 생식기에서 벌어지는 과정이 뇌에 반영된 존재에 불과한가?

iii. 이것이 이어서 검증할 프로이트의 이론이다. 프로이트에게 근원적이고 원초적인 것은 오직 성욕이다. 우리가 아는 다양한 성 행동들(오나니슴, 사디즘, 마조히즘, 동성애, 노출증)은 사실 어린이의 사생활 개념이 발달하기 이전에 나타나는, 성 발달의 정상적인 발달 단계이다(7-44). 이에 따라 프로이트는 아동기와 청소년기를 구분하고, 청소년의 성 행동 억압에 대한 반응인 '승화'의 개념을 도입한다(7-46~7-48). 이와 같이, 슈프랑거가 미적 충동이 원초적인 것이라 가정한 그 지점에서 프로이트는 억압에 대한 반응을 가정한다.

iv. 이에 대해 비고츠키는 여전히 회의적이고, 슈프랑거와 셸러도 그렇다. 훌륭한 칸트주의자인 슈프랑거와 셸러는 생물학적 진실로부터 윤리적으로 선하고 미학적으로 아름다운 것이 생산된다는 프로이트의 승화 과정은 본질적으로 납을 금으로 바꾸는 연금술이나 다름없다고 반론한다(7-56). 비고츠키는 셸러와 슈프랑거에 반대하며, 연금술 실험으로부터 화학이 탄생했음을 환기한다(7-57). 그러나 셸러와 슈프랑거는 리비도가 스스로 생겨나고 스스로 사라진다는 프로이트의 생각을 비판하였으며, 비고츠키는 이를 받아들여 이것을 철저한 칸트주의자인 피히테와 연관 짓는다. 피히테는 자아가 스스로 생겨날 뿐 아니라 스스로를 제한한다고 생각했다. 그러나 비고츠키가 보기에 자아는 스스로에 의해 규정되는 것이 아니라 타인의 필요에 의해 제한되며, 성에 대해서도 그렇게 말할 수 있다(7-65). 이는 어린이가 청소년기에 생식기가 아닌, 완전히 새로운 성-발생적 신체 부위, 즉 뇌와 신경체계를 발견한다는 것을 시사한다. 뇌와 신경체계를 통해서 타인의 감정, 이제까지 알던 것과 완전히 다른 종류의 감정을 발견하게 되는 것이다.

C. 성 성숙 심리에서 뇌의 역할은 무엇인가?

i. 우리는 비고츠키가 (잘킨트, 파블로프와 같이) 어린이와 환경을 매개하는 뇌의 역할이 심리학의 핵심이라고 생각했음을 기억한다(7-66~7-67). 이제 비고츠키는 이 고찰을 셰링턴과 우흐톰스키의 '지배성' 연구와 연결한다. 분비샘이 이전 샘을 억제하고 이어지는 샘을 자극하면서 마치 이어달리기를 하는 것처럼, 여러 욕망들이 서로 다른 순간에 지배성을 획득한다. 하나의 욕망이 중심적이 되면,

그것은 주변적인 욕망들의 자극을 모두 취할 수 있다. 이것으로 기생과 승화를 설명할 수 있다(7-68~7-75). 기생은 성적이지 않은 자극들이 성적 자극화되는 것이다. 잘킨트가 말하듯이, 에너지는 성적 본능에 사로잡혀 원래의 길을 벗어난다. 반대로 승화는 성적 본능이 예술적 창조와 같은 비 성적 추구 속에 나타난다(7-84).

ii. 프로이트는 오직 한 가지 욕구만 제시하였으나, 잘킨트는 세 개의 가능한 경로를 제안한다.

   a) 욕구에 적합한 만족. 자고 싶은 욕망이 우리를 잠들게 하듯이, 성적 욕망이 성적 목적을 추구하는 것(7-89).

   b) 전환. 만족이 좌절되어 지속적 흥분, 피로, 히스테리와 같은 다양한 '전환 장애'로 우회하는 것(7-90).

   c) 승화. 내적 욕망이 외부로 향하는 것.

iii. 가장 단순한 승화의 형태는, 비고츠키에 의하면, 풋사랑처럼 단순히 간인격적이다((7-92). 잘킨트는 사회문화적 변화를 주장하면서, 정치적 반동기 동안에 간인격적 삶과 성생활의 단순화가 강조된 반면, 정치적 혁명기 동안에는 성적 에너지가 사회적으로 전환될 기회가 매우 광범위했음을 지적한다(7-93). 비고츠키는 '소녀는 소년이 할 수 있는 모든 것을 할 수 있다'는 가르침과 같이 청소년기 소녀에게 힘을 부여하는 것은 이 사회 전환의 한 계기임을 지적한다(7-94). 그러나 즉각적인 간인격적 관계 변화를 일으키는 것은 바로 사회적 전환이다. 예컨대 연구에 따르면, 우리 사회에서조차 소년이 할 수 있는 모든 사회 직업을 소녀도 할 수 있다는 것에 동의하면서도, 성적 매력을 가꾸는 것이 그 어떤 직업보다 중요하다고 생각하는 소녀도 여전히 많은 것이다.

iv. 마무리하면서 비고츠키는 승화가 보편적이지 않으며, 승화는 성과 상관없는 자료를 성적으로 바꾸기도 하고 성적인 자료를 성적이지 않게 만들기도 하는 에너지 형태 변환의 한 특수한 경우일 뿐이라고 말한다(7-95~7-99). 신경계, 뇌, 대뇌피질을 성 성숙 과정에 포함시킴으로써 우리는 청소년 발달의 세 봉우리들(생물적 발달, 성적 발달, 사회문화적 발달)을 연결할 수 있는 가능성을 얻게 된다. 우리에게는 청소년의 발달을 쪼개어 서술하는 경향이 있기 때문에, 심리학자들은 종종 청소년 인격의 통일적 힘을 잊어버리곤 한다(7-100~7-103).

D. 성 성숙의 어떤 측면들을 가르칠 수 있는가?

i. 여기서 우리는 마치 별자리처럼 흩어진 비고츠키의 생각들이 장차 ZPD로 발달하게 될 징후를 포착할 수 있다. 비고츠키는 성교육은 실제 발달 영역이 아닌 다음발달영역에 기원을 두어야 한다는 슈프랑거의 격언을 지적한다(7-104). 또한 슈프랑거가 '청소년은 언제까지 성적 행동을 절제해야 하는가?', '성적 행동은 건강에 이로운가?'와 같은 핵심 질문에 대해서 대답하지 않았음을 지적한다(7-104~7-105).

a) 성교육을 분리된 교과로 다루어서는 안 된다(7-107).

b) 성교육적 구성 요소가 빠진 수업이 없도록 해야 한다(7-108).

c) 이 모든 요소들이 성적 관심을 다른 목적으로 돌리는 긍정적 승화를 포함해야 한다.

이제 비고츠키는 성교육이 '자연적으로' 진화된 행동을 '문화적으로' 고안된 조절 아래 놓이도록 만드는 일반적인 과업의 한 예에 불과하다는 것을 말한다(7-111~7-114). 이제 성교육의 핵심은 윤리적 인격의 창조이며, 이 과업은 슈프랑거와 스피노자를 연결해 준다(7-115~7-117).

ii. 비고츠키는 설명을 위해 오나니슴, 즉 자위를 예로 든다. 이는 청소년 교육의 일반 과업이자 성교육의 핵심 과업이다. 비고츠키는 오나니슴의 의학적 위험성에 관한 초기 비과학적 관점이 반박을 받아 왔음을 말하고, 과학적 관점에서 보면 오나니슴은 발달적으로 필수적일 수 있다고 지적한다(7-119~7-120). 이제 비고츠키는 이 두 관점을 통합하기 위해 오나니슴이 생리적 위험성은 없을지라도 심리적 발달에 모종의 해를 끼칠 수 있다고 주장한다(7-121~7-125). 그 예로 파블로프는 오나니슴과 청소년 자살 발생을 연관 짓는다. 중요한 생물적 '반사'가 생물적 의미(생식)와 분리되었기 때문이다(7-126). 비고츠키는 오나니슴을 '세계관의 잠복적 계기'라고 부른다(7-127~7-130). 그는 두 계기를 언급하면서 이 장을 마무리한다.

iii. 첫째 계기는 일반적인 것으로, 자기 숙달이 인격 형성에서 중요한 단계라는 것이다. 라틴어와 그리스어를 배우는 것이 일상생활과 떨어져 있지만 개념 형성에 중요한 역할을 하는 것과 마찬가지로, 자기 숙달은 오나니슴의 조절이라는 목적과 독립적으로 중요한 발달적 역할을 지닌다. 비고츠키는 이 주제에 관하여, 마조히즘이 의심되는 톨스토이의 글을 인용한다. 톨스토이는 오나니슴과 분명한 관계가 있는 정신적 위기에 대응하여 스스로 몸을 채찍질하고 고문하는 것을 묘사한다.

iv. 둘째 계기는 성 계몽을 향한 운동이다. 몇몇 소비에트 교육자들('자연과학자들')은 오직 해부학과 생식만 가르칠 수 있다고 주장한다. 그러나 비고츠키는 모든 측면을 가르쳐야 하고 특히 사회문화적 측면을 가르쳐야 한다고 주장한 소로호친 옆에 선다(7-135). 비고츠키는 청소년에게 성과 사랑을 가르치려고 한다면, 그 허리 아래를 그냥 지나갈 수 없고 그 머리 위로 넘어갈 수 없다고 말한다. 만약 우리가 인격을 잊어버린다면 그것은 사람이 안에 있는 걸 잊어버리고 그 집을 부수는 체호프의 희곡 『벚꽃 동산』의 마지막 장면처럼 되어 버릴 것이다. "사람이 안에 있어요!"

제8장

이행적 연령기의 갈등과 혼란

어머니와 아이(A. 젠틸레스키. 연도 미상)
최근 호주에서 발견된 날짜가 찍히지 않은 이 그림 역시 A. 젠틸레스키의 작품으로 추정된
다. 이 그림은 아기에 물린 젊은 엄마를 보여 준다. 아기의 머리는 비례가 맞지만 기묘하게도
어른처럼 보인다. 어떤 비평가는 이 아기가 사실은 젠틸레스키를 강간한 아고스티노 타씨의
초상이라고 주장했다. 이 장에서 비고츠키는 청소년기가 노년기와 같이 '정상적 병리 상태'
라는 생각을 거부하고, 임신과 출산처럼 생명력의 급증기라고 주장한다. 하지만 이러한 생명
력의 급증이 질병에 취약한 조건을 만든다.

수업 내용

이행적 연령기의 '정상 병리'의 문제—체질의 개념: 신체적 체질과 심리적 체질, 그 통합체—이행적 연령기의 허약 체질과 분열 체질의 문제— 이행적 연령기의 위기의 내용과 특성에 대한 상반된 두 관점—위기의 생물적 특성—이행적 연령기 아동학에 대한 표현형적 관점과 조건발생적 관점—새로운 아동학적 자료(청소년 노동자에 대한 연구)—청소년 노동자와 부르주아 청소년의 기본 생활 욕구 구조—이행적 연령기의 갈등과 혼란에 대한 체질적, 조건적 이해—이행적 연령기의 '생물학적 가위'와 그에 대한 설명

학습 계획

1. 현재 수업에 대한 계획을 세우고 요약한다.

2. 특정 학교 또는 아동학 부서의 신체적 발달과 건강 상태에 관한 구체적 연구 결과를 공부하여 이 글의 자료와 비교하고, 이들이 청소년기 체질에 관한 두 가지 관점 중 어느 것을 지지하는지 살펴본다.

3. 발달 과정에서 갈등과 혼란이 의심되는 두 청소년(교수-학습 혹은 문화화의 관점에서 '문제' 청소년) 중 한 명을 관찰하고, 이 장에서 설명하는 이론들과 정보를 고려하여 갈등의 원인과 특징을 설명해 본다.

4. 여러분의 일반적 관찰과 설문(자기 묘사와 타자 묘사) 정보에 토대하여 관찰 중인 청소년의 도식적 특징을 수립하고, 그 결과를 본문에 제시된 이행적 연령기의 특징에 관한 두 관점에 비추어 검증한다.

8-1] 이행적 연령기는 갈등과 혼란이 가득하다. 어떤 사람들은 이행적 연령기 전체가 하나의 연속적이고 길게 이어진 갈등과 다름없으며, 정상적인 발달 및 행동 유형으로부터의 일탈과 성적 성숙기 사이에 등호를 놓을 수 있다고 생각한다. 그런 이유로 성적 성숙기는 심지어 정상 병리 상태라 불렸다. 이 명칭에는 한편으로는 보편성, 말하자면 전적으로 자연적인 원인, 즉 성적 성숙에 의해 야기된 이 현상의 정상성을 강조하고, 다른 한편으로 이 현상의 유별난 특성, 즉 그 위기적 성격과 건강한 어린이, 건강한 청년, 건강한 성인의 정상적인 특성을 벗어난 상황을 강조하려는 바람이 담겨 있다.

8-2] 이 관점에서 보면 성적 성숙기는 어린이 유기체와 인격이 통과해야만 하는 필수적이고 포괄적인 병적 의무이며, 어쨌든 정상적 면모와 병적인 면모가 알아볼 수 없게 뒤섞여 괴상하고 이상한 통합체를 이룬 상태이다. 이 관점은 오랜 전통적인 관점과 모순된다. 전통적인 관점에 의하면 정상적인 것과 병적인 것은 가로막힌 채 분리된 것이다. 질병과 건강은 서로 다른 영역이며 그 사이에는 다리도 없고 공통된 영역도 없다.

8-3] 이 두 관점은 각자의 방식으로 잘못되었다. 우리는 이 장에서 이 두 관점의 오류가 무엇인지 드러내고자 할 것이며 이행적 연령기 내에서 정상적, 병리적인 것에 대한 더욱 책임감 있고 진정한 과학적 관점을 그리고자 할 것이다.

8-4] 최근, 비정상적인 현상과 일탈에 대한 이론이 체질 개념으로 더 확고한 토대를 확보하게 되었다. 보통 체질은 한 개인을 구분 짓고

그의 인격을 형성하는 형태학적, 생리적, 심리적 특성의 전체 집합을 의미한다. 체질의 개념을 명확히 하기 위해서 우리는 이 개념이 어떻게 제기되고 발전해 왔는지 간단하게 짚어볼 것이다. 그것은 병리학, 즉 인간 인격의 병적이며 비정상적인 상태에 대한 이론으로부터 아동학으로 들어왔다. 수많은 질병 형태에 대한 연구를 통해 병리학은 모든 병리적 형태의 출현에는 두 가지 원인이 작용한다는 의심의 여지 없는 결론에 도달했다. 하나는 결핵과정의 촉발 요인인 코흐 간균처럼 어떤 병을 촉발하는 외적 원천이고, 다른 하나는 유기체 자체의 특성과 속성에 뿌리를 둔 이런저런 질병 유형에 대한 유기체 자체의 특정 소인이다.

비고츠키가 자신에 대해 이야기하는 경우는 거의 없지만, 다음 문단에서 그 자신이 앓고 있는 질병인 결핵에 대해 이야기한다. 1917년 비고츠키는 남동생과 어머니를 간호하다가 결핵에 걸렸으며, 동생은 죽었지만 비고츠키는 회복되었다. 그러나 폐에 난 구멍은 사라지지 않았으며, 1926년 심하게 재발하는 등 그는 죽을 때까지 결핵으로 고통받았다. 하지만 그의 누나는 그 병에 걸리지 않았다. 비고츠키는 분명 결핵균이 다양한 체질이나 나이에 따라 얼마나 다르게 반응하는지 논의할 때 자신의 가족을 염두에 두고 있었을 것이다. 이러한 상황은 비고츠키가 발달의 위기(3세의 위기와 13세의 위기 등)와 정신 질환(양극성 장애와 정신 질환)을 구분하는 계기를 제공했을 것이다.

*R. H. H. 코흐(Robert Heinrich Hermann Koch, 1843~1910)는 독일의 의사이자 베를린 대학교 교수였다. 그는 1882년 당시 7명 중 1명의 목숨을 앗아간 '백색병'이라 불린 결핵의 원인균을 발견했다. 코흐 이전에 사람들은 결핵이 유전된다고 믿었다. 왜냐하면 결핵은 가난한 사람들이 압도적으로 많이 걸리는 질병이었기 때문이다. 코흐는 이것이 사실이 아님을 증명했을 뿐 아니라, 죽음의 원인으로 보이는 단백질 투베르쿨린을 분리해

내었다. 그는 이것을 치료에 이용하고자 했으나 실패했다. 왜냐하면 결핵으로 인한 사망은 체질적 요인뿐 아니라 환경적 요인도 크기 때문이다. 투베르쿨린 반응은 여전히 결핵 진단에 이용되고 있다.

8-5] 사실, 우리는 사람은 걸리지만 동물은 걸리지 않는 온갖 종류의 질병이 있으며, 더 나아가 어린이는 걸리지만 어른은 걸리지 않는 질병도 있으며 그 반대의 경우도 있다는 것을 안다. 결국, 하나의 동일한 병원균이, 예컨대 코흐 간균이 두 유기체에 침투하였을 때, 한 유기체에서는 치명적인 결과에 급속히 도달하여 심각한 급성 질병을 일으키지만, 다른 유기체에서는 별 영향 없이 존재하거나 빠르게 치유되어 짧고 심각하지 않은 경과를 보이는 경우가 빈번히 일어난다. 따라서 같은 병원균이라도 한 유기체에는 영향을 주지만 다른 유기체에는 영향을 주지 않으며 서로 다른 두 기관이나 조직에 같은 결과를 가져오지 않는다.

예컨대 우리나라를 포함한 아시아의 약 80%의 사람들은 코흐 간균을 가지고 있다. 그러나 이들 중 오직 10%만이 어떤 증상으로 발전하게 되고 치료를 받지 못하면 그중 절반 정도가 죽는다. 비고츠키를 포함한 어떤 사람들의 경우에는 발발 후 수년간 잠복기를 거치기도 하지만, 비고츠키의 남동생의 경우는 같은 병으로 비고츠키보다 15년 먼저 사망했다.

8-6] 이 모든 자료는 감염 자체의 강도와 성격뿐 아니라 감염에 대한 유기체의 반응도 질병의 발생에 결정적 영향을 미치며, 그 반응 또한 조직과 기관의 조건과 특성에 제약된다는 것을 매우 분명히 가리킨다. 동일한 발병 요인, 예컨대 코흐 간균이 어떤 속성과 특성(예컨대 넓고 잘

발달된 가슴)을 가진 유기체에 침투하여 어떤 결과를 낳고, 다른 유기체, 예컨대 홀쭉하고 좁은 가슴을 가진 사람에서는 다른 결과를 낳는다는 것은 당연하다. 다시 말해 이런저런 감염이나 해로운 작용들이 일어나는 유기체의 조건 자체가 전체 질병의 전개 과정의 운명에 결정적 영향을 미친다.

8-7] 이런 의미에서 많은 저자들은 병의 출현 과정을 화약에 불꽃이 떨어져 폭발하는 것에 비유한다. 사실 이 폭발의 원인이 무엇인가? 불꽃이 없었다면 폭발은 일어나지 않았을 테니, 원인은 불꽃이라고 할 수도 있다. 하지만 불꽃이 화약에 떨어지지 않았다면 마찬가지로 폭발은 일어나지 않았을 것이다. 이와 같이 가능성의 형태로 화약 속에 포함되어 있는 잠재적 속성은 불꽃이 들어오면 현실화되고 활성화된다.

8-8] 마르치우스는 다음과 같이 말한다. "원인이라는 말은 어떤 현상이 나타나기 위해 처음부터 있어야 하는 물질적 층위로 이해되어야 한다."(-K) 원인은 모든 과정의 토대이다. 화약이나 니트로글리세린의 폭발을 일으키는 원인은 불꽃이 아니라 니트로글리세린이나 화약 분자 내의 특정한 원자 배열이다. 이것(분자-K)은 에너지의 측면에서 볼 때 잠재적 화학 에너지를 가지고 있으며 폭발의 일차적 원인이다. 불꽃은 단지 촉발 계기에 지나지 않는다. 이와 유사하게 장티푸스의 원인은 에베르트 간균이 아니다. 이는 단지 촉발하는, 방아쇠를 당기는 계기일 뿐이다. 이 병의 원인은 사람의 특정한 체질, 이 병에 대한 취약성이다. 다른 환경에서 심지어는 동물 유기체 내에서도 이 간균은 임상적 장티푸스를 일으키지 않기 때문이다.

> 본문의 "이해되어야 한다"(-K) 뒤에 있어야 하는 인용부호 "는 누락된 것으로 보인다.
>
> 여러 점에서 **8-7**의 화약의 비유는 그다지 좋은 것은 아니다. 첫째,

화약은 분자단위도 아니며 화합물 단위가 아니라 각 분자들과 개별 화합물들의 혼합물이다. 비고츠키는 이를 인식하고 대신에 니트로글리세린 화합물을 소개한다. 둘째, 화약과 니트로글리세린은 불꽃과 결합되면 확실히 폭발한다. 그러나 비고츠키의 요지는 각 성분이 환경의 변화에 따라 달리 반응한다는 것이므로 결핵균이라는 의학적 사례가 더 좋은 비유라고 할 수 있다. 이 문단의 끝에서도 비고츠키는 에베르트 간균이라는 의학적 사례를 제시한다. 간접 원인과 직접 원인에 대한 구분이 결여되어 있는 화약 비유는 마르치우스의 원인 개념에서 유래한다. 마르치우스는 로마의 웅변가인 루치우스 마르치우스 필리푸스를 가리키는 듯하다. 같은 이름을 가진 로마 집정관들이 수세대 걸쳐 나타난다. 그들은 교육받은 로마인으로서 아리스토텔레스의 질료인, 형상인, 작용인, 목적인의 구별을 알고 있었을 것이며, 이것을 비고츠키가 인용하는 것으로 보인다. 물론 그리스, 로마인들은 화약이 아닌, 소크라테스의 투옥이나, 탁자의 제작, 화재 등과 같은 비유들을 사용하였으며, 물론 비고츠키도 아리스토텔레스의 철학에 익숙했다.

*K. J. 에베르트(Karl Joseph Eberth, 1835~1926)는 장티푸스균을 발견한 뷔르츠부르크 출신 병리학자였다. 오늘날 이 막대모양의 균은 살모넬라균의 변종으로 알려져 있다. 어떤 종류의 살모넬라균은 돼지, 소, 쥐, 토끼를 감염시키지만 장티푸스균은 인간만을 감염시킨다는 것을 비고츠키는 옳게 말하고 있다.

8-9] 단순히 질병의 외적 촉발 요인뿐 아니라, 외적 촉발 요인에 대한 유기체 반응 특징을 조건화하는 유기체 자체의 속성과 특성에 대해서도 탐구하면서 질병에 대한 우리의 관점은 더욱 풍부해졌다. 이로써 질병과 건강을 엄격히 나누는 경계가 허물어졌다. 심지어 질병에 걸리기 전에도 발병을 결정하는 유기체의 속성은 존재하며, 나타나서 유기체 반응을 일으킨다.

8-10] 질병은 이러한 특성을 강화하고 드러낼 수 있으며, 이로부터 다음과 같은 의견이 나온다. 질병 과정에서 우리는 정상 생활 활동과 유기체의 특성의 왜곡뿐 아니라, 두드러지지는 않지만 발병 계기 이전부터 존재했던 유기체의 특성과 특징을 종종 가장 선명하게 드러내는 최종 지점을 이해해야만 한다.

8-11] 이런 이유로 병리학을 종종 '과장된 표준'이라 말한다. 이로부터 정상적 현상의 이해를 위한 비정상적 현상 연구의 엄청난 중요성이 나온다. 또한 역으로, 질병 자체의 성격을 올바로 이해하기 위해 건강한 유기체의 특성에 대해 알 필요성이 나타난다.

8-12] 이와 같이, 질병 관련 원칙에서 나온 체질 개념이 점차 그 좁은 경계를 벗어나 모든 건강한 사람들에게 적용되기 시작하면서 체격과 생리 기능 및 심리 기능의 속성과 특성의 총체를 의미하게 되었음을 알 수 있다. 이 개념은 최근까지도 여전히 확장되고 있다.

8-13] 크레치머는 체질과 일반 질병 사이뿐 아니라 체격과 이에 상응하는 정신적 질환 사이에 의존성이 존재한다는 것에 대해 처음으로 관심을 기울이고, 자신의 연구로써 이를 입증하였다. 그는 영적 질환자에게서 특정한 규칙성이 관찰되며 특정한 체격 유형으로 특징지어지는 사람은 이러저러한 심리적 유형의 질환을 갖는 경향이 있음을 밝혀냈다. 앞에서 지적한 일반적 체질 개념과 질병적 특징 사이의 연결과 마찬가지로 체격과 정신적 질환 사이에도 연결이 나타난다. 이로써 연구자들은 이 개념 자체가 병리학의 영역에서 도출되었다는 사실에 다시 도달한다.

비고츠키는 정신적 질환психически огумственный 대신에 영적 질환 душевно-больных이라는 크레치머의 용어를 사용하고 있다. 비록 비고츠키가 실제로 의미하는 것은 정신분열증이나 조울증과 같은 정신병이지만, 본문에서는 이를 관념론자의 입장으로 번역하였다.

비고츠키가 지적하듯이, 특정 체격 유형과 특정 정신병에는 관련이 실제로 있다. 예컨대 거식증을 앓고 있는 슈퍼 모델 케이트 모스는 "날씬한 것만큼 맛있는 것은 없다"라고 말했다. 사회적 환경과 건강한 관계를 맺고 있는 대부분의 정상인들에게는 '날씬함'은 그만큼의 만족감을 주지는 않는다. 사회적으로 안정된 역할을 수행하는 것과 더불어 좋은 음식은 삶에 큰 만족감을 준다. 우리는 이 발언에서 어떻게 반-사회적 감정이 특정 체격 유형과 관련될 수 있는지를 볼 수 있다. 순환 장애(조울병, 양극성 기분 장애)는 폭식과 운동 부족과 관련될 수 있을 것이다. 그러나 비고츠키는 또한 정신병 환자들이 드물기 때문에(정신분열증은 인구의 5% 미만, 우울증은 3% 미만) 정신이상과 관련된 체격 비율은 전체 인구의 일반적 분포를 설명하지 못할 뿐 아니라 청소년의 정상 병리학에서 볼 수 있는 행동의 다양한 결합 형태를 설명하지 못한다는 것을 지적한다.

8-14] 이 시점에서 공은 한 번 더 크레치머에게 넘어간다. 그는 영적 질병이 영적 건강과 침범 불가한 경계로 나뉜 것이 아니라 그 둘이 온갖 이행적 형태들로 연결되어 있으며, 정신병에서 극도의 병리적 표현으로 보이는 것과 동일한 기본 유형의 기질과 성격이 완벽히 정상적인 상태에서도 관찰된다는 것을 확립했다.

8-15] 이와 같이 심리적 체질 개념은 이행적 상태와 비정상적 상태로 확장되어 유기체의 모든 정상적 신경심리와 병리학적 신경심리의 특성과 특징의 무리를 포함한다.

8-16] 우리는 지금 가장 복잡한 체질 문제들 중 하나, 즉 체질을 유전적 기질에 의해 조건 지어지는 속성들 전체로 이해할 것인지, 아니면 유기체를 특징짓고 유전적 기질과 환경의 외적 영향의 상호작용 과정에서 생겨나는 속성들 전체로 이해할 것인지에 대한 질문을 자세히 살펴

볼 수는 없다. 본질적으로 말해 이 질문은 우리가 이 용어로 이해하기로 한 것에 따라 상당히 달라진다. 많은 저자들이 유전적 기질에 의해 조건 지어진 속성 전체를 말할 경우에는 유전자형 체질에 대해, 유전적 기질과 획득된 형질에 의해 조건 지어진 속성들 전체를 말할 경우에는 표현형 체질에 대해 말하면서 이 두 이해를 보존한다.

8-17] 우리의 관심을 끄는 질문으로 곧장 나아가려면 한 걸음만 더 나아가 이 개념이 최근에 확장된 것을 추적하면 된다. 이 걸음은 유기체의 각 연령기에 발현되는 일군의 속성을 특징짓는 역동적 혹은 연령기적 체질 개념이다. 이러한 관점에서 블론스키와 같은 다수의 학자들은 성인의 체질과 달리 역동적이고 변화하는 연령기적 체질에 대해 말한다. 각각의 주어진 연령기마다 어린이의 신체 구조, 생리적 기능, 심리적 기능은 보통 연령기 복합증상이라고 불리는 온갖 일련의 특성들로 특징지어진다.

8-18] 위에서 보았듯 각각의 연령기는 어느 정도 그 연령기 병리학에 상응한다. 이는 특정 연령기의 특성이 체질적 특성이며 이것이 견고하게 확립된 성인의 체질처럼 일상적 상태와 병리적 상태의 유기체 반응에 결정적 영향을 미친다는 것을 의미한다. 이미 지적했듯이, 이 체질의 단일한 특성과 단일한 차별성은 그것이 변화 가능하다는 것이다. 어린이의 일반적 성장 발달 과정과 함께, 어린이 내분비샘의 변화와 함께, 때로는 완전히 반대로 움직이면서 그 유형에도 본질적인 변화가 있다.

8-19] 엄밀히 말해, 이러한 변화가능성의 계기가 연령기적 체질의 배타적 특성은 아니다. 왜냐하면 우리가 성인의 체질을 표현형적 체질로 광범위하게 이해한다면 그것은 본질적으로 상수가 아니라 변수이기 때문이다. 하지만, 이런 변화는 대부분 훨씬 더 제한된 경계 안에서 발생하며, 다소 안정된 유형이다. 이에 비해 어린이 체질의 변화가

능성은 성인에게서 관찰할 수 있는 모든 경계를 훨씬 넘어선다. 본질적으로 양적 차이는 질적 차이로 변화하며, 이는 한편으로는 일반적 개념의 체질과 연령기적 체질을 연결할 수 있는 토대가, 다른 한편 연령기적 체질을 특수한 체질의 사례와 형태로 규정할 수 있는 토대가 된다.

8-20] 따라서 각각의 연령기적 체질에 관한 질문이 얼마나 큰 중요성을 지니는지는 분명하다. 본질적으로 말해서, 어떤 연령기나 사람의 체질을 특징지을 때 우리는 그 모든 특징과 고유성을 일반적으로 규정지으려 하며, 특정 연령기의 핵심을 표현하고, 특정 시기 인간 삶의 모습에 결정적 면모를 담당하는 일반적 공식과 법칙을 제시하고자 한다. 따라서 이행적 연령기의 체질에 관한 문제는 예외적으로 중요하다는 것이 명백하다. 이 문제에 대해 어떻게 답하느냐에 따라 성적 성숙기와 그 각각의 계기에 대한 우리의 입장과, 결과적으로 청소년에 대한 우리의 아동학적 접근의 특성이 모두 결정된다.

8-21] 이행적 연령기의 체질을 허약 체질로 특징짓는, 일련의 전체적 연구에 의해 지지되는 확고한 관점이 존재한다. 이 개념을 간략히 살펴보자. 체질 유형에는 많은 다양한 분류와 정의가 존재한다. 많은 저자들이 소위 정상 체질과 이상 체질을 구분한다. 그러나 여러 체계들이 넷 혹은 그 이상의 체질 유형들을 말하더라도 사실상 서로 다른 다양한 체질 분류는 모두 거의 언제나 인간 신체 구조를 두 개의 극단적 유형과 하나의 중간 유형의 구분하는 것으로 환원된다. 지금 가장 널리 보급된 크레치머의 분류는 비만, 허약, 운동 체질의 세 가지 기본 유형으로 구분한다. 비만형 신체 구조는 넓게 발달된 머리, 몸통, 복부로 특징지어 진다. 이들은 대개 짧은 팔다리, 무른 골격 구조, 약한 근육조직과 풍부한 피하지방을 지닌 사람들이다.

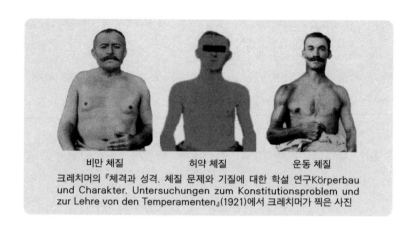

비만 체질　　　　　허약 체질　　　　　운동 체질

크레치머의 『체격과 성격. 체질 문제와 기질에 대한 학설 연구Körperbau und Charakter. Untersuchungen zum Konstitutionsproblem und zur Lehre von den Temperamenten』(1921)에서 크레치머가 찍은 사진

8-22] 정반대 특성은 허약한 신체 구조 유형의 특징이다. 이 사람들은 보통 가로보다는 세로로 길게 자라는 것이 특징이다. 이러한 사람들은 보통 몸통이 홀쭉하고, 좁은 어깨에 흉곽이 길고 좁으며, 손과 목은 뼈가 길고, 근육과 피부가 가늘고 얇다는 인상을 주며, 얼굴은 보통 사각형이다. 끝으로, 운동선수 신체 구조 유형은 넓게 발달된 골격과 근육으로 특징지어진다. 넓은 어깨와 잘 발달된 근육, 조화롭게 발달된 신체는 운동선수의 특징이다.

8-23] 사람들은 청소년기의 연령기적 징후복합체와 허약 체질 사이에 의심의 여지 없는 유사성이 존재함을 지적하면서, 청소년을 보통 두 번째 유형, 즉 허약 체질에 포함시킨다. 마슬로프 교수의 통계에 따르면 허약 체질은 초기 연령기에서 후기 연령기로 갈수록 점진적으로 증가하며 학령기 어린이가 주로 보이는 이상은 바로 허약 체질이다. 이 저자는 말한다. "내 자료에 따르면 전체 어린이의 9.3%가 허약 체질이며, 어린이를 연령기별로 나누어 보면 유아기의 1%, 전학령기의 10%, 학령기의 31.6%가 허약 체질로 나타난다."

8-24] 이 이상 체질이 유아기에 비해 30배, 전학령기에 비해 3배 증가하는 것은 연령기 자체의 특성에 토대를 둘 수밖에 없으며, 이 이행

적 연령기 유기체의 정상적인 특성을 우리에게 명백히 말해 주는 것이다.

8-25] 블론스키는 다음과 같이 말한다. "잘 알려져 있듯이, 이런 경우에 병리적인 것은 과장된 정상이며 전사춘기 어린이에게서 종종 나타난다. 성적 성숙 단계에서의 병리적인 허약 체질은, 이렇게 표현할 수 있다면, 이 연령기의 생리적 허약성에 대한 과장일 뿐이다."

8-26] 허약 체질이란 무엇인가? 마슬로프 교수는 요컨대 허약이란 크든 작든 모든 기관과 조직에 퍼져, 독특한 기질habitus, 독특한 기관 작용과 물질 대사로 나타나는 체질적 나약함이라고 말한다. 많은 저자들은 여전히 이 체질이 독립적으로 존재한다는 것을 부정한다. 키셀 교수와 같은 몇몇 저자들은 허약이 결핵 중독의 발현이라 믿고, 다른 저자들은 허약을 조화롭지 못한 성장에서 비롯된 현상이라 여기며, 주로 학령기에 나타나기 때문에 그것이 후천적 상태임을 지적한다.

*А. А. 키셀(Александр Андреевич Кисель, 1859~1938)은 소비에트의 소아과 의사로서, 인燐이 건강한 뼈 성장에 필수적임을 증명했다. 그는 소비에트에서 결핵 퇴치를 위해 새롭게 개발된 BCG 백신을 대중화하는 데 이바지했다. 또한 그는 분명 비고츠키의 흥미를 끌었을 어린이의 만성 결핵 중독 이론을 만들었다.

8-27] 그러나 마슬로프 교수를 비롯한 대부분의 임상학자들은 허약(-K)이 종종 후천적 상태이며 특히 결핵의 직접 양상이라는 의견을 받아들이면서도, 대다수의 사례에서 이 허약이 의심의 여지 없이 체질적 상태라고 생각한다. 다른 저자들은 이 상태가 매우 널리 분포되어 있음을 고려하여 이 체질을 정상적인 상태로 간주한다. 허약증이 학령

기에 나타나는 것에 대해 마슬로프 교수는 다음과 같이 설명한다. 유기체에 최소한의 요구만이 대두되는 한 그것(허약증-K)은 흔적만 남거나 잠복 상태로 남는다. 그러나 학교생활과 성적 성숙기는 유기체에 특별한 긴장을 요구하고, 허약증이 나타나는 것이다.

허약(-K)은 1929년판 러시아 원문에는 '식물расте́ния'로 표기되어 있으나 이것은 허약астения의 오자로 보인다.

8-28] 이처럼 허약성은 유기체의 전체 결정적 측면을 어느 정도 포함하는 일반적인 체질적 연약함이다. 병적인 이상 체질과 연령기의 정상적 특성을 한데 놓으며 우리는 청소년의 체질을 특징짓는 기본 특성이 이 연령기의 일반적 연약함, 부조화, 어느 정도의 병약함임을 확인한다. 따라서 블론스키는 보로비요프 교수의 의견에 의거하여, 15~16세 사이 대부분의 청소년들이 이미 결핵을 앓았으며 청소년의 극도의 허약성은 성장하는 어린이 유기체와 결핵 환경 사이의 투쟁의 결과로 얻어지는 것이라고 믿는다.

*В. П. 보로비요프(Влади́мир Петро́вич Воробьёв, 1876~1937)는 신경계 해부에 특히 흥미가 많았던 해부학자이다. 이미 보아 왔듯이 신경계 해부는 심리적 발달과 생리적 발달 이론의 통일을 위한 가장 좋은 과학적 토대를 제공해 주기 때문에, 비고츠키 또한 특별한 흥미를 갖고 있었다. 보로비요프는 전극을 삽입하여 살아 있는 신체의 신경 활동을 관찰할 수 있는 새로운 방법을 개발했다. 오늘날 그는 레닌의 시신을 방부 처리하여 보존한 것으로 가장 잘 알려져 있다.

8-29] 청소년의 신체 구조의 특성을 가장 완벽하게 전달하고자 한다면, 우리는 수유기 유아의 신체 구조와 완벽히 반대되는 것으로 특징지어진다고 말할 수 있다. 후자가 짧은 키, 큰 머리, 긴 몸통과 성적 분화의 의미상 중립성으로 특징지어진다면, 청소년기에는 이런 네 가지 속성 모두가 그 반대로 특징지어진다. 청소년은 큰 키, 작은 머리, 몸통 크기의 상대적 축소, 분명한 성적 분화의 발현으로 특징지어지는데, 이 성적 분화는 이차 성징의 성숙과 특정 성별에 따른 소년 소녀의 전체 신체 구조의 변화에서 나타난다.

8-30] 우리는 이러한 정반대로의 체질 변화가 내분비샘 체계에서 일어나는 심오한 변화의 결과로 나타난다는 것을 이미 안다. 나아가 우리는 초기 유년기에는 그토록 두드러진 역할을 하는 가슴샘과 송과샘이 성적 성숙기에 시들고 갑상샘, 뇌하수체, 배아적 샘(생식샘-K)이 주도권을 얻는다는 것을 안다. 이것에 따라 체질 유형에 그처럼 급격한 변화가 일어나는 것이다.

8-31] 이는 또한 이행적 연령기의 해부학적이고 생리학적인 특성 가운데 많은 것이 실제로 허약의 특징에 해당하는 이유를 설명한다. 유기체의 급격한 성장과 생식계의 성숙은, 일반적으로 지적하듯, 빈혈과 중추신경계의 약화, 흉부 발달의 지체, 심장과 혈관의 성장과 발달의 불일치를 동반한다. 일반적으로 혈관의 성장은 심장에 비해 뒤처지며, 그 결과 강력히 성장하는 심장은 여전히 좁은 혈관을 통해 혈액을 내보내 고혈압이 나타난다. 많은 이들이 고혈압을 성적 성숙 시기의 생물학적 특성의 원인 중 하나로 간주한다.

8-32] 그러나 이행적 연령기의 허약이 정상이라는 이러한 견해는 최근에 점점 더 많은 의심을 사고 있다. 사태는 개별 징후들의 재검토로 시작되어 우리 눈앞에서 이행적 연령기의 전체 그림 또는 여하간에 해당 시기의 연령별 체질에 관한 학설의 수정으로 끝이 났다. И. А. 아

랴모프는 이와 관련하여 타당한 근거를 토대로 비들의 흥미로운 작업을 인용한다. 비들은 다음과 같이 말한다. "개별 현상들이 서로간의 인과적 상호작용으로 정당화되는, 그리하여 우리의 지적 욕구를 충족시켜 주는 청소년기에 대한 완전한 그림을 모색하는 것은 헛된 일일 것이다." 특히 비들은 심장과 혈관 발달의 불일치에 대한 일반적 견해가 잘못되었음을 지적한다. 왜냐하면 그것은 시신의 혈관 측정을 기반으로 사후 경직을 고려하지 않기 때문이다.

8-33] 살아 있는 청소년을 대상으로 X레이를 이용해 실시한 동일한 실험은 (이전 실험과-K) 유사하게 심장의 성장에 비해 혈관의 성장이 뒤처지는 결과를 보여 주지 않는다. 이와 관련하여 И. А. 아랴모프의 독창적인 연구는 심대한 중요성을 갖는다. 이 연구는 키, 몸무게, 가슴둘레, 상체와 하체의 구조, 근육의 발달, 체지방 비율의 측정에 토대하여 이행적 연령기에 정상적 허약 체질은 24%인 반면 비만 체질은 17%, 운동선수 체질은 29%가 나타남을 드러냈다.

8-34] 이 자료를 학생들 사이의 동일한 세 가지 체질 유형의 분포에 대한 자료(1918~1922년)와 비교하면서 이 연구자는 연령기 사이의 체질 분포에서 큰 차이를 관찰할 수 없었다. 이 세 유형의 체질은 청소년들 사이에서 허약 22%, 비만 22%, 운동선수 24%로 분포되어 있었다. 이는 이행적 연령기에, 허약 체질이 후속 연령기와 거의 동일한 정도로 분포되어 있으며 결코 청소년의 지배적, 결정적 부분이 아니라는 것을 가리킨다. 1927년에 실시한 반복 연구는 유사한 수치를 나타냈다. 즉, 허약 23.5%, 비만 15.7%, 운동선수 27.5%이다.

8-35] 차후에 이러한 체질 연구 자료가 확증되면, 우리는 허약 유형과 청소년의 연령기적 체질 사이의 유사성에 대한 의견을 새로운 방식으로 이해할 수 있을 것이고, 이 입장에 포함되어 있는 기본 모순을 해결할 수 있다. 실제 우리는 이미 이 장의 시작 부분에서 성적 성숙기는

유기체의 전면적 생명 활동의 빠르고 강력한 증가, 청소년 인격의 모든 측면에서의 증가로 특징지어지며, 이행적 연령기는 감소하기보다는 급증하는 시기로 특징지어진다고 언급했다.

8-36] 이행적 연령기의 생명활동의 강력한 증가를 증언하는 이 모든 현상이 청소년을 허약하다고 보는 입장, 즉 일반적 연약성을 이 연령기의 토대이자 특징으로 보는 입장과 양립할 수 없음은 명백하다. 허약함이 아닌 강력함, 쇠퇴가 아닌 증가가 이 연령기에 일어나는 해부학적, 생리학적 변화를 특징짓는 기본적이고 주요한 면모이다. 연약함의 특성 자체, 갈등 자체는 아동기에 완성된 평형을 와해시키는 빠른 증가에 토대하여 일어난다.

8-37] 그렇다. 성적 성숙 과정이, 이미 말했듯, 유기체가 충분히 강력하고 성숙되며 발달하는, 즉 종의 재생산의 계기와 연관되어 있는데 어떻게 이 과정이 일반적인 유기체의 허약과 연결되는지 혹은 인간 발달에서 허약의 시기로 추락하는지를 생물학적으로 이해하는 것은 매우 어렵다. 그러나 허약 체질에 관한 학설은 인격의 해부-생리학적 측면에만 국한되지 않는다. 그것은 심리적 체질에 관한 학설 또는 기질과 성격에 관한 학설, 즉 이행적 연령기 행동의 체질적 특성에 관한 학설에서 자연스럽게 연장된다.

8-38] 이미 말한 것처럼, 크레치머는 특정 유형의 체질과 특정 유형의 정신 질환 사이의 친족성을 확립했다. 특히 그는 허약 체질과 운동선수 체질인 사람들이 주로 정신분열증을 앓는 반면 비만 체질인 사람들은 주로 순환성 정신병, 즉 조울증을 앓는다는 것을 확립하였다. 첫 번째 질병의 핵심은 분열된 인격, 의식의 붕괴, 내적 삶과 외적 삶의 모순, 그리고 행동이 현실에 적응할 수 없다는 것이다. 두 번째 질병의 핵심은 병적 우울(좌절)과 병적 흥분(조병 상태)의 전환이다. 이 전환 때문에 이 질병은 순환기질적, 즉 순환적 정신병이라 불린다.

8-39] 우리는 이미 크레치머가 이것의 확립에만 머물지 않고 정상 기질 개념과 병 개념을 융합하는 것으로 더 나아갔다고 말했다. 크레치머는 정신분열증 환자와 자신이 분열기질이라고 부르는 정상인을 대응시켰다. 순환적 정신병은 순환기질과 대응된다.

8-40] 이를 짧게 설명해 보자. 환자에게서 우울과 조증 상태의 변환이 나타나듯 정상인 기질도 주로 이와 유사한 흥분과 침울함의 변환을 보이지만, 병리적 측면을 갖지 않는 것으로 특징지어진다. 크레치머는 그런 사람을 순환기질자라고 한다.

8-41] 나아가 정신분열증은 인격의 붕괴, 기분과 행동의 불일치, 현실로부터의 괴리와 자기 속으로의 천착으로 특징지어지듯, 정상적인 분열기질은 이 모든 면모의 약화된 형태로 특징지어진다. 크레치머 자신도 이러한 차이를 다음과 같이 묘사한다. "순환기질자(양극성-K)는 직접적이고 단순한 부류로, 이들의 느낌은 자연스럽고 비억압적 형태로 표면에 떠오르며 일반적으로 각각의 느낌은 완전히 이해 가능하다. 분열증 환자는 표면과 심층을 가지고 있다. 우리는 약화된 감정을 모호하게 반영할 뿐인 고요한 표면 뒤에 무엇이 숨어 있는지 판단할 수 없다. 10년을 만나도 그 사람을 안다고 할 수 없는 분열증 인간이 있다."

8-42] 블로일러는 이러한 기질적 특성을 자폐성, 즉 자신으로의 침잠, 은둔이라 부른다. 크레치머는 순환기질이 환희와 비통의 양극단을 왔다 갔다 하는 것처럼, 과민함과 둔감함의 양극단 간의 진동을 이 기질의 가장 큰 특징으로 간주한다. Π. Π. 블론스키는 웃음에서 눈물로 또는 그 반대로 빠르게 이행하는 초기 유년기 어린이가 심리적 체질상 순환기질, 즉 환희와 비통의 양극단을 오르내리는 기질을 지닌 사람에 가까울 수 있다고 생각한다. 반대로 청소년은 병적 과민성 그리고 폐쇄성과 더불어 분열기질에 가까울 것이다. 그는 크레치머의 말을 원용한다. "정신분열증은 대체로 성적 발달 시기에 일어난다. 성적 발달

시기에 정신분열증적 특성의 면모가 만개한다."

8-43] 이와 같이 자폐, 자기침잠, 은둔, 비사교성, 극도로 예민한 감수성, 고양된 감정적 태도—이 모든 것이 이 기질을 특징짓는 면모들이다.

8-44] 이처럼 우리는 청소년의 심리적 기질에 대한 이론들이 해부형태학적 특징의 영역에서 허약성이 차지하는 것과 동일한 병리적 면모를 청소년의 행동에서 발견한다는 것을 알 수 있다. 논의 중인 이론처럼 청소년기의 체질이 허약-분열형으로 특징지어진다고 말하는 것은 정상적으로 펼쳐지는 성적 성숙 시기에, 유기체의 해부 생리학적 특성 면에서 결핵, 심리적 영역에서 분열증과 같은 병적 모습에 해당하는 첨예하고 끝까지 나아간 극단적 모습이 관찰된다고 말하는 것과 같다. 허약과 붕괴, 바로 이것이 이 관점에서 이행적 연령기를 특징짓는 것이다.

8-45] 최근, 이행적 연령기의 기질적 특성 혹은 심리적 체질에 대한 이러한 이론은 청소년의 허약성에 대한 문제에서와 같이 타당한 의구심을 불러일으켰다. 아랴모프 교수의 동일한 연구는 2090명의 청소년 노동자 중 30%만이 흥분하는 기질이었고, 약 70%는 균형 잡힌 평온한 기질이었음을 드러내었다.

8-46] 거의 동일한 분포가 사교성과 은둔성에 대해서도 나타난다. 62%는 사교적이며 38%는 은둔적이었다. 이와 함께, 아마도 모든 것 중 가장 중요한 것은 이 면모들을 결합한 비율이 분열적 비율과 상응하지 않는다는 것이다. 예컨대 은둔성과 침착성, 사교성과 흥분성은 종종 동시에 나란히 나타나는 반면 분열적 체질의 공식은 은둔성과 흥분성의 결합으로 이루어지기 때문이다. 우리는 아래의 특별한 장에서 이 연구의 결과를 자세히 살펴볼 것이다.

8-47] 여기서는 이 연구들이 사실성, 실천성, 현실에 대한 건강한 비판적 태도를 보여 준 반면 과거의 자료들은 과도한 환상, 사실적 삶

으로부터의 탈피, 외부에 대한 관심의 상실 등에 대해 말했다는 것만을 지적하고자 한다. 이에 대해서는 아래에서 다시 다루게 되겠지만, 이 모든 자료들은 오히려 아랴모프 교수가 말하듯이, 지나친 실천성 그리고 즉각적 요구와 일상적 삶으로부터 벗어난 백일몽을 향한 경향성의 부재를 염려하게 만든다. "소비에트 청소년을 기르는 우리 학교는 훌륭한 간부, 노동자뿐 아니라 연구자, 창작자를 기르기 위해 학생들의 창조적 환상을 발달시키는 계기를 강화하는 데 심혈을 기울일 필요가 있다는 인상을 우리는 받는다."

8-48] 이 문제는 청소년의 흥미, 청소년의 문화 발달, 청소년 일반적 인격구조에 대한 분석을 다루는 특별한 장에서 반복해서 다루어질 것이다. 여기서 우리의 흥미를 끄는 것은 오직 이행적 연령기와 그 특성의 일반적 평가에 올바르게 다가갈 수 있게 해 주는 결과, 요약적 결론이다.

8-49] 이처럼 우리는 신체적 체질 영역이나 심리적 체질 영역 어디에서도 이행적 연령기의 특성 자체가 전체 연령기를 '정상 병리학'에 비추어 보아야 한다는 이유를 확증하는 사실을 찾을 수 없다.

8-50] 유사한 상황이 현대 병리학, 즉 이행적 연령기에 일어나는 질병에 대한 학설에서도 나타났다. 홈부르거가 말하듯이, 여기서도 연구자들에게는 정상적인 성적 성숙과 비정상으로의 일탈 사이에 명확한 경계선을 긋는 것은 거의 전적으로 불가능해 보였다. 청소년에서 성적 성숙에 수반하는 현상은, 정도에서뿐만이 아니라 그 성질 자체에서도 종종 정상의 마지막 경계선에 있는 과정으로 간주되었다. 저자는 그 이유를 완전히 올바르게 다음에서 찾는다. 그의 표현에 따르면, 정상적인 성적 성숙의 시기의 대부분의 사람의 내적 삶으로 침투하기란 그 어떤 정신 질환자의 내적 삶으로 침투하기보다도 어렵다.

8-51] 이렇게 이중의 어려움이 발생한다. 한편으로는 청소년기의 내

적 세계를 파고드는 것이 어떤 복잡한 정신 질병을 이해하는 것보다 어려운 것으로 나타난다. 다른 한편으로는 청소년기 행동 자체는 정상과 비정상 간 모든 엄격한 경계가 지워지고, 성적 성숙 현상이 병리적 현상과 직접 병합되어 섞인다고 믿을 만한 이유를 제공하였다.

8-52] 이는 (남, 여-K) 두 성에서 이 시기가 정신건강상 특히 위험한 시기라는, 정신신경학과 교육학 문헌에서의 지배적인 일반적 의견과 일맥상통한다. 홈부르거가 말하듯, 이는 이해하기 쉬운 것으로 간주된다. 전체 유기체의 심각한 변형은 신경계와 정신생활의 가장 민감한 기능의 변환을 쉽게 불러일으키기 때문이다. 그러나 그는 어떤 경우라도 사태는 다른 연구자들이 묘사한 것처럼 그리 단순하지 않다고 완전히 올바르게 말한다. 만일 성적 성숙 과정 내에 실제로 정신 건강에의 위협이 포함되어 있다면 이 시기의 심리적 장애는 실제로 관찰되는 것보다 훨씬 더 많아야 하기 때문이다.

8-53] 한편, 정상적인 성장 과정 자체가 신경계와 정신의 손상과 연결될 수 있다는 사실은 아주 개연성이 낮다. 이 때문에 이 저자는 이 널리 퍼진 의견에 대해 최대한 비판적으로 유보할 것을 추천한다.

8-54] 이와 동일한 생각, 즉 성적 성숙기가 정상적 병리적 시기라는 생각이 생물학적으로 불합리하다는 생각을, А. Б. 잘킨트는 매우 견고한 두 가지 이유를 들어 표현한다.

8-55] 이미 유기체가 점진적으로 진화한다는 것을 알고 있고, 모든 기관과 체계가 갑자기 발달하지 않으며 해부학적 형성이 완료되기 훨씬 이전에 그 기능적 필요조건들이 점진적으로 성장한다는 사실을 인정한다면, 어린이 유기체가 자기 안에 준비된 성적 요소, 소위 성적 분비에 그렇게 병적으로 반응한다는 것은 이상하다.

8-56] 이전 장에서 살펴본 바와 같이 성생활의 발달에 관한 최근 관찰은 다음과 같은 의심할 여지 없는 결론으로 우리를 이끈다. 성 체

계는 일반적 법칙, 즉 유기체가 모든 선행하는 진화에 의해 성적 성숙을 준비하고, 성적 성숙은 땅에서 솟거나 하늘에서 뚝 떨어지는 것도 아니며, "성적인 위기가 발생하기 오래전에 이 분비의 화학적, 기타 전조들이 유기체의 일부가 된다"는 일반적 법칙의 예외가 아니다. 물론 성적 성숙이 갖는 위기적 단절의 특성을 부인하는 것은 큰 오류일 것이다. 이것이 유기체의 발달에서 진화가 아닌 혁명적 계기라는 데에는 의심의 여지가 없다. 그러나 이 단절 자체도 반드시 점진적 발달의 오랜 과정에 의해 준비된 단절로 이해되어야 한다.

8-57]　이행적 연령기를 정상적 병리의 연령기로 인정하는 것을 반대하는 두 번째 의견은 다음과 같다. 성적 성숙은 수백 수천 세대가 동일한 진화를 겪은 후에 각 청소년들에게 재현되는, 확립된 생물학적 통합체라는 것이다. 잘킨트 교수는 다음과 같이 묻는다. "이 급속한 폭발, 이행적 시기 유기체의 깊고 첨예한 취약성, 성숙한 성적 분비의 출현에 대한 유기체의 광적 반응이 과연 자연스러운 것인가?"

8-58]　그러나 반대편의 극단에 빠져, 성적 성숙기의 불가피한 동반자인 갈등과 혼란에 눈감는 것 또한 잘못일 것이다. 이것이 정신병리학자들이 우리에게 말해 주는 것이다. 우리는 다른 시기에는 극도로 드물게 나타나는 특정한 정신병이 바로 이 시기와 그 직후에 특히 자주 나타난다는 것을 알고 있다. 나아가 우리는 이 시기가 모든 정신 발달에 중요하며 특히 이런저런 어린이들의 이상 경향의 발현에 중요한 시기라는 것을 안다. 정신분열이 발달하는 시기가 바로 이 연령기이며 신경심리적 삶의 기타 장애가 성적 성숙 시기와 일치하는 것은 우연이 아니다. 그러나 한 가지는 의심의 여지가 없다. 연령기 자체의 체질적 조건은 병리적이 아니라 정상적이고 건강하다는 것이다.

8-59]　이처럼 우리는 이행적 연령기의 갈등과 혼란에 대한 일반적 결론에 도달한다. 현재로는 이 결론을 부정적 형태로 공식화할 수 있다.

우리는 많은 현대 연구자들이 체질의 영역이나 특성의 영역에서 우리를 같은 지점으로 인도함을 보았다. 신체적 발달의 일반적 약화 및 심리적 모습의 특정한 분열을 이행적 연령기 특성의 토대이자 이 시기 모든 갈등과 혼란이 시작되는 원천으로 간주한 기존의 견해는 사실에 의해 전혀 확증되지 않는다. 이 결론은 우리가 보았듯 어린이 정신병리학의 자료와 완전히 일치한다.

8-60] 이제 우리 앞에는 대답되지 않은 일련의 새로운 질문들이 생겨난다. 그 질문들에 대해 우리가 획득했던 결론 자체는 거대한 과학적 가치를 상실해 버린다. 왜냐하면 만약 이러한 갈등을 체질적 허약과 분열로 환원했던 오래된 설명을 우리가 포기한다면, 이 경우 이행적 연령기의 풍부한 갈등과 혼란을 어떻게 설명할 것인지가 전혀 명확하지 않고 이해할 수 없는 것으로 남기 때문이다. 이제 우리는 간략하게 몇 가지 문제들을 설명해야 한다.

8-61] 첫 번째는 두 경향의 연구자들이 도출해낸 결론들 사이의 근본적 차이를 무엇으로 설명할 수 있는가 하는 것이다. 우선 가장 쉬운 설명은 본질적으로 위에서 도출한 결론의 토대가 된 일련의 전체 사실이 무엇보다 이행적 연령기 이론의 새로운 경향의 대표자들에 의해 거부된다는 것이다. 진지한 연구자라면 누구도 이 연령기가 지속적인 번영의 연령기, 혹은 안정적 연령기의 일원이며 그 점에서 흔히 폭풍 전야의 고요함으로 일컬어지는 초등학령기와 일반적으로 비견될 수 있다고 주장하지는 않을 것이다.

8-62] 또한 그 어떤 연구자도 이 시기의 위기적 특성을 부인하지 않을 것이다. 위기적 특성을 인정하면 모든 위기에 수반되는 풍부한 갈등과 혼란도 인정하게 된다. 기존 견해와 새로운 견해의 차이는 이행적 연령기의 위기적 특성을 인정하거나 부인하는 데 있는 것이 아니라 이 위기 자체를 어떻게 평가하는가에 있다. 어떤 이에게는 분열과 붕괴의

위기이고 다른 이에게는 생명 활동과 인격 형성이 솟아오르는 위기이다. 이 두 경우 위기의 본질은 정반대이다.

8-63] 이행적 연령기 자체가 허약과 붕괴의 위기를 의미한다는 견해가 생물학적 관점에서 그럴듯하지 않음을 이미 말할 바 있다. 이 연령기가 어떻게 모든 인간 능력이 최고에 달하는 시기로 일반적으로 인정받는 청년기의 준비 단계가 되는지 전혀 이해하기 힘들 것이고, 성적 성숙기가 어째서 매번 유기체의 쇠약과 무방비의 계기에 일어나는지 이해하기 힘들 것이며, 나아가 인간이 어린이에서 성숙한 상태로 이행하게 되는 이 교량이 어떻게 그토록 연약하고 불안정한지 이해하기 힘들 것이고, 이 연령기에 빠르게 키가 자라고 몸무게가 늘며 골격이 확장되고 근육이 성장을 보이는 전체 일련의 사실들을 이해하기 힘들 것이며, 끝으로 이때가 어째서 가장 생명력 넘치는 시기인지 이해하기 힘들 것이다. 사실, 10~15세 사이의 연령기가 가장 생명력 넘치는 시기이며, П. П. 블론스키의 표현을 빌리자면 "이 시기에 인간은 죽음에서 가장 멀리 떨어져 있다"는 것에 거의 모든 이들이 동의한다.

8-64] 사실 이 관점을 수용한다면 우리는 청소년이 어린이와 어른 사이의 이행적 유형이 아니라 어린이가 시들어 늙어 가는 이상한 면모의 시기라는 것에 동의해야 할 것이다. 실제로 이 관점의 지지자들은 이 시기가 유기체의 노화 시기라는 논리적으로 불가피한 결론에 이른다. П. П. 블론스키는 우리가 여기서 다루어야 하는 사실을 지적한다. 성적 성숙기 앞에, 매우 설명하기 어렵고 지금은 인류학적 측면에서 오직 가설적으로만 해결할 수 있는 아동 발달에서의 혁명적인 지그재그가 관찰된다. 이 지그재그는 사춘기 직전 유년기가 끝나갈 무렵, 따라서 성적 성숙이 시작되기 직전에 어린이의 체격 유형이 성인과 가장 가까워짐에 따라 나타난다.

8-65] 우리가 어린이와 성인의 근접성의 기준으로 소위 형태학적

지표를 선택한다면, 이 지표가 성적 성숙이 시작하기 직전에 성숙한 인간의 지표와 가장 가깝게 드러나는 것을 보게 된다. 성적 성숙 시기는 이 지표가 정상적 성인에서 이탈하는 것을 의미하며 이 지표는 청년기에 이르러 다시 평형을 찾는다. 발달은 성적 성숙의 시기로 바짝 다가가면서 성인의 유형에 가장 가까워지는 듯하다가 후에 거꾸로 급격히 이탈하고 다시 이전에 이미 매우 가깝게 접근했던 바로 그 지점에 이르는 것과 같은 인상을 준다. 이로부터 П. П. 블론스키는 다음과 같은 결론을 도출한다. 유년기의 거의 끝 무렵 어린이는 지표 자체와 지표에 의존하는 모든 값으로 볼 때 성인에 비견된다.

> 러시아어 판에는 형태학적 지표에 대해 "형태학적 지표는 상체(앉은 키)와 전체 신체(선 키)의 비율로 계산된다"라는 각주가 달려 있다.
>
> 오늘날 형태학적 지표는 {(한 팔의 길이+한 다리의 길이)/몸통둘레} ×100으로 계산된다. 이 지표는 머리와 신체의 비율과 같이 미술가들에게 매우 중요하지만 인종 및 성별에 따른 차이가 상당히 큰 것도 사실이다. 흑인은 다리가 길고 백인은 몸통 둘레가 작은 편이다. 여성들은 하이힐을 신어도 이상해 보이지 않고 키가 커 보인다.

8-66] 이 시기 어린이는 키, 몸무게, 비율에서 소위 어린이 인종의 인류학적 유사체가 된다. 중앙아프리카(아카족)나 호주, 아시아의 몇몇 원시 부족들이 그렇게 불린다. 어린이 인종이라 불리는 이 부족들은 물론 우리가 청소년기라 부르는 발달 단계를 전혀 갖지 않으며 유년기로부터 곧바로 성적 성숙의 단계로 나아간다. 인류학적 의미에서의 청년이라는 낱말은 그들에게 알려져 있지 않다. 이에 토대하여 우리는 다른 자료들에 의해 확증되는 다음과 같은 가설을 수립할 수 있다. "청소년기는 영원한 현상이 아니며 생물학적 관점에서는 매우 늦게 일어나고 역사의 눈으로 볼 때는 거의 우연한 인류의 성취물이다."

비고츠키는 '피그미족'이라 불리는 다양한 사람들을 인용하고 있다. 피그미족은 키가 150센티미터 이하인 사람들로 정의된다. 피그미인들은 비고츠키가 말한 것처럼 아프리카의 아카족, 필리핀의 아티족, 호주 케언스의 자부카이족이 해당된다. 그들의 작은 신장은 영양에 기인하지 않는다. 비고츠키는 원시 인간들은 모두 근본적으로 피그미족이라고 추측한다. 이는 추측이지만 근거가 없는 것은 아니다. 첫째로 많은 화석(예컨대 인도네시아 열도의 호빗족)은 이를 지지하고 있다. 둘째로 DNA 분석도 피그미들이 다른 종족들과 섞이지 않고 가장 오래 생존한 종족임을 시사한다. 그러나 비고츠키가 피그미 청소년에 관해 이야기한 것은 추측이 아니다. 피그미족은 매우 짧은 수명을 가진다. 평균 기대수명은 16~24세이며 40세까지 사는 사람은 매우 드물다. 대부분의 피그미족 여성은 폐경기 전에 죽는다. 일부 과학자들은 이것이 그들의 작은 신장을 설명한다고 주장한다. 피그미족은

사망률이 매우 높기 때문에 9~10세경에 이른 결혼을 하여 아이를 매우 빨리 갖는데 이는 그들의 해부학적 성장을 멈추게 한다는 것이다. "생활사의 이율배반성은 인간 피그미족의 진화를 설명한다"[Migliano, A. B., Vinicius, L., and Lahr, M. M.(2007)]. 비고츠키가 알았을 리 없는 이 연구가 비고츠키의 일반적 논지를 세 가지 방식으로 지지하는 것에 주목하자. 첫째, 일반적 해부학적 성장과 성적 성숙은 다른 최고점을 가진다. 둘째, 이 둘은 결합될 수 있으며 실제로 이들은 원시 공산 사회에서 결합되어 있었다. 셋째, 이 둘은 또한 서로 구별될 수 있으며 이는 현대 청소년을 만든 원인이다. 청소년들은 사회문화적 형성의 강조와 함께 위기를 겪게 된다. 사진은 매우 어려 보이는 아카족의 어머니와 그 아이를 보여 준다. 수렵과 사냥을 하는 피그미족은 사유재산을 갖지 않는다. 그들은 국가가 없으며 피그미 사회에서 살인은 혈연 간의 복수와 불화의 문제로 다루어진다. 그들은

매우 강한 가족을 구성한다. 남편과 아내는 매우 가까우며 아이를 양육하는 모든 의무를 공유한다. 피그미족의 어린이들은 지구상의 다른 모든 어린이들보다 아버지와 시간을 더 많이 보내는 것으로 추정된다.

8-67] Ⅱ. Ⅱ. 블론스키는 이 시기의 본질이 "노화되기 시작할 때 인간 유기체의 청소년기에 회춘이 찾아오는 것"이라고 말한다. 매우 역설적으로 들리지만, 형태학적 관점에서 청년(젊은 어른-K)은 회춘한 청소년(늙은 어린이-K)이다. 이 가정의 토대에는 어린이의 진화가 상승하는 직선을 따라 움직이는 것이 아니라 지그재그로(늙은 어린이 다음에 회춘한 젊은 어른-K) 일어나며, 그 속에 직접적으로 퇴화의 계기, 즉 역발달을 포함한다는 전제와, 더 나아가 청년은 원시적 인간에게는 거의 알려지지 않았던 인류 후기의 성취물이라는 전제가 놓여 있다. 이 두 전제가 얼마나 옳든지 간에, 여기서 나온 모든 결론은 역설적일 뿐 아니라 완전히 잘못된 것으로 보인다. 거듭 말하지만, 바로 생물학적 관점에서 발달 과정을 완성하고 왕관을 씌우며 그 절정을 이루는 것으로 알려진 성적 성숙의 시기가, 인간에 있어 유기체의 긴 노화의 시기에 도래한다는 것은 믿기 힘들며, 이행적 연령이 노화의 시기라는 것도, 이 시기가 허약과 분열의 시기라는 것도 믿기 어렵다.

블론스키는 생물학적 경향의 아동학자이다. 우리는 치아에 대한 그의 집착과 잠이란 본질적으로 짧은 기간의 죽음이라는 그의 생각을 기억한다. 그래서 블론스키 이론은 노쇠한 어린이가 청소년기에 이르러 성적 성숙을 겪으면서, 아마도 보로노프의 실험(6-15 참조)이나 스타이나흐의 정관 절제술(7-34 참조)과 같은 과정에 의해, 회춘한다는 것이다. 비고츠키는 이것이 역설적일 뿐 아니라 그럴듯하지도 않다고 생각한다. 후에 비고츠키는 청소년기를 안정적 연령과 13세의 위기(13세는 당연히 13세 전후를 말하는 것이지 여권 연령에 따른 정확한 13세를 가리키는 것이 아니다)로 구분한다. 이러한 구분은 비고츠키로 하여금 명백한 병리적 증상을 이행적 신형성(지속되지 않는다면 병이 아니다)으로 이용하게 해 준다. 또한 성적 성숙을 영구적이고 매우 긍정적인 성취로 다룰 수 있게 해 준다. 그러나 이 초기 저작에서는 그 모순을 아직 충분히 해결되지 않았다. 생식은 생물학적 쇠퇴와 일치할 수 없다는 비고츠키의 주장은 옳다. 하지만 그것은 고등 동물에만 해당한다. 단세포 생물에서 죽음과 생식은 동일한 것이다. 세포 분열이 곧 생식이자 죽음이다. 식물은 종자를 남기면서 시든다. 그러나 덜 복잡한 유기체에서 더 복잡한 유기체로 진화의 사다리를 올라감에 따라, 우리는 생식과 죽음 사이의 시기가 점점 길어지는 경향을 발견한다. 예컨대 연어는 산란 직후에 죽지만, 고래, 코끼리, 인간과 같은 포유류는 수년간 해마다 번식할 수 있다.

청소년은 인류의 우연한 사회 문화적 성취라면 생식 능력이 없어진 후에도 생존할 수 있는 인간의 중년은 포유류의 생물학적 성취이다.

그래프에서 실선은 번식력, 점선은 생존율을 나타낸다.

Croft, D. P., Brent, L. J. N., Franks, D. W. and Cant, M. A.(2015). The evolution of prolonged life after reproduction. *Trends in Ecology & Evolution*, 30(7): 407-416.

8-68] 우리는 이 견해의 오류가 잘못된 사실과 잘못된 토대로부터 비롯된 결론에 있지 않다고 생각한다. 이미 말했듯 매일의 관찰로 확증된 사실은 그 어떤 의심의 여지도 없다. 논쟁은 이 사실을 어떻게 설명하느냐로부터 뻗어 나간다. 이 연령기의 명백한 생물학적 기능에도 불구하고, 그러한 이해에 도달한 이론가들은 주로 표현형적 관점 즉 외적 특성의 유사성에 따라 현상을 한데 묶는다. 쇠약 및 타락과 유사한 현상인 이행적 연령기의 갈등과 혼란, 나아가 이 현상과 유기체 노화의 유사성에 주목하면서 연구자들과 이 저자들은 표현형적인 것, 즉 외적 유사성에 토대하여 이 두 현상을 묶어서 그들이 친족성을 갖고 있다고 생각하였다.

8-69] 그러나 최근 아동학의 모든 과정은, 모든 자연과학의 모든 과학적 과정이 밟아 온 과정처럼, 표현형적인 관점이 발생적 관점으로 변하는 것과 밀접하게 연결된다. 일단 식물학과 동물학이 식물과 동물을 외적 특성에 따라 하나의 종류로 분류하면 동일한 환경과 유사한 조건에 서식하는 매우 다양한 식물과 동물이 온갖 유사한 적응을 나타내기 때문에 당연히 과학자들은 이 외적 유사성에 오도되어, 서로 전혀 유사하지 않은 두 현상을 하나의 범주로 분류하였다.

8-70] 따라서 이 견해에 따르면 고래는 어류에 포함된다. 신체 구조상, 외적 유사성상 고래는 육상동물이 아닌 수중동물과 더 닮았기 때

문이다. 물론 고래는 겉모습을 보면 표현형적으로 사슴이나 토끼보다는 상어나 강꼬치에 더 가깝다.

긴수염 고래와 강꼬치

8-71] 종의 기원을 최초로 밝힌 다윈은 생물학에 발생적 관점을 적용하는 것을 가능하게 하였다. 즉, 외적 특성이 아닌 기원에 따라, 결국 진정한 본성에 따라 동일한 무리로 분류되는 현상을 각각의 범주로 규정하는 것을 가능하게 한 것이다. K. 레빈이 올바르게 지적했듯이 이와 비견될 만한 일이 이제 심리학에서도 나타나고 있다. 여기서 우리는 외적 특징의 해석에 토대한 연구로부터 발생적 관점, 다시 말해 이런저런 사실들의 진정한 발생적 본성을 설명하고자 하는 시도로의 이행을 어디서나 볼 수 있다.

8-72] 이행적 연령기에 일어나는 갈등과 혼란을 이와 유사하게 발생적으로 이해하도록 해 보자. 우리가 말한 첫 번째 문제로 돌아가서 우리는 다음과 같이 말해야 한다. 이행적 연령기의 갈등과 혼란의 성질과 특성에 대한 의견차는 두 가지 기본적 계기에 의거한다. 첫째, 표현형적 관점에서 발생적 관점으로의 이행, 따라서 설명의 원칙 자체의 변화. 둘째, 연구 대상 자체의 차이.

8-73] 사실, 이행적 연령기에 대한 전통적 이론의 기저에 놓여 있는, 이 연령기에 대한 대부분의 관찰과 사실적 자료들은 모두 상류계급 사회의 청소년들로부터 얻어진 것이다. 청소년 노동자에 대해서는 극히 일부만이 연구되었고 농부는 전혀 연구되지 않았다. 이미 지적했듯이,

슈프랑거를 비롯한 서방의 빛나는 대표적 아동학자들은 청소년 일반에 대한 일반적 이론을 수립하는 것은 불가능하다 생각하고 의식적으로 자신의 과업을 특정한 한 나라의 부르주아 청소년으로 한정하는 것으로 시작했다. 오직 귀납적 방법을 통해서, 즉 각 청소년의 유형에 대한 자료를 누적하는 방식을 통해서 우리는 청소년 일반의 발달에 대한 일반적인 추상적 이론으로 나아갈 수 있다고 이 저자들은 말한다.

8-74] 이처럼 첫 번째 원인은 관점의 차이이며 두 번째 원인은 관찰 대상의 차이이다. 청소년 노동자가 부르주아 청소년에게서 관찰되는 특성을 전혀 보이지 않거나 부르주아 청소년에게는 전혀 없는 어떤 면모를 보이는 것은 아니다. 오히려 이 연구들의 결과로 획득되는 것은 비율의 차이, 외양의 구조 자체의 차이이다. 동일한 모습이 다르게 표현되거나 다르게 분포되거나 다른 비율로 혼합되면 종종 전체로서의 모든 모습은 새로운 면모를 갖게 된다.

8-75] 이렇게 처음에 던졌던 하나의 질문 대신에, 두 개의 새로운 질문이 생겨난다. 첫째는 이제 다음과 같다. 다양한 사회적 유형의 청소년들은 연령기 증상복합체에 일반적으로 분포된 면모들이 매우 다르므로, 이 생각을 일관성 있게 밀고 나가면 이행적 연령기에 관한 두 개의—하나는 청소년의 본질을 쇠약과 타락에서 찾고, 다른 하나는 향상과 성숙에서 찾는—극단적으로 대립적인 이론에 도달하게 되는 사태를 어떻게 설명할 것인가.

8-76] 두 번째 과업은 이 새로운 이론에 비추어 이행적 연령기 동안 관찰되는 실제 병리적 변화, 혼란과 갈등을 어떻게 개념화할 수 있는지, 수많은 갈등과 우리가 여러 번 언급한 생명 활동의 급증으로 표현되는 이 연령기의 일반적 특징을 어떻게 조화시킬 수 있는지 비록 가설적으로나마 설명하는 것이다. 이 두 가지 질문에 대한 답변은 본질적으로 이 장 전체를 결론지을 것이다. 첫 번째를 먼저 살펴보자.

8-77] 이행적 연령기는 모든 내재적 징후들로 볼 때 '자연의 영원한 법칙'에 따라 나타나는 유기체 쇠약의 위기가 아니라, 특정한 역사적, 사회적 법칙으로 인해 그렇게 나타날 뿐이라는 생각은 잘킨트 교수에 의해 우리에게 처음으로 제시되었다. 이 영역의 연구는 이 생각을 사실적으로 뒷받침하였으며, 이행적 연령기의 부르주아 청소년과 청소년 노동자의 발달 유형 자체에 큰 차이가 있다는 결론으로 이끌었다. 우리가 보았듯 몇몇 부르주아 아동학자들은 다른 측면에서 동일한 결론에 도달하였다.

8-78] А. Б. 잘킨트의 생각 속에 이 현상을 설명하는 힌트가 이미 포함되어 있다. 그는 이행적 위기의 극도의 강력함과 투박함의 기저에 있는 것은 결코 생물학적 계기가 아니라고 말한다. 그는 말한다. "가장 큰 탓은 현대 청소년 유기체와 사회적 환경 사이의 거대한 부조화이다. 이는 인간의 에너지 자원을 기이하게 전환, 변환시키고 연령에 어울리지 않는 요구와 필요를 드러내며 일련의 비틀어진 성장을 일으킨다. 자기 존재에 대한 책임 있는 성장의 단계에서 인간은 혼란에 빠지고 쇠약해지며 타락한다. 이로부터 극도의 연약함, 격렬한 폭발, 고통스러운 위기가 나타나게 된다. 다른 환경적 조건의 이행적 단계에서는 단지 이 단계에 이르기까지 육체 내에 준비된 것을 완성하고 체계화하면서 유기체를 공고히 하기만 하면 된다. 더 평화로운 환경에서 이행적 연령기의 민감함은 최소가 된다. 예컨대 동물들이 그렇다."

8-79] А. Б. 잘킨트는 가장 심각한 위기와 연약성을 훔한 기저층, 즉 성장하는 유기체에 심어진 현대사회의 결함이라고 본다. 저자가 다른 책에서 지적하듯이 이 결함은 성적 기생성을 이끈다. 이는 어린이 에너지의 이른 타락과 이 에너지의 최소 저항 노선으로의 지향으로 이루어진다.

잘킨트는 비유를 혼합적으로 사용한다. 여기서 그는 어린이의 신경 에너지를 수표계좌나 건전지같이 소진되기만 할 뿐 이자를 쌓거나 충전할 수 없는 기금과 같은 것으로 간주한다. 후에 그는 어린이의 마음에 대해 식물학적, 지질학적 비유를 사용하여 성조숙이 '비틀어진 성장'과 '흉한 기저층'을 만든다고 표현한다. 혼합적 비유는 글쓰기에서 비틀어진 성장과 흉한 기저층을 만들어, 부적절한 비유가 적합한 비유를 훼손하게 한다. 예컨대 신경 에너지는 계좌나 건전지보다는 비고츠키가 5-2에서 제시한 근육조직으로 더 잘 설명될 수 있다. 요컨대 이는 단순히 소진되어 사라지는 것이 아니라 청소년기에 스스로 새로워지고 확장하는 자원인 것이다. 잘킨트가 말한 자기 존재에 대한 책임 있는 성숙한 단계라는 것은 청소년기가 스스로의 노동을 재생산할 수 있을 뿐 아니라 생식을 통해 가족을 형성할 수 있는 시기라는 의미이다. 바로 이 시기에 청소년은 성적으로 혼란을 겪게 된다. 성과 같은 보편적 본능이 쉽게 상품화되고 금전화되는 자본주의 경제 체제 내에서는 특히 더욱 그렇다. 물론 잘킨트의 염려가 청교도적인 것이며 오늘날과는 무관하다고 치부할 수도 있다. 잘킨트가 『혁명 프롤레타리아의 12계』를 저술한 엄격주의자였던 것도 사실이다. 그러나 비고츠키는 그러한 염려를 무시하지 않는다. 첫째, 비고츠키는 강아지와 피그미의 조숙한 성생활이 성장을 저해함을 보여 주는 증거를 진지하게 다룬다(5-1-19, 8-66). 둘째, 비고츠키는 아동 매춘과 성병 문제를 심각하게 다룬다(6-57, 8-80). 6-53에서 비고츠키는 3.7%의 청소년만이 첫 성교의 원인으로 사랑을 들었다는 연구자료를 지적한 바 있다. 이는 오늘날에도 여전히 중요한 문제이다.

8-80] 이와 관련하여 이 모든 연구들의 가장 중요한 결과는, 어린이의 성적 행동은 일차적 생물학적 현상이 아니라, "원래 그 자체로 중요하지 않았던 성 요소에 대해 바람직하지 못한 사회적 압력이 주어진 결과"라는 발견이다. "따라서 현대 어린이의 과도한 성적 내용은, 다만 그것이 환경에 의해 밀려난 다른 일반-생물학적 성향과 사회적 성향

의 희생을 먹고 자라나며, 어린이의 에너지 자원을 기생적으로 흡수하기 때문임이 드러난다. 바로 이로부터 매우 복잡다단한 이른 성생활, 즉 성적 자료와 연령기의 불일치가 비롯된다. 이는 이행적 시기에 어린이에게서 그토록 흔히 나타나는 다양한 신경-정신적 장애를 이끌고 심화시킨다."

8-81] 이전 장에서 우리는 성적 본능이 다른 모든 것들과 복잡한 관계에 있음을 보았다. 성적 본능은 기생하면서 다른 욕구로부터 에너지를 흡수할 수도 있고, 다른 욕구들을 밀어내고 그 생명을 빼앗을 수도 있으나, 또한 성적 에너지는 고등활동형태로 승화하고 전환되어 창조적 활동을 위한 비옥한 토양이 될 수도 있다.

8-82] 이처럼 우리는 기생적 과정이 승화의 반대 과정임을 본다. 이를 잘 기억하자. 이는 이제 우리가 본격적으로 다룰 우리의 관심 문제를 설명하는 데 유용하기 때문이다. 우리가 볼 때, 이 설명에는 본질적으로 두 계기가 혼재되어 있다. 이 둘을 엄밀히 구분하는 것은 우리 관심 현상을 진정으로 설명하는 데 강력한 도움을 주며, 이전 장 중 하나에서 우리가 개요를 그린 이행적 시기로의 일반적 접근에 토대하여 이 문제를 해결할 수 있게 해 줄 것이다.

8-83] 사실, 한편으로 성적 성숙기가 생물적으로 효율성 있게 진행되는 예는 동물이다. 이는 완전히 사실이다. 동물에게 성적 성숙 시기는 위기적이지도, 이행적이지도 않고 미성체 발달의 모든 과정을 완성, 완료한다. 유사한 상황을 우리가 앞에서 말한 바 있는 소위 어린이 인종에게서 본다. 우리가 가진 자료로 판단할 수 있는 한, 원시 사회에서 이행적 시기는 갈등과 위기의 시기가 아니다. 오직 사회적 환경에서, 오직 인간의 문화적 발달과 관련해서만 그렇게 된다.

8-84] 이러한 의미에서 우리는 코레가 제시한 일반적 문제가 완전히 옳다고 생각한다. 이행적 연령기의 위기성은 인간 사회의 문화, 사회

적 환경의 문화의 성장과 상승에 정비례하여 증가한다. 이를 설명하기 위해 잠시 뒤로 돌아가, 우리가 이행적 연령기의 모든 특성을 세 성장 지점의 괴리 혹은 불일치로 설명하려 했음을 상기해야 한다. 우리는 인간의 성적 성숙의 가장 큰 특징은 성적 성숙의 계기, 사회문화적 성숙의 계기, 일반 유기체적 발달의 완성의 계기가 일치하지 않는 데 있다고 말했었다.

8-85] 하나의 성숙의 봉우리가 세 개의 봉우리로 각각 분리되어, 이행적 연령기의 구조와 그 위기성의 근원을 도식적으로 묘사하는 일종의 삼각형을 형성한다. 그러나 이제 우리는 물을 수 있을 것이다. 이러한 불일치는 어떻게 생겨났는가? 그것은 역사적으로 생겨났다는 것을 앞선 모든 것이 충분히 명백히 말하고 있다고 생각한다. 동물은 상황이 다르다. 동물의 경우 두 성숙 지점, 즉 성적 성숙지점과 일반-유기체적 성숙 지점이 직접적으로 일치한다. 인류도 한때는 성적 성숙 시기에 발달과 성장 과정이 완료되었으나, 나중에 인류는 스스로 청년기를 창조하고 자신의 발달 시기를 성적 성숙 지점 밖으로 내보냈으며, 이로부터 불일치가 시작되었다.

8-86] 청년기의 개척, 발달 기간의 연장, 성적 성숙기 이후에도 지속되는 유년기는 역사적, 사회적 특징 때문에 초래된다는 것을 기억하자. П. П. 블론스키가 옳게 말하듯, 생산력의 증가의 결과로 인간 영양이 대폭 향상되었다. 이런 식으로 유년기의 생물학적 범주는 확장되고, 인간 생물학은 역사적으로 거칠게 씨 뿌려져 뒤섞였다. 코레가 말하듯, 이 위기가 문화의 성장과 직접적으로 비례한다는 것은 이해할 만하다.

8-87] 우리는 이 도식을 취해서 부르주아 청소년과 노동자 청소년의 발달 유형의 차이가 이 이론에 비추어 어떻게 그려지는지 설명할 수 있을 것이다. 이 두 번째 계기, 즉 사회적 환경에 따른 차이는 첫 번째 계기인 생물적 환경과 사회적 환경의 비교와 뒤섞여서는 안 된다. 첫 번

째 입장에서는 단지 이행적 연령기의 위기적 과정에 대한 더 큰 책임이 생물적 환경보다 사회적 환경에 있다는 사실만을 이끌어 낼 수 있기 때문이다. 그러나 이 문제는 여기에만 국한된 것은 아니다.

8-88] 나아가, 사회적 환경이 청소년 노동자와 부르주아 청소년에게서 나타나는 그토록 극단적으로 상반되는 두 가지 위기 유형을 그려 내는 이유를 말하는 일이 남아 있다. 우리는 이에 대한 설명이 우리가 도입한 발달 과정 완성의 삼각형 도식에 내포되어 있다고 생각한다.

8-89] 청소년 노동자와 부르주아 청소년을 본질적으로 구분 짓는 것은 무엇보다 사회 속에서 그들이 차지하는 계급상의 대립적 위치이다. 하나는 착취당하는 계급에, 다른 하나는 착취하는 계급에 속한다. 이는 적응의 의미에서 이들 각각 앞에 완전히 다른 삶의 과업이 놓여 있음을 뜻한다. 하나 앞에는 성적 성숙이 시작된 후가 아닌 그 훨씬 이전에 종종 사회-경제적 적응의 필요성이 생겨난다.

8-90] 그는 살기 위해 일해야 한다. 일은 그에게 삶의 기본적인 욕구, 더 정확히 말하면 전면에 대두되는 삶의 욕구들을 품는 커다란 둥지와 같은 것이다. 자신의 생존을 보장할 필요성, 먹기 위해 노동해야 하는 필요는 바로 이행적 연령기에 처음으로 성숙하여 지배적 욕구가 된다. 발달의 삼각형의 꼭짓점을 ΠOC로 나타낸다면, 이 삼각형의 꼭대기는 사회-문화적 성숙의 계기에 해당하는 C점이 될 것이다. 바로 이 것이 노동자 계급의 청소년이 종종 단축된 문화적 성숙 경로를 통과하는 이유이며, 바로 이것이, 슈프랑거가 지적하듯, 그 청년기가 종종 드러나지 않고 뒤틀리고 희미하게 나타나거나, Π. Π. 블론스키가 바르게 지적하듯, 노동자 계급의 청소년이 종종 이 최고의 문화적 발달 시기인 청년기를 전혀 거치지 않는 이유이다. 종종 매우 가변적이고 불안정하고 변덕스러운, 인류의 이러한 후기 성취는, 어떤 의미에서 명백히 계급적 자산이다. 블론스키 교수는 말한다. "미래의 인류 역사는 청년기를

공고히 해야 한다. 지금, 적어도 장기적 현상으로서 청소년기는 공통 자산과는 거리가 멀다. 빈곤한 노동자 대중은 아직 이러한 자산을 공고히 획득하지 못하였다.“

비고츠키는 러시아 문자 П(/p/), O(/o/)와 C(/s/) 세 개의 점으로 된 삼각형으로 그의 이행적 시기 이론의 개요를 도식적으로 묘사한다. 'П'는 Полового созревания(성적 성숙), 'O'는 Общеорганического созревания(일반 유기체적 성숙), 'C'는 Социально-культурного созревания(사회문화적 성숙)을 나타낸다. 삼각형이 하나의 산처럼 보이더라도 여기서는 세 개의 산을 염두에 두어야 한다. 각 꼭짓점은 각각의 산을 나타낸다. 산의 높이는 발달에서 각 성숙이 차지하는 비중이다. 살기 위해 노동을 해야 하는 일하는 청소년에게 가장 높은 산은 사회문화적인 산이지만, 즐거움을 위해 여가를 즐기는 부르주아 청소년에게 가장 높은 산은 성적 성숙의 산이다. 이것은 비고츠키가 왜 승화와 일하는 청소년을 연결 짓고, 기생과 부르주아 청소년을 연결 지었는지를 설명해 준다. 그 당시 소련에는 부르주아 계급이 없었기 때문에 우리는 그가 독일이나 다른 자본주의 국가의 부유한 가정 출신 아동에 관해 이야기하고 있다고 가정해야 한다. 이런 식으로 계급을 정의하는 것은 비역사적이다. 여기서 비고츠키는 혈통에 의해 계승되는 귀족 가문과 경제적 생산수단 관계로 정의되는 부르주아 집단 개념을 혼용한다. 부르주아는 청소년이 아니며 생산수단을 소유한 사람이다. 반면에 노동자는 생산수단을 소유하지 못한 사람이다(우리 사회에서 청소년이 노동자인 경우는 흔하지 않다). 이행적 연령기의 문제는 바로 청소년이 아직 생산수단과 고정된 관계를 갖지 않는다는 것이다. 즉, 청소년기를 거치며 그러한 관계가 비로소 분화되고 공고화 된다. 이것은 비고츠키의 주장이 타당하지 않다고 말하는 것이 아니다. 비고츠키는 어떤 이들에게 '승화'는 실제로 기생의 한 형태라고 말한다. 즉, 그것은 성적 내용을 탈색시키는(즉, 사적이고 생물학적인 성을 공적이고 문화예술의 형태로 변형시키는 힘을 지닌 춤) 게 아니라, 비-성적인 내용을 성적인 것으로(즉, 일상적으로 사용하는 아이템을 성적 욕망을 위한 매개물로 변형시키는 옷 디자인) 만드는 것이다. 오히려 이런 구분은 오늘날 더 관련이 있는 것처럼 보인다. 예를 들어 폭력은 예술과 삶 모두에 고루 스며들어 비-성적 신체적 힘을 성적인 공격으로 바꾸는 성적 기생의 두드러진 형태이다. 동일한 방식으로 지위는 사회적 불평등을 성희롱으로 변환한다.

8-91] 이제 부르주아 청소년에게 해당되는 상황을 생각해 보자. 여기서 삼각형 도식은 뒤집어져 다른 밑변을 가진다. 자신의 존재를 보존하려는 필요는 지배적 위치를 점하지 않을 것이다. 이 청소년은 유복한 계층에 속하며 따라서 그에게는 청소년기와 청년기 동안의 유리한 발달이 보장된다. 이 발달 노선 자체는 대개 문화적 경로에 치우쳐 있으며, 삶을 보존하고자 하는 욕구와 인간의 사회적 노동에 적응하고자 하는 욕구 자체는 완전히 종속적 위치를 차지하여, 종종 도덕적, 심미적, 심리적 동기의 부차적 동기로 나타난다. 어떤 경우든, 이는 생존의 욕구가 아니다.

이것이 비고츠키가 논의하고 있는 삼각형 도식이다. 윗변의 정점은 사회문화적 성숙이며, 아랫변에 동일 선상에 왼편의 꼭짓점으로 성적 성숙, 오른쪽 꼭짓점으로 일반적 유기체의 성숙이 놓인다. 이 삼각형 도식은 러시아 원본에서는 **8-96**에서 제시된다. 이는 그림을 좀 더 잘 보이는 위치에 놓으려는 단순한 이유 때문인 것으로 보인다. 우리는 독자들의 이해를 돕기 위해 여기에 배치하였다.

우리는 때로 견습생이 노동 계층이라고 생각한다. 왜냐하면 생각하기나 말하기가 아닌 육체노동의 기술을 배우기 때문이다. 흥미롭게도 비고츠키는 여기서 반대 논의를 이끌어 낸다. 중산층 어린이들만이 수

입에 구애받지 않으므로 견습 모델은 오히려 중산층에 적합하다는 것이다. 다시 말해 부유한 계층의 자녀들만이 무보수의 인턴이나 일자리가 많지 않은 문학과 같은 분야에 종사할 여유를 가질 수 있다는 것이다. 이는 슬프게도 오늘날에도 마찬가지이다.

8-92]　일반 유기체 발달의 정점을 상징하는 우리 삼각형의 또 다른 꼭짓점 O는 오른쪽이나 왼쪽으로 이동할 수도 있지만, 일반적으로 역시 여전히 종속적 위치에 머무른다. 왜냐하면, 우리가 아래에서 진술할 여러 근거에 의하면 일반 유기체 성장과 연결된 이 욕구들은 청소년 노동자와 부르주아 청소년이 보이는 구조적 차이에 따라 상당히 위치를 옮길 수 있지만 그럼에도 불구하고, 이 값은 신체의 일반적 성장과 성숙 과정이므로 생물적으로 가장 안정적이고, 변화가 적기 때문이다.

앞의 삼각형처럼 이 삼각형은 러시아어 원본에서는 원래 8-96 문단에 나온다. 원본에서 페이지 중앙에 배치된 것으로 보아 그림 배치 문제 때문으로 보이며, 우리는 독자들이 쉽게 이해할 수 있도록 삼각형을 여기에 배치한다.

발달을 연결하는 선이 다양하다는 데 주목하자. 이는 세 '꼭짓점'이 매우 다른 방식으로 연결되어 있다는 것을 가리킨다. 예컨대 비고츠키가 6장 끝과 7장 앞에서 말했듯이, 일반 유기체적 성숙은 내분비계의 유기체적 성숙을 통해 성적 성숙과 연결된다. 사회-문화적 성숙은 승화와 기생을 통해 성적 성숙과 연결되며, 결혼과 임신을 통해 유기체적 성숙과 연결된다. 세 꼭짓점 각각은 산 봉우리를 나타내기 때문에, 우리는 이러한 선들을 포장된 도로, 인도, 등산로 등으로 볼 수 있다. 그중 일부는 관리가 잘 되어 상대적으로 똑바르지만, 다른 길들은 험하고 다니기 어렵다. 어린이들이 성장을 멈추기 전에 일하기 시작하는 경우 성적 성숙의 꼭

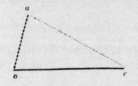

짓점과 사회문화적 성숙의 꼭짓점 간의 거리는 성적 성숙과 유기체적 성숙 간의 거리보다 짧을 것이다. 하지만 실제는 대개 반대이다. 성적 성숙의 꼭짓점과 사회-문화적 성숙의 꼭짓점 간의 거리는 대개 성적 성숙과 유기체적 성숙 간의 거리보다 더 길다. 왜냐하면 어린이들이 첫 직장을 갖기 전에 성장을 멈추기 때문이다.

8-93] 그러나 이 경우 정점은 성적 성숙지점 Ⅱ가 될 것이다. 생물학적으로 강력한 이 새로운 자극과 충동은 그 자연스러운 지배경향과 함께 구조의 정점을 차지한다. 그러나 이 세 지점의 불일치 덕분에 이들은 점점 더 상승하는 경향을 보일 것이다.

8-94] 이처럼 우리가 성적 성숙의 기본 특성으로 항상 말했던 갈라진 세 성숙 지점은, 우리의 삼각형 도식이 보여 주듯이, 노동자 청소년과 부르주아 청소년의 경우 서로 다른 지배성을 가지며 이로부터 서로 다른 구조와 역동이 나타난다고 말할 수 있다. 이 발달의 역동의 차이를 추적하는 것은 청소년 노동자에 대한 우리의 특별한 장의 과업이다.

8-95] 이제 우리는 이전 장에서 말했던 내용으로 돌아가, 다른 조건들이 같다면 기본적으로 이 차이는, 한 구조는 성적 에너지의 승화를 촉진하고 다른 구조는 기생성을 촉진하는 데 있다고 규정하고자 한다. 사실 한 경우 청소년은 자신의 존재를 유지할 생존의 필요에 직면하며, 다른 모든 욕구와 충동은 종속적 위치에 놓인다. 여기서 필요의 힘 자체가 사람을 승화의 경로로 내몬다. 프로이트 승화 이론의 가장 큰 오류는 이 과정에 순수한 정신적 속성을 부여한 데 있다.

8-96] S. 프로이트의 책을 읽으면, 한 원시적인 반인반수의 투박한 성적 에너지가 그를 고양시키는 모호한 욕망의 영향을 받아 복잡한 문화-사회적, 기술적 활동을 향하게 되는 듯한 인상을 받는다. 이보다 잘못된 생각은 없다. 오직 혹독한 필요, 저항할 수 없는 강압, 삶의 고등

형태로의 적응의 필요만이 한때 인간을 이 복잡하고 험난한 경로로 밀어냈으며, 이제 청소년을 밀어낸다. 성적 본능이 고등한 경로로 이동하고 전환되는 것은 오로지 욕구에 의해 추동될 때에만 힘을 받는다. 다른 모든 경우에서 승화 자체는, 본질적으로 승화의 반대 현상인 부정적 전조 또는 기생성을 은폐하는 환영일 뿐이다.

8-97] 우리의 삼각형이 보여 주듯이, 청소년 노동자의 욕구 구조 자체, 삶의 입장 자체가 승화의 경로를 따를 수밖에 없는 반면, 부르주아 청소년 역시 그 삶의 입장, 자신의 연령기 구조에 의해 반대 경로, 즉 기생성의 경로를 따를 수밖에 없다.

8-98] 이와 관련하여 생겨날 수 있는 오해를 피하기 위해 우리는 청소년 노동자가 당연히 부르주아 청소년보다 훨씬 더 적은 승화 가능성과 훨씬 더 작은 문화적 창조의 지평을 갖고 있으며, 이 때문에 승화의 외적 조건은 후자에게 훨씬 더 유리하다는 유보 조건을 미리 붙여야 한다.

8-99] 그러나 우리가 특별한 장에서 지적하려는 바와 같이 이러한 이차적인 유-불리의 조건은, 청소년의 계층적-생산적 위치가 정점을 바닥으로, 바닥을 정점으로 전환하면서 그의 연령기적 생물학을 재형성한다는 바로 이 근본적인 사실을 바꾸지는 못한다. 한 경우 우리는 발달의 필요성을 말한다. 다른 경우 물론 우리는 발달의 가능성에 대해 말해야 할 것이다. 우리는 다만 부르주아 청소년이 필연적으로 기생성의 경로로 밀쳐지듯 청소년 노동자는 필연적으로 승화의 경로로 밀쳐지지만, 이것이 승화의 가능성 자체는 유복한 계층에게 더없이 풍요롭고 넓다는 사실을 부인하려 함이 전혀 아님을 말하고자 한다.

8-100] 따라서 우리는 우리가 제시한 질문에 대한 답을 공식화하여, 이 경우 그 차이가 극도로 뚜렷하게 드러나는 이유는 두 사회적 유형의 청소년에게 연령기의 지배성이 다르게 드러나기 때문이라고 말할

수 있다. 이전 장에서 이용했던 분명하고 단순한 사례를 떠올려 보자. 우리는 지배성이 어디에 있느냐에 따라, 신경계에 도달한 나머지 다른 모든 흥분과 자극들이 다른 방향을 향한다는 것을 기억한다. 우흐톰스키 교수의 실험에서 성적 지배성은 온갖 이질적 자극들을 자기 편으로 끌어들여 성적 경로로 돌린다. 이것이 우리가 기생성이라 부르는 것의 생리학적 토대이다

8-101] 성적 사이코패스는 유사한 현상을 보인다. 그에게 모든 자극은 이제 성적 자극의 형태로 변환된다. 이와 반대되는 발달 사례는 모든 인류가 자신 앞에 당면한 새로운 필요의 영향 아래 성적 에너지를 억압하며 거쳐 온 경로를 보여 준다. 이 경로는 더욱 순수한 형태로 노동자 청소년에게서 나타난다. 그에게는 인간 삶의 기본적 필요인 노동이 개인적 삶의 기본 필요로 남아서 이행적 연령기의 발달 과정 전체를 이끈다.

8-102] 우리는 여전히 두 번째 문제, 즉 이행적 연령기에 그토록 넘쳐나는 갈등과 혼란을 우리가 말한 이론에 비추어 어떻게 설명할 것인가 하는 문제에 답을 해야 한다. 지금까지 우리가 말한 것에 비추어 몇 가지를 추려 볼 수 있을 것이다. 우리는 이행적 연령기가 병적 체질이 아니라는 것을 보았다. 따라서 우리는 이 갈등과 혼란의 다른 원천을 찾아야 한다. 그 원천은 이행적 연령기가 다양한 종류의 병리적 현상들이 발생하기 쉬운 조건들을 만든다는 사실에서 찾을 수 있다.

8-103] 이 연령기는 그 자체로 강력한 솟구침의 연령기이지만 동시에 타락과 균형이 불안정한 연령기, 세 가지의 서로 다른 경로로 분기한 발달의 연령기이다. 이 연령기의 토대에 놓인 바로 이 솟구침이 이를 특히 위기적으로 만든다. 사실 이 솟구침 자체가 문제적이고 귀책사유를 갖는다. 평지를 걷는 여행자에게 별다른 영향을 미치지 않는 동일한 현상이 언덕을 오르는 여행자에게는 고된 방해물이 되어 때로는 그를

쓰러뜨릴 수 있다.

8-104] 바로 이 때문에 온갖 질병이 이 시기에 특히 위태롭게 나타난다. 모든 유기체의 힘이 유기체 성장에 동원된 이때만큼 폐결핵이 위험한 때가 없다. 이를 요약하면 우리는 이행적 연령기가 체질적이 아닌 조건적 병리라고 말할 수 있다. 이것이 우리 견해의 토대이다. 우리는 이 연령기의 토대로부터 갈등이 태어나는 것이 아니라 이 연령기의 솟구침이 모든 외적 난관을 병리적으로 만들기 쉬운 조건을 형성한다고 말하고자 한다.

8-105] "어떤 연령도 죽음에서 이렇게 멀리 떨어져 있지 않으며 이 연령만큼 그렇게 생명력이 넘치지도 않는다." 그러나 어떤 유년기 연령도, 우리나라의 연구들이 보여 주었듯이, 이 연령만큼 병적 장애가 만연하지 않으며, 무엇보다 어떤 연령도 그렇게 취약하지 않다. 즉 이 연령만큼 그렇게 해로운 영향에 민감하지도 날카롭게 반응하지도 않는다.

8-106] 그러므로 아랴모프 교수의 자료에 따르면, 이행적 연령기의 병적 장애와 산업 공장의 도제학교에 참여하는 청소년 사이에는 매우 흥미로운 관계가 있다. 이 학교의 첫 번째 무리에서 건강한 청소년은 62%이다. 두 번째는 44%이며, 세 번째 무리는 40%이다. 질병의 주요 형태는 폐결핵 초기 단계가 14.2%이며, 빈혈 19.6%, 서혜부 탈장 11.6%, 신경과민흥분증 37.4%(명백한 신경쇠약증 6.2% 포함), 심각한 정도의 시력 장애 11.5%, 심각한 정도의 비강 장애 45.7%(편도선염 7.3%)이다. 한 명의 동일한 청소년에게서 우리는 여러 질병들을 종종 발견한다. 우리가 제시했던 자료는 이 연령기 병적 장애의 주요 형태를 가리킨다. 우리는 폐결핵, 빈혈, 신경쇠약증, 시각 장애, 즉 노동과 직접적으로 관련된 계기들이 이 연령기에 증가하며 특히 신경 흥분성을 증가시키는 장애들은 청소년의 학년 진급과 병행하여 직접적으로 진행되며 첫 번째 무리에서 16%, 두 번째 무리에서 32.5%, 세 번째에서 51%를 맞닥뜨리게 된다.

'서혜부 탈장'은 생식기로부터 장이 분리되는 복막에 문제가 생긴 것을 의미한다. 이는 소년에게 종종 발생하며, 때로 심한 강도의 노동과도 관련이 있다. '편도선염'은 보통 청소년기에 사라진다. '첫 번째 무리'는 1학년 학생을, '두 번째 무리'는 2학년 학생을 지칭하는 것으로 보인다. 다음은 이 책의 나머지 부분이 출판되었던 1931년의 소비에트 공장도제학교의 사진이다(가위 위기와 공장도제학교Фзу에 관한 내용은 **5-2-44**를 참고할 것). 비고츠키는 이론만 무성하고 사실적 자료가 부족했던 청소년기에 대해 구체적 자료를 수합하고자 노력해 왔다. 그러나 그가 여기서 제시하는 사실들은 매우 끔찍하고 다소 위험하기도 하다. 이 나라에서 가장 번영한 지역이나 최고의 학교에서도 거의 절반 정도의 어린이가 질병을 앓고 있다는 것을 이 자료는 보여 준다. 그중 거의

절반이 결핵과 같은 치명적인 질병이었다. 재학 기간이 늘어날수록 질병에 걸린 학생 수가 늘어났다. 그러나 평균 수준의 건강 척도는 독일에 상응한다. 비고츠키가 '가위'라고 칭한 이 역설적 상황에 대하여 세 가지 설명이 가능하다. 첫째, '가위'라는 명칭이 함의하는 바와 같이 앞에서 비고츠키는 소비에트 연방에 특정한 역설적 상황을 살펴볼 수 있다고 지적한 바 있다. 독일과는 달리 러시아는 매우 아픈 어린이들과 매우 건강한 어린이들 양극단이 주를 이뤘으며, 심지어 공장도제학교에서조차도 그 중간에 속한 어린이의 수는 매우 적었다. 둘째, 우리는 이 역설이 청소년기 자체에 내재된 것으로 볼 수 있다. '가위'의 경우는 독일에서뿐 아니라 현재 21세기의 한국에서도 볼 수 있다. 평균 수준의 영아나 유아, 취학 어린이는 많지만, 상대적으로 평균 수준의 청소년은 적다. 셋째, 비고츠키가 **8-109**에서 환기시키는 '가위'라는 이름에서 우리는 역사적

아라모프의 설문이 진행되었던 즈음이었던 1923년의 "가위 위기" 동안의 거리 어린이

으로 특수한 현상을 들여다볼 수 있다. 이는 러시아 내전(1919~1922)에 수반된 기아와 전염병의 결과이며, 또한 공장도제학교의 영양 부족과 과로의 결과였다 이와 유사한 현상으로 고난의 행군 당시 북한의 기아 상황이 있다.

8-107] 이 저자와 그의 동료들의 연구에 따르면 단지 40~45%의 청소년만이 만족할 만한 건강 상태임을 보여 준다. 이는 나르콤즈드라프(인민건강부-K)의 중앙 예방 방문진료소와 모스크바의 모스즈드라프(모스크바 건강부-K)의 의사들이 일터의 청소년들을 검진한 자료에서 얻어진 결과이다.

8-108] 가장 놀라운 것은 절반 이하의 청소년이 건강하고 학년이 진급함에 따라 해마다 병이 나란히 증가한다는 것을 확증한 동일한 연구들이, 그와 동시에, 우리 청소년이 키, 몸무게, 가슴둘레, 일반 신체 외양, 일반적 체질 특성 모두에서 스트라츠의 기준에 매우 근접함을 보여 준다는 것이다.

8-109] 앞에서 지적한 청소년의 신체 발달과 건강 상태 사이의 역설적 상호 관계("만족스러운 전반적 신체 발달과 동시에 나타나는 커다란 병적 장애의 비중")는 러시아 연구자들의 주의를 끌었고, И. А. 아랴모프가 생물학적 가위라고 부른 것의 이유가 무엇인지 하는 문제는 당연히 아동학자의 커다란 관심을 끌었다.

8-110] 우리가 생각할 때 이러한 현상들은 충분히 설명될 수 있다. 우리는 이 연령이 체질적으로 병적인 것이 아니라 조건적으로 병적이라고 말했다. 기본적으로 이는 이 연령이 병적인 것이 아니라는 것을 의미한다. 이는 청소년의 순조로운 신체 발달에 관한 자료가 평균적으로 스트라츠가 확립한 표준에 가깝다는 사실에 의해 확인할 수 있다.

8-111] 그러나 상승 경로에 있는 이 연령기는 외적 요인의 병리적

영향에 가장 취약한 조건을 만드는 연령기이다. 이는 병리적 장애의 수가 청소년기에 증가함을 보여 주는 자료로 입증된다. 우리는, 이 연령기의 병리적 변화의 토대가 청소년기의 체질적 특징에 있다고 보는 저자들조차 이 연령기 질병의 특징이 이전 연령기와 확연히 다르다는 것을 가리키고 있음을 지적하는 것이 필요하다고 생각한다.

8-112] 초기 유년기가 주로 감염병의 시기로 특징지어지고, 어린이가 자신이 자라는 일반적인 물리적 환경 조건(공기, 음식)에 대한 부적응성을 보여 준다면, 그리고 초등 학령기가 대부분 소위 학교병(척추만곡, 근시)과 잘못된 문화화의 결과(책상, 교과서, 보건교육)로 나타나는 후천성 질병들로 특징지어진다면, 이행적 연령기는 노동과 연결된 질병으로 특징지어진다.

8-113] 블론스키 교수는 다음과 같이 말한다. "현대 사회조건에서 대부분 청소년 노동자는 여전히 노동에 적응해야 하며, 청소년기는 외상外傷의 시기이다. 외상은 바로 청소년기에 최대가 된다." 이와 완전히 일관되게, 그는 계속해서 말한다. "청소년기가 노동에의 적응 시기이며 외상의 시기라면 청년기는 성숙한 성적 삶에 적응하는 시기이다. 성생활에의 적응은 이 시기에 성병과 여성 질환이 최대로 퍼지게 한다."

8-114] 이처럼 우리는 이 연령기의 모든 질환은 외상의 특징을 갖는다는 것을 안다. 이는 유기체가 발달상 가장 책임 있는 시기에 불리한 외적 계기에 의해 부상을 입는다는 것을 의미한다.

8-115] 우리는 이행적 연령기의 혼란을 설명하는 잠정적 이론의 본질을 외상으로 규정하는 것보다 더 잘 표현할 수는 없을 것이다. 이 연령기에 매우 풍부한 심리적 갈등도 이러한 특성을 매우 광범위하게 갖는다. 빈번한 양육의 어려움, 빈번한 정신 및 신경적 반응 장애, 빈번한 정신적 외상, 이 모두는 동일한 것을 가리킨다. 즉 이행적 연령기는 체

질적이 아니라 조건적 관계에서 병리적이라는 것이 드러난다.

8-116] 그러나 외상의 상처와 장애는 이행적 연령기 갈등의 한 측면만을 드러낸다. 연령기의 갈등은 일련의 총체적 체질적 계기들에 대해 극도로 예민한 반응시약으로서 이전에 감춰졌고 전혀 나타나지 않았던 유기체의 특징을 드러낸다. 이 계기들을 일반화하여, 우리는 이행적 연령기가 외적인 외상의 작용과, 이전에는 잠복 상태였던 내적 체질적 배아 및 경향성의 첨예화와 발현 모두에 고도로 취약한 조건들의 종합체라고 말할 수 있을 것이다. 성적 성숙은 이들을 잠재적 상태로부터 실제 상태로 이동시킨다.

8-117] 앞서 우리는 이행적 연령기 자체의 생물학적 특성으로 인해 청소년이 정상 정신 생활과 질병의 경계를 가르는 위험한 경로로 내몰린다는, 이행적 연령기에 대한 전통적 견해가 파산했다는 홈부르거의 견해를 인용했다. 이 저자는 전통적 견해를 반박하기 위해, 우리가 보기에 매우 견고한 두 가지 개념을 전개한다.

8-118] 첫째, 온갖 특성, 인격 구조에서의 다양한 이상, 정상 유형으로부터의 다양한 이탈은 다만 아동기에는 일찍 부각되지 않다가, 이 시기 유기체 전체 측면상 모든 생명활동의 일반적 상승이 강력하게 발현되면서 나타난다. 이처럼, 이러한 특성과 관련하여 이행적 연령기는 확성기, 공명기, 증폭기의 역할을 수행한다. 모든 측면의 일반적 확장을 배경으로 이들은 더욱 풍부히 표현되며 두드러진다.

8-119] 두 번째 생각은 더욱 중요하다. 그는 유기체의 일반적 적응에 대한 요구가 비할 수 없이 고취되는 이 시기에 실제로 다양한 이상, 정상으로부터의 이탈, 결핍의 면모, 불리한 경향성이 증대되는 것에 대해 언급한다. 평탄한 길에서는 특별히 민감하게 감지되지 않았던 기제의 결핍이 증기기관차가 가파른 언덕을 오를 때에는 파국의 원인으로 작용한다.

8-120] 비록 이 모두는 이 연령 자체가 체질적으로 병리적이라는 것을 인정하는 것과는 거리가 멀지만 이 연령기는 체질상 병리적 계기를 지닌 사람들에게 특히 위험하다. 결국 홈부르거 본인은 이 연령기의 온갖 잠재적 혼란들의 악화와 강화를 통해, 일련의 인격의 심리적 변이들(즉 아동기의 질병과 정상적 이상 사이의 경계적 상태)이 성숙 지연, 유년기 연장(유치증幼稚症)에 기인한 것들로 간주되어야 한다는 것을 보여 주었다.

8-121] 결핍과 다양한 종류의 발달 장애와 지연은 성숙의 위기적 시기에 특히 날카롭게 드러난다. 이처럼 성적 성숙의 시작이 아니라 지연이 이 경우 혼란의 원인이다. 위에서 발전시킨 생각에 비추어 볼 때 성적 성숙 시기와 병리적 혼란 사이의 이러한 관계는 이와 반대되는 생각, 즉 가장 흔히 관찰되었고 일반적 의식에 공고히 자리 잡고 있던 생각(복잡성은 성적 성숙의 지연이 아닌 성적 성숙의 시작에 의해 촉발된다-K) 만큼이나 이 연령기에 대한 생물학적 이해를 특징짓는다.

비고츠키는 홈부르거에 동의할까, 동의하지 않을까? 비고츠키는 홈부르거가 청소년기 병리학(정상 병리학)에 관한 체질적 설명을 거부한 것에 동의하며, 인격 이상이 정상 병리부터 유치증에 기인한 병적 상태에 이르기까지 연속선상에 있다는 홈부르거의 발견에도 동의한다. 그러나 비고츠키는 이 현상들이 모

비고츠키가 『청소년기 아동학』을 저술할 당시에 사모아에서 현장연구를 수행하던 마가렛 미드.

두 성적 성숙의 지연에서 비롯된다는 생각을 거부하며, 마찬가지로 성적 성숙의 시작과 더불어 나타난다는 전통적 생각도 거부한다. 이 설명에 대한 논리적 결론은 성적 성숙은 마가렛 미드가 자신의 저서인 『사모아의 청소년』에서 주장한 것처럼 '자연적'이어야 한다는 것이다. 이 생물학적 설명은 소비에트 연방이나 한국의 청소년에게 가장 중요한 지연(사회문화적 성숙)으로 인한 갈등을 완화할 수 없다. 사모아를 포함한 모든 문화에서 성인의 성행동은 사회문화적 성숙에 의존하며, 성적 성숙이 여타의 성장을 지배하는 것이 아니다.

Mead, M.(1928). *Coming of Age in Samoa: A psychological study of adolescence in a primitive culture.* New York: William Morrow.

8-122] 따라서 우리는 이행적 연령기가 병리적 과정의 운명을 규정한다는 의미에서 무관하거나 중립적이라고 보려는 것과는 거리가 멀다. 반대로 우리는 이 연령기에 건강과 질병 사이에 특히 심오하고 복잡한 관계가 있다고 본다. 우리는 다만 이 연령기 전반에 찍힌 숙명적인 병색의 낙인을 걷어내고 건강한 핵심을 드러내는 것이 필요하다고 생각한다. 그러나 만일 우리가 이 연령기로부터 병색의 낙인을 지워야 한다고 하더라도 질병에 찍힌 연령기의 낙인은 지울 수 없다. 그러므로 우리는 각 연령기의 이해를 위해 그 병리학을 공부하는 것이 특히 중요하다고 생각한다.

8-123] 우리는 예컨대 뇌염같이 심한 유기체적 질환에서도 이행적 연령기는 성인이 보여 주는 것과는 반대의 뇌염 후 상태를 보여 준다는 것을 안다. 성인에게서는 무감증, 즉 정서적 반응의 상실이 관찰되는 반면 청소년에게는 강력한 정서적 분출로 표현되는 반대의 변화 특성이 기본적이고 지배적인 면모로 관찰된다. 우리가 홈부르거와 같이 청소년에게서 이 현상이 정점에 달한다고 받아들이건 혹은 구례비치와 같이 청소년의 이 변화는 어린이보다 덜 선명하며, 성인의 무감증과 어린이의 강력한 정서성 사이에 위치한다고 받아들이건 간에 우리는 이 역설적 반응에서 이행적 연령기의 특징적 낙인을 감지하지 않을 수 없다. 여기서 우리는 이 위기적 시기의 정서적 풍부함에 대한 흉하고 왜곡된 입증을 본다.

모기에 의해 전염되는 일본뇌염을 포함하여 많은 유형의 뇌염이 존재한다. 비고츠키가 말하듯, 뇌염은 발작을, 특히 어린이에게서 제어할 수 없는 발작을 초래할 수 있다. 뇌염으로 인해 발작을 일으켰던 어린이들은 종종 '비행소년'으로 진단받았고, 그들 중 몇몇은 미국에서 전두엽 절제술을 받기도 하였다. 그러나 성인에게서 뇌염은 매우 상반된—일종의 마비, 움직일 수 없는 상태를 유발시킬 수 있다. 1930년에 기면성 뇌염이 전 세계적으로 유행했을 때, 당시 이 병에 걸렸던 많은 환자들은 30년 동안 부동의 수면상태로 빠져들게 되었으며, 그 누구도 깨울 수 없게 되었다. 신경과 의자이자 작가인 O. 색스는 1973년 자신의 책인 『소생』에서 1930년대부터 기면성 뇌염으로 인해 수면병을 앓아 온 사람들을 L-DOPA라는 약을 이용하여 치료한 자신의 제한적인 성공 사례에 대해 썼다. 몇몇 환자들은 약을 투여받은 뒤 잠깐 증세에 차도를 보였지만, 그 후에 다시금 부동의 수면상태로 돌아갔다. 또한 극작가 H. 핀터 또한 1982년에 이러한 기면성 뇌염 환자들에 관한 희극인 『일종의 알래스카』를 썼다.

Vilensky, J. A., Foley, P. and Gilman, S.(2007). Children and encephalitis lethargica: a historical review. *Pediatric Neurology*, August; 37(2): 79-84 참조.

8-124] A. B. 잘킨트는 말한다. "우리가 보듯 이 연령기에는 최대의 가능성과 특별히 위태로운 위기가 동시에 포함된다. 이 연령기가 그토록 극심한 모순으로 물들어 있는 것은 바로 연령기의 거대한 풍부함 때문이다. 오늘날 청소년의 비극은 연령기 자체의 치명적 비극이 아니다. 이는 연령기의 에너지를 병리적, 기생적으로 적용하도록 하는 환경의 왜곡된 영향 탓이다." 이 말에서 우리는 이행적 연령기의 갈등과 혼란의 모든 문제에 대한 열쇠를 본다.

● 심화 연구를 위한 참고 문헌

1. А. Б. 잘킨트. Вопросы советской педагогики(소비에트 교육학의 문제들). — Гиз, Ленинград, 1926г. — Ц. 1р. 20к.

2. П П. 블론스키. — Педология(아동학). — Москва, 1925г. — "Работник Прос-вещения". Цена 2р.

3. И. А. 아랴모프. —공저— Рабочий подросток(청소년 노동자). — Материалы для педологической характеристики(아동학적 묘사를 위한 자료). — "М. Тр анспечать", 1928г. Ц. 2р.

4. И. А. 아랴모프. — Основные вопросы педологии подростка(청소년 아동학의 주요 문제). — "Статья в сб. Труды 2Моск.Гос.Унив." т.Iстр. 114—125. — "Р-аботник Просв", 1929г. — Ц. 2руб. 30к.

5. И. А. 아랴모프. — Особенности поведения современного подростка(현대 청소년의 행동 특성). "Статья в журнале Педология", № 1. Стр. 159—171. — Гиз, 1928г.Ц. 3р.

다음 문제에 대한 답을 쓰고, 그 근거를 제시하시오.

1. 체질이란 무엇이고, 신체 구조와 성격의 주요 유형은 어떠하며, 연령별 체질은 무엇인가?

2. 슈프랑거와 프로이트의 성적 성숙의 심리학 이론은 무엇인가? 두 이론을 비판적으로 논하시오.

3. 이행적 연령기의 성적 기생성과 성적 욕망의 승화를 어떻게 이해해야 하며, 두 과정의 기저에 놓인 가장 그럴듯한 생리적 기제는 무엇인가?

4. 소비에트 성교육 체계의 기저에 놓인 가장 중요한 심리학적 명제들을 나열하고, 교육적 환경, 자연과학 연구, 집단노동, 체육, 피오네르 운동의 중요성을 성교육의 요소로 제시하시오.

5. 이행적 연령기의 갈등과 혼란에 대한 체질적 이해와 조건적 이해는 무엇이며, 두 이해의 차이는 무엇인가?

6. 이행적 시기의 '생물학적 가위'는 이 이론 중 두 번째 관점으로 어떻게 설명되는가?

● 이행적 연령기의 갈등과 혼란

비고츠키는 성 계몽, 즉 생물학적, 성적, 사회-문화적 성숙의 세 '봉우리'를 모두 포함하는 성교육, 복합적이지만 통합된 윤리적 인격의 발달에 대한 제안으로 지난 장을 끝냈다. 이번 장에서 비고츠키는 이행적 연령기의 어려움, 즉 의학적 문제, 심리적 문제, 노동 계급과 중산 계급(부르주아) 가족의 사춘기 청소년 행동의 문제에 대한 현존하는 설명들에 토대하여 이 과제를 발달시킨다. 이런 이유로 그가 내준 숙제는 우리가 여기서 하려고 하는 이 장의 요약과 중고등학교 교사라면 매일 일상적으로 가능한 학교와 일터에서의 청소년에 대한 비교 관찰에 집중되어 있다.

비고츠키는 청소년기의 갈등과 혼란이 '체질적'이라는, 즉 환경뿐 아니라 유기체 발달의 결과로 생겨났다는 설명을 검토한다. '체질'이란 생물학적(예컨대 키가 크고 마른 '허약' 체질)이면서 동시에 심리-사회적(예컨대 반사회적인 '분열' 체질) 산물이기 때문에, 이 '체질적' 설명은 진정한 전체론적 제안이다. 그러나 비고츠키는 그것만으로 충분히 복합적이지 않다는 것을 발견한다. 그것은 단순히 역설적이기만 한 것이 아니라 자기-모순적인 결과를 낳기 때문이다. 청소년기는 한편으로 어린이가 그때까지 겪어 온 발달 중 가장 큰 솟구침이며, 다른 한편으로 노년기와 죽음처럼 보편적이면서도 궁극적으로 파괴적이기 때문에, 본질적으로 비발달적인 '정상적 병리 상태'이다. 그러한 설명은 인류가 자연 환경(인간의 생물학적 본성을 포함하는)을 극복하고 이겨 냈다는 사실을 설명할 수 없다. 청소년기에 대한 '체질적' 설명이 생물학적이고 사회학적인 의미는 포함하지만, '체질constitution'이라는 낱말이 러시아어와 영어에서 지니고 있는, 윤리적 시민권의 토대가 되는 성문 헌법이라는 사회-문화적 의미는 배제한다는 것을 지적하는 것은 아마도 의미가 있을 것이다.

비고츠키는 청소년기에 병리적 과정이 널리 퍼진 사실은 인정하지만 그에 대해 매우 다른 설명을 제시한다. 그는 청소년기의 갈등과 혼란이 불가피한 것이 아니라 '조건적인' 것이라 주장한다. 성숙의 세 '봉우리'는 등반자가 쉽게 걸려 넘어질 수 있는 수많은 상황을 제공한다. 예컨대 생물학적으로 불균등한 성장은 (결핵과 같이) 면역 체계가 약해졌을 때 감염되는 질병에 취약한 조건을 만든다. 성적으로 성숙 과정은 조숙한, 불만족스러운 경험의 확률을 높이며, 이러한 경험들 중 일부는 생물학적, 사회문화적 발달에 부정적 결과를 가져올 것이다. 사회-문화적으로 학업과 진로 계획에 관한 결정은, 특히 역사적 변화가 빠른 속도로 일어날 경우 나중에 후회할 수 있음에도, 그 결과가 어린이에게 분명해지기 오래전에 이루어져야 한다. 비고츠키는 이러한 사회문화적 조건성에서의 두 가지 '계기'를 제시한다.

비고츠키는 청소년기의 사회문화적 조건성의 첫 번째 계기를 조사한다. 이는 생물학이 문화로의 이행을 위한 조건을 제공한다는 것이다. 청소년기는 유년기가 선사 시대의 인간적 성취였던 것처럼, 불가피한 단계가 아니라 인류가 역사에서 이룬 성취이다. 이 계기는 보편적이다. 그것은 적어도 동물과 비교했을 때 오늘날 세계의 모든 인간에 적용된다. 모든 인간은 문화를 가지며, 따라서 모든 인간은 어떤 형태로든 청소년기를 거친다. 모든 인간은 다른 문화를 가지며, 따라서 모든 인간은 성숙의 세 봉우리의 불일치를 다른 방식으로 경험하고 그것을 극복할 서로 다른 기회를 갖는다.

마지막 부분에서 비고츠키는 조건적 설명에 대한 두 번째 계기를 검토한다. 즉, 문화 내에서 모든 계급이 첫 번째 계기를 동일한 방식으로 경험하는 것은 아니라는 것이다. 특히 노동 계급 청소년은 사회문화적 성숙을 생물학적 성숙이나 성적 성숙보다 훨씬 더 높게 두어야 하기 때문에, 승화(즉 노동을 위해 성적 만족을 제쳐 두는)에 대한 명백하고 즉각적인 동기를 갖게 된다. 반면 '부르주아' 청소년은 교육(즉 문화적 상상과 사회적 창조)에 투자할 시간과 돈이 있기 때문에 승화의 기회가 훨씬 더 크지만, 불행하게도 이는 부르주아 청소년에게 큰 동기가 되지 못하며 오히려 자본주의 사회는 성적 기생에 훨씬 더 큰 자극을 제공한다.

A. 청소년기의 생리적 갈등과 혼란은 정상적인가, 병리적인가, 체질적인가, 조건적인가?
　i. 비고츠키는 전통적으로 건강과 질병은 개념적 장벽에 가로막힌 채 개념적으로 분리되어 왔다고 말한다(8-2). 그러나 최근 이행적 연령기의 갈등과 혼란은 연구자들에게 이러한 구분이 더 이상 지속될 수 없음을 보여 준다. 즉 청소년기는 노년기처럼 '정상적 병리'의 연령기이다(8-1). 비고츠키는 두 견해를 모두 거부하고 '체질' 개념이 청소년기에 정상적인 것과 병리적인 것을 조화시키는 기회를 제공한다고 주장한다(8-4~8-5).
　ii. 병원균의 존재가 감염을 설명하는 데 충분하지 않음을 지적하면서(왜냐하면 어떤 병원균은 인간을 공격하지만 동물은 공격하지 않으며, 그 반대의 경우도 있기 때문이다), 비고츠키는 '말과 생각', '경험과 체험', '연령기'가 환경 요소와 유기체 요소를 모두 포함하는 것과 동일한 방식으로 '체질'을 외적 병원균과 유기체가 제공하는 내적 가능성 모두를 포함하는 단위로 규정한다(8-5~8-10). 그리고 나서 비고츠키는 '체질' 개념을 확장하여 정상 체질과 연령별 체질을 포함시키며, 연령별 체질이 건강 상태에서 병적 상태에 이르는 연속선상에서 다양한 자리에 놓일 수 있음을 지적한다(8-12~8-20).
　iii. 비고츠키는 크레치머가 고안한 체질 분류(허약, 비만, 운동 체질)를 소개하며, 많은 연구자들이 청소년은 대체로 허약 체질이라고, 즉 키가 크고 말랐으며 일반적으로 쇠약하다고 가정했음을 지적한다(8-21~8-28). 비고츠키는 전형적인 청소년이 전형적인 유아나 아동과 정반대라고 말한다. 키가 작기보다 크고, 머리는 크기보다 작고, 최소한의 일차적인 성적 징후(생식기) 대신 이차 성징(체모, 목소리, 호르몬)이 뚜렷하게 나타난다. 다시 한 번 비고츠키는 이 변화의 생물학적 토대가 내분비계에 있음을 지적한다(8-30~8-31).

iv. 그러나 비고츠키는 또한 이 불운한 체질의 보편성에 의문을 던지는 혈압에 관한 자료를 소개한다(8-32~8-33). 허약 체질이 예컨대 유아기보다 청소년기에 훨씬 더 크다고 해서, 그것이 이행적 연령기에 보편적이라는 것은 전혀 아니다(8-34). 결국 비고츠키는 청소년의 체질이 생식에 불리하다는 생각과, 청소년기에 생명 에너지가 강력히 급증하고 성적 성숙은 생물적으로 합목적적이라는 생각이 조화되기 힘들다고 주장한다(8-35~8-36). 이에 대한 한 가지 가능한 설명은 신체는 준비되었지만 마음은 여전히 약하다는 것이다. 비고츠키는 이제 그 가능성을 검토한다.

B. 청소년기의 심리적 갈등과 혼란은 정상적인가, 병리적인가, 체질적인가, 조건적인가?

i. 비고츠키는 크레치머의 체질 유형이 심리적 특징을 포함한다는 것을 지적한다. 예를 들어 키가 작고 뚱뚱한 '초식동물적' 비만형은 조울증(폭식과 단식)과 연관되는 반면, 키가 크고 쇠약한 허약형과 키가 크고 힘이 센 운동형은 정신분열증(비사교적이고 반사회적인 성향)과 연관된다.

ii. 각각의 병리적 극단이 순환기질과 분열기질과 같은 비非병리적 극단과 연관되기 때문에(8-37~8-41), 이는 연령기와의 연관을 시사한다. 블론스키에 따르면 초기 유년기는 비非병리적 순환기질과 연관되며 청소년기는 비非병리적 분열기질과 연관된다(8-43).

iii. 다시 한 번 비고츠키는 반대한다. 첫째 비고츠키는 불리하고 반사회적인 정신 체질이 생명력의 폭발적 급증이나 생물학적 요구, 사회문화적 성숙과 일관되지 않는다고 말한다(8-44~8-45). 둘째 비고츠키는 통계적 자료가 그것을 지지하지 않는다고 말한다. 아랴모프는 청소년들이 자기도취적이기보다는 사교적인 경향이 있으며(8-46), 행여 청소년들에게 염려되는 점이 있다 하여도 이는 상상과 몽상의 과잉보다는 지나친 구체성과 실제성 때문이라고(8-47) 지적했다.

iv. 요약하면서 비고츠키는 생리적 발달과 심리적 발달 어디에도 이행적 연령기가 노년기에 비견되는 '정상적 병리 상태'임을 증명하는 이론적 지지물이나 명백한 경험적 증거가 없다고 결론 내린다(8-48~8-59). 그러나 갈등과 혼란이 '정상적 병리 상태'에서 비롯된 것이 아니고 청소년기의 체질 속에 내재한 것이 아니라면, 그것은 도대체 어디에서 비롯된 것이며, 무엇을 의미하는가(8-60~8-63)?

C. 청소년기 갈등과 혼란의 사회발생적 조건은 무엇인가?

i. 비고츠키는 발달의 지그재그 본성이 '인류학적 측면'에서 해결될 필요가 있는 사실이라고 말한다(8-64). 성장이 지속될 수 있으며 지속될지라도, 어린이의 신

체 유형은 학령기 말에 이미 성인의 신체 유형에 가까워지기 때문에 갈등과 혼란이 일어난다(8-64). 예를 들어 피그미족은 특별한 청소년기를 거치지 않고 유년기에서 바로 초기 성인기로 나아가는 것처럼 보이며(8-66), 수명 또한 매우 짧다.

ii. 블론스키는 청소년이 슈타이나흐와 보로노프가 시술한 노인들과 같이 사실상 성 호르몬에 의해 회춘한 늙은 어린이라고 추측한다(8-67). 비고츠키는 청소년들에게 역발달이 일어나고 피그미족에게 상대적으로 청소년기가 결여되어 있다는 사실은 받아들이지만 블론스키의 결론은 거부한다(8-68). 비고츠키의 거부는 두 가지 주장에 의존한다(8-72).

iii. 첫째는 방법론적인 것이다. 아동학의 대상은 고래가 어류로 분류될 수 없는 것처럼 단순히 외양에 의해 규정될 수 없다. 청소년기는 노년기와 닮았지만 단지 그러한 유사성만으로 노년기로 분류할 수는 없다(8-68~8-71).

iv. 비고츠키는 두 번째 주장은 연구 대상으로서의 청소년과 관련이 있다. 청소년기가 성숙의 세 봉우리(해부학적, 성적, 사회문화적)의 산물이라고 말한 이상, 청소년기를 영원한 자연 법칙으로 단순히 환원할 수는 없다(8-72~8-74). 성적 기생(예컨대 청소년의 옷에서 볼 수 있는 비非성적 재료의 성적 대상화)과 성적 승화(즉 청소년의 첫 사랑에서 볼 수 있는 성적 재료의 탈脫성적 대상화)의 공존은 비고츠키에게 우리가 상이한 역사적 유형들을 구별할 수 있다는 것을 제안한다(8-75~8-88).

D. 청소년기는 노동 계급과 중산 계급 가족에서 어떻게 다른가?

i. 비고츠키가 청소년이 노동자일 수 있다고 생각한 이유는 분명한 반면, 생산수단을 소유하지 않은 청소년이 어떻게 노동을 착취하는 부르주아 계급이 될 수 있는지는 다소 불분명하다. 아마도 비고츠키가 '계급'이라는 용어를 개별 청소년의 실제 사회적 생산관계보다는 혈통과 생활 과업을 가리키는 것으로 사용하고 있다고 보는 것이 옳을 것이다. 소비에트와 중국에서도 흔히 그랬듯이 비고츠키는 착취당하는 계급에 속하는 노동 계급 청소년과 착취하는 계급에 속하는 '부르주아' 청소년을 구분한다(8-89).

ii. 비고츠키는 측면에서 본 성숙의 세 봉우리를 연결하는 삼각형을 상상한다. 여전히 일해야 하는 청소년에게 올라야 하는 가장 높은 봉우리는 사회문화적 봉우리이다. 그는 노동해야 살 수 있기 때문이다(8-89~8-90). 그러나 '부르주아' 청소년에게 노동의 요구는 절박하지 않으며 일을 한다 해도 그것은 자발적 성격을 지닌다(8-91). 생물학적(유기체적, 해부학적) 성숙은, 그 비교적 느리게 나타나기 때문에, 삼각형의 밑변에 남지만(8-92), 성적 성숙은 빠르게 지배적 위치를 차지한다(8-93). 이는 비고츠키에게 노동 계급 청소년은 승화에 더 긴급한 필요를 갖는 반면, '부르주아' 청소년은 성적 기생성에 더 영향받기 쉽다는 것을 시사한다(8-94~8-101).

iii. 그러나 비고츠키는 이것이 노동 계급 청소년과 부르주아 청소년이 똑같은 승화의 기회를 가진다는 것을 의미하지는 않는다고 지적한다(8-98). 상상적, 창조적, 과학적 탐구에서 이러한 승화 기회의 결핍은 비고츠키로 하여금 사회문화적 성숙의 봉우리에서 햇빛을 덜 받는 측면을 고찰하도록 한다. 그리하여 그는 생명력과 건강의 시기여야 할 청소년기가 그럼에도 불구하고 왜 많은 갈등과 혼란을 포함하는 것처럼 보이는지에 대한 질문으로 돌아간다(8-102~8-104). 비고츠키는 이러한 것들이 체질적이 아니라 조건적임을 확립하며, 청소년기의 많은 문제들이 빈곤한 노동과 학습 조건에서 비롯된 외상적 상처라는 아랴모프의 연구를 인용한다(8-105~8-115).

iv. 결론적으로 비고츠키는 청소년기에는 내재적으로나 체질적으로 병리적인 것은 아무것도 없다는, 홈부르거와 공유하는 관점을 되풀이한다. 비고츠키는 많은 갈등과 혼란이 두 가지 원천에서 기인한다고 주장한다. 첫째 활동의 폭발적 급증은 환경의 잠재적 위험성을 증폭시킨다(일터에서의 외상과 청년기의 성적 질병). 둘째 외상은 독립적인 생활의 시작과 함께 일어나기 때문에 특히 심각한 결과를 초래한다(8-120). 그러나 이러한 갈등과 혼란은, 기회의 불평등이 초래한 차이와 같이, 단지 청소년기가 가능하게 하는 새로운 잠재력과 새로운 힘의 어두운 측면일 뿐이다(8-121~8-124).

비고츠키 연구회(http://cafe.daum.net/vygotskyans)

교육의 본질을 고민하고 진정한 교육적 혁신을 위해 비고츠키를 연구하는 모임, 비고츠키 원전을 번역하고 현장 연구를 통한 논문을 지속적으로 발표해 오고 있다. 진지하고 성실한 학문적 접근을 통해 비고츠키 사상을 이해하고자 하는 이라면 누구나 함께 할 수 있다. 『성애와 갈등』의 번역에 참여한 회원은 다음과 같다.

데이비드 켈로그David Kellogg 맥쿼리대학교 언어학 박사. 상명대학교 영어교육과 교수. 비고츠키 한국어 선집 공동 번역 작업에 참여하였습니다. *Applied Linguistics*, *Modern Language Journal*, *Language Teaching Research*, *Mind Culture & Activity* 등의 해외 유수 학술지에 지속적으로 논문을 게재해 오고 있으며 동시에 다수의 국제 학술지 리뷰어로 활동하고 있습니다. 비고츠키 연구의 권위자로 인정받고 있습니다.

김용호 서울교육대학교와 교육대학원을 졸업하고 한국교원대학교에서 교육학 박사학위를 받았습니다. 현재 서울 녹번초등학교에서 어린이들을 가르치고 있습니다. 켈로그 교수님과 함께 외국어 학습과 어린이 발달 일반의 관계를 공부해 왔습니다.

이두표 서울에 있는 천왕중학교 과학 교사로 서울대학교 물리교육과와 대학원 과학교육과를 졸업하였습니다. 2010년 여름 비고츠키를 처음 만난 후 그 매력에 푹 빠져 꾸준히 비고츠키를 공부하고 있습니다.

이미영 서울교육대학교를 졸업하고 서울광남초등학교 교사로 근무하고 있습니다. 서울교육대학교 대학원 영어교육과에서 켈로그 교수님을 통해 비고츠키를 처음 접하고 공부하고 있습니다.

최영미 춘천교육대학교를 졸업하고 현재 위례고운초등학교에서 근무하고 있습니다. 서울교육대학교 대학원 영어교육과 재학 중 D. 켈로그 교수님을 만나 제가 속한 세상을 바라보는 새로운 눈을 갖게 되기를 소망하게 되었습니다. 든든한 길동무와도 같은 선생님들과 『도구와 기호』를 함께 번역한 것을 시작으로 지금도 부족한 공부를 계속하고 있습니다.

한희정 청주교육대학교와 한국교원대학교를 졸업하고, 현재 서울정릉초등학교에 근무하며 경희대학교에서 교육과정 박사과정을 밟고 있습니다. 어린이의 성장과 발달을 돕는 교육과정-수업-평가라는 고민에 대한 답을 비고츠키를 통해 찾아가고 있습니다.

*비고츠키 연구회와 함께 번역, 연구 작업에 동참하고 싶으신 분들은 iron_lung@hanmail.net으로 문의해 주시기 바랍니다.

삶의 행복을 꿈꾸는 교육은 어디에서 오는가?

미래 100년을 향한 새로운 교육 [혁신교육을 실천하는 교사들의 **필독서**]

▶ 교육혁명을 앞당기는 배움책 이야기
혁신교육의 철학과 잉걸진 미래를 만나다!

한국교육연구네트워크 총서

01 핀란드 교육혁명
한국교육연구네트워크 엮음 | 320쪽 | 값 15,000원

02 일제고사를 넘어서
한국교육연구네트워크 엮음 | 284쪽 | 값 13,000원

03 새로운 사회를 여는 교육혁명
한국교육연구네트워크 엮음 | 380쪽 | 값 17,000원

04 교장제도 혁명
한국교육연구네트워크 엮음 | 268쪽 | 값 14,000원

05 새로운 사회를 여는 교육자치 혁명
한국교육연구네트워크 엮음 | 312쪽 | 값 15,000원

06 혁신학교에 대한 교육학적 성찰
한국교육연구네트워크 엮음 | 308쪽 | 값 15,000원

07 진보주의 교육의 세계적 동향
한국교육연구네트워크 엮음 | 324쪽 | 값 17,000원
2018 세종도서 학술부문

08 더 나은 세상을 위한 학교혁명
한국교육연구네트워크 엮음 | 404쪽 | 값 21,000원
2018 세종도서 교양부문

혁신학교
성열관·이순철 지음 | 224쪽 | 값 12,000원

행복한 혁신학교 만들기
초등교육과정연구모임 지음 | 264쪽 | 값 13,000원

서울형 혁신학교 이야기
이부영 지음 | 320쪽 | 값 15,000원

혁신교육, 철학을 만나다
브렌트 데이비스·데니스 수마라 지음
현인철·서용선 옮김 | 304쪽 | 값 15,000원

혁신교육 존 듀이에게 묻다
서용선 지음 | 292쪽 | 값 14,000원

다시 읽는 조선 교육사
이만규 지음 | 750쪽 | 값 33,000원

대한민국 교육혁명
교육혁명공동행동 연구위원회 지음 | 224쪽 | 값 12,000원

한국교육연구네트워크 번역 총서

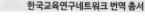

01 프레이리와 교육
존 엘리아스 지음 | 한국교육연구네트워크 옮김
276쪽 | 값 14,000원

02 교육은 사회를 바꿀 수 있을까?
마이클 애플 지음 | 강희룡·김선우·박원순·이형빈 옮김
356쪽 | 값 16,000원

03 비판적 페다고지는 세상을 변화시킬 수 있는가?
Seewha Cho 지음 | 심성보·조시화 옮김 | 280쪽 | 값 14,000원

04 마이클 애플의 민주학교
마이클 애플·제임스 빈 엮음 | 강희룡 옮김 | 276쪽 | 값 14,000원

05 21세기 교육과 민주주의
넬 나딩스 지음 | 심성보 옮김 | 392쪽 | 값 18,000원

06 세계교육개혁: 민영화 우선인가 공적 투자 강화인가?
린다 달링-해먼드 외 지음 | 심성보 외 옮김 | 408쪽 | 값 21,000원

대한민국 교사, 어떻게 가르칠 것인가?
윤성관 지음 | 320쪽 | 값 15,000원

아이들을 어떻게 가르칠 것인가
사토 마나부 지음 | 박찬영 옮김 | 232쪽 | 값 13,000원

모두를 위한 국제이해교육
한국국제이해교육학회 지음 | 364쪽 | 값 16,000원

경쟁을 넘어 발달 교육으로
현광일 지음 | 288쪽 | 값 14,000원

독일 교육, 왜 강한가?
박성희 지음 | 324쪽 | 값 15,000원

핀란드 교육의 기적
한넬레 니에미 외 엮음 | 장수명 외 옮김 | 456쪽 | 값 23,000원

한국 교육의 현실과 전망
심성보 지음 | 724쪽 | 값 35,000원

▶ 비고츠키 선집 시리즈
발달과 협력의 교육학 어떻게 읽을 것인가?

 생각과 말
레프 세묘노비치 비고츠키 지음
배희철·김용호·D. 켈로그 옮김 | 690쪽 | 값 33,000원

 도구와 기호
비고츠키·루리야 지음 | 비고츠키 연구회 옮김
336쪽 | 값 16,000원

 어린이 자기행동숙달의 역사와 발달 I
L.S. 비고츠키 지음 | 비고츠키 연구회 옮김
564쪽 | 값 28,000원

 어린이 자기행동숙달의 역사와 발달 II
L.S. 비고츠키 지음 | 비고츠키 연구회 옮김
552쪽 | 값 28,000원

 어린이의 상상과 창조
L.S. 비고츠키 지음 | 비고츠키 연구회 옮김
280쪽 | 값 15,000원

 비고츠키와 인지 발달의 비밀
A.R. 루리야 지음 | 배희철 옮김 | 280쪽 | 값 15,000원

 수업과 수업 사이
비고츠키 연구회 지음 | 196쪽 | 값 12,000원

 비고츠키의 발달교육이란 무엇인가?
비고츠키교육학실천연구모임 지음 | 412쪽 | 값 21,000원

 성장과 분화
L.S. 비고츠키 지음 | 비고츠키 연구회 옮김
308쪽 | 값 15,000원

 연령과 위기
L.S. 비고츠키 지음 | 비고츠키 연구회 옮김
336쪽 | 값 17,000원

 의식과 숙달
L.S. 비고츠키 | 비고츠키 연구회 옮김
348쪽 | 값 17,000원

 분열과 사랑
L.S. 비고츠키 지음 | 비고츠키 연구회 옮김
260쪽 | 값 16,000

 성애와 갈등
L.S. 비고츠키 지음 | 비고츠키 연구회 옮김
268쪽 | 값 17,000

 관계의 교육학, 비고츠키
진보교육연구소 비고츠키교육학실천연구모임 지음
300쪽 | 값 15,000원

 비고츠키 생각과 말 쉽게 읽기
진보교육연구소 비고츠키교육학실천연구모임 지음
316쪽 | 값 15,000원

 교사와 부모를 위한 비고츠키 교육학
카르포프 지음 | 실천교사번역팀 옮김 | 308쪽 | 값 15,000원

▶ 살림터 참교육 문예 시리즈
영혼이 있는 삶을 가르치는 온 선생님을 만나다!

 꽃보다 귀한 우리 아이는
조재도 지음 | 244쪽 | 값 12,000원

 성깔 있는 나무들
최은숙 지음 | 244쪽 | 값 12,000원

 아이들에게 세상을 배웠네
명혜정 지음 | 240쪽 | 값 12,000원

 밥상에서 세상으로
김흥숙 지음 | 280쪽 | 값 13,000원

 우물쭈물하다 끝난 교사 이야기
유기창 지음 | 380쪽 | 값 17,000원

 선생님이 먼저 때렸는데요
강병철 지음 | 248쪽 | 값 12,000원

 서울 여자, 시골 선생님 되다
조경선 지음 | 252쪽 | 값 12,000원

 행복한 창의 교육
최창의 지음 | 328쪽 | 값 15,000원

 북유럽 교육 기행
정애경 외 14인 지음 | 288쪽 | 값 14,000원

▶ 4·16, 질문이 있는 교실 마주이야기
통합수업으로 혁신교육과정을 재구성하다!

통하는 공부
김태호 · 김형우 · 이경석 · 심우근 · 허진만 지음
324쪽 | 값 15,000원

내일 수업 어떻게 하지?
아이함께 지음 | 300쪽 | 값 15,000원
2015 세종도서 교양부문

인간 회복의 교육
성래운 지음 | 260쪽 | 값 13,000원

교과서 너머 교육과정 마주하기
이윤미 외 지음 | 368쪽 | 값 17,000원

수업 고수들 수업·교육과정·평가를 말하다
박현숙 외 지음 | 368쪽 | 값 17,000원

도덕 수업, 책으로 묻고 윤리로 답하다
울산도덕교사모임 지음 | 320쪽 | 값 15,000원

체육 교사, 수업을 말하다
전용진 지음 | 304쪽 | 값 15,000원

교실을 위한 프레이리
아이러 쇼어 엮음 | 사람대사람 옮김 | 412쪽 | 값 18,000원

마을교육공동체란 무엇인가?
서용선 외 지음 | 360쪽 | 값 17,000원

교사, 학교를 바꾸다
정진화 지음 | 372쪽 | 값 17,000원

함께 배움
학생 주도 배움 중심 수업 이렇게 한다
니시카와 준 지음 | 백경석 옮김 | 280쪽 | 값 15,000원

공교육은 왜?
홍섭근 지음 | 352쪽 | 값 16,000원

자기혁신과 공동의 성장을 위한
교사들의 필리버스터
윤양수 · 원종희 · 장군 · 조경삼 지음 | 280쪽 | 값 14,000원

함께 배움 이렇게 시작한다
니시카와 준 지음 | 백경석 옮김 | 196쪽 | 값 12,000원

함께 배움 교사의 말하기
니시카와 준 지음 | 백경석 옮김 | 188쪽 | 값 12,000원

교육과정 통합, 어떻게 할 것인가?
성열관 외 지음 | 192쪽 | 값 13,000원

미래교육의 열쇠, 창의적 문화교육
심광현 · 노명우 · 강정석 지음 | 368쪽 | 값 16,000원

주제통합수업, 아이들을 수업의 주인공으로!
이윤미 외 지음 | 392쪽 | 값 17,000원

수업과 교육의 지평을 확장하는 수업 비평
윤양수 지음 | 316쪽 | 값 15,000원
2014 문화체육관광부 우수교양도서

교사, 선생이 되다
김태은 외 지음 | 260쪽 | 값 13,000원

교사의 전문성, 어떻게 만들어지나
국제교원노조연맹 보고서 | 김석규 옮김 392쪽 | 값 17,000원

수업의 정치
윤양수 · 원종희 · 장군 지음 | 280쪽 | 값 14,000원

학교협동조합,
현장체험학습과 마을교육공동체를 잇다
주수원 외 지음 | 296쪽 | 값 15,000원

거꾸로교실,
잠자는 아이들을 깨우는 수업의 비밀
이민경 지음 | 280쪽 | 값 14,000원

교사는 무엇으로 사는가
정은균 지음 | 292쪽 | 값 15,000원

마음의 힘을 기르는 감성수업
조선미 외 지음 | 300쪽 | 값 15,000원

작은 학교 아이들
지경준 엮음 | 376쪽 | 값 17,000원

아이들의 배움은 어떻게 깊어지는가
이시이 준지 지음 | 방지현 · 이창희 옮김 | 200쪽 | 값 11,000원

대한민국 입시혁명
참교육연구소 입시연구팀 지음 | 220쪽 | 값 12,000원

교사를 세우는 교육과정
박승열 지음 | 312쪽 | 값 15,000원

전국 17명 교육감들과 나눈
교육 대담
최창의 대담·기록 | 272쪽 | 값 15,000원

들뢰즈와 가타리를 통해
유아교육 읽기
리세롯 마리엣 올슨 지음 | 이연선 외 옮김 | 328쪽 | 값 17,000원

학교 혁신의 길, 아이들에게 묻다
남궁상운 외 지음 | 272쪽 | 값 15,000원

 학교 민주주의의 불한당들
정은균 지음 | 276쪽 | 값 14,000원

 프레이리의 사상과 실천
사람대사람 지음 | 352쪽 | 값 18,000원
2018 세종도서 학술부문

 교육과정, 수업, 평가의 일체화
리사 카터 지음 | 박승열 외 옮김 | 196쪽 | 값 13,000원

 혁신학교, 한국 교육의 미래를 열다
송순재 외 지음 | 608쪽 | 값 30,000원

 학교를 개선하는 교장
지속가능한 학교 혁신을 위한 실천 전략
마이클 풀란 지음 | 서동연·정효준 옮김 | 216쪽 | 값 13,000원

 페다고지를 위하여
프레네의 『페다고지 불변요소』 읽기
박찬영 지음 | 296쪽 | 값 15,000원

 공자뎐, 논어는 이것이다
유문상 지음 | 392쪽 | 값 18,000원

 노자와 탈현대 문명
홍승표 지음 | 284쪽 | 값 15,000원

 교사와 부모를 위한
발달교육이란 무엇인가?
현광일 지음 | 380쪽 | 값 18,000원

 선생님, 민주시민교육이 뭐예요?
염경미 지음 | 244쪽 | 값 15,000원

 교사, 이오덕에게 길을 묻다
이무완 지음 | 328쪽 | 값 15,000원

 어쩌다 혁신학교
유우석 외 지음 | 380쪽 | 값 17,000원

 낙오자 없는 스웨덴 교육
레이프 스트란드베리 지음 | 변광수 옮김 | 208쪽 | 값 13,000원

 미래, 교육을 묻다
정광필 지음 | 232쪽 | 값 15,000원

 끝나지 않은 마지막 수업
장석웅 지음 | 328쪽 | 값 20,000원

 대학, 협동조합으로 교육하라
박주희 외 지음 | 252쪽 | 값 15,000원

 경기꿈의학교
진흥섭 외 지음 | 360쪽 | 값 17,000원

 입시, 어떻게 바꿀 것인가?
노기원 지음 | 306쪽 | 값 15,000원

 학교를 말한다
이성우 지음 | 292쪽 | 값 15,000원

 촛불시대, 혁신교육을 말하다
이용관 지음 | 240쪽 | 값 15,000원

 행복도시 세종, 혁신교육으로 디자인하다
곽순일 외 지음 | 392쪽 | 값 18,000원

 라운드 스터디
이시이 데루마사 외 엮음 | 224쪽 | 값 15,000원

 나는 거꾸로 교실 거꾸로 교사
류광모·임정훈 지음 | 212쪽 | 값 13,000원

 미래교육을 디자인하는 학교교육과정
박승열 외 지음 | 348쪽 | 값 18,000원

 교실 속으로 간 이해중심 교육과정
온정덕 외 지음 | 224쪽 | 값 13,000원

 흥미진진한 아일랜드 전환학년 이야기
제리 제퍼스 지음 | 최상덕·김호원 옮김 | 508쪽 | 값 27,000원

교실, 평화를 말하다
따돌림사회연구모임 초등우정팀 지음 | 268쪽 | 값 15,000원

폭력 교실에 맞서는 용기
따돌림사회연구모임 학급운영팀 지음 | 272쪽 | 값 15,000원

▶ 교과서 밖에서 만나는 역사 교실
상식이 통하는 살아 있는 역사를 만나다

전봉준과 동학농민혁명
조광환 지음 | 336쪽 | 값 15,000원

남도의 기억을 걷다
노성태 지음 | 344쪽 | 값 14,000원

응답하라 한국사 1·2
김은석 지음 | 356쪽·368쪽 | 각권 값 15,000원

즐거운 국사수업 32강
김남선 지음 | 280쪽 | 값 11,000원

즐거운 세계사 수업
김은석 지음 | 328쪽 | 값 13,000원

강화도의 기억을 걷다
최보길 지음 | 276쪽 | 값 14,000원

광주의 기억을 걷다
노성태 지음 | 348쪽 | 값 15,000원

선생님도 궁금해하는 한국사의 비밀 20가지
김은석 지음 | 312쪽 | 값 15,000원

걸림돌
키르스텐 세룹-빌펠트 지음 | 문봉애 옮김
248쪽 | 값 13,000원

역사수업을 부탁해
열 사람의 한 걸음 지음 | 388쪽 | 값 18,000원

진실과 거짓, 인물 한국사
하성환 지음 | 400쪽 | 값 18,000원

교과서 밖에서 배우는 역사 공부
정은교 지음 | 292쪽 | 값 14,000원

팔만대장경도 모르면 빨래판이다
전병철 지음 | 360쪽 | 값 16,000원

빨래판도 잘 보면 팔만대장경이다
전병철 지음 | 360쪽 | 값 16,000원

영화는 역사다
강성률 지음 | 288쪽 | 값 13,000원

친일 영화의 해부학
강성률 지음 | 264쪽 | 값 15,000원

한국 고대사의 비밀
김은석 지음 | 304쪽 | 값 13,000원

조선족 근현대 교육사
정미량 지음 | 320쪽 | 값 15,000원

다시 읽는 조선근대교육의 사상과 운동
윤건차 지음 | 이명실·심성보 옮김 | 516쪽 | 값 25,000원

음악과 함께 떠나는 세계의 혁명 이야기
조광환 지음 | 292쪽 | 값 15,000원

논쟁으로 보는 일본 근대교육의 역사
이명실 지음 | 324쪽 | 값 17,000원

다시, 독립의 기억을 걷다
노성태 지음 | 320쪽 | 값 16,000원

▶ 평화샘 프로젝트 매뉴얼 시리즈
학교폭력에 대한 근본적인 예방과 대책을 찾는다

학교폭력 어떻게 만들어지는가
문재현 외 지음 | 300쪽 | 값 14,000원

학교폭력, 멈춰!
문재현 외 지음 | 348쪽 | 값 15,000원

왕따, 이렇게 해결할 수 있다
문재현 외 지음 | 236쪽 | 값 12,000원

젊은 부모를 위한 백만 년의 육아 슬기
문재현 지음 | 248쪽 | 값 13,000원

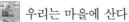
우리는 마을에 산다
유양우·신동명·김수동·문재현 지음 | 312쪽 | 값 15,000원

아이들을 살리는 동네
문재현·신동명·김수동 지음 | 204쪽 | 값 10,000원

평화! 행복한 학교의 시작
문재현 외 지음 | 252쪽 | 값 12,000원

마을에 배움의 길이 있다
문재현 지음 | 208쪽 | 값 10,000원

별자리, 인류의 이야기 주머니
문재현·문한뫼 지음 | 444쪽 | 값 20,000원

▶ 더불어 사는 정의로운 세상을 여는 인문사회과학
사람의 존엄과 평등의 가치를 배운다

 밥상혁명
강양구·강이현 지음 | 298쪽 | 값 13,800원

 좌우지간 인권이다
안경환 지음 | 288쪽 | 값 13,000원

 도덕 교과서 무엇이 문제인가?
김대용 지음 | 272쪽 | 값 14,000원

 민주시민교육
심성보 지음 | 544쪽 | 값 25,000원

 자율주의와 진보교육
조엘 스프링 지음 | 심성보 옮김 | 320쪽 | 값 15,000원

 민주시민을 위한 도덕교육
심성보 지음 | 500쪽 | 값 25,000원
2015 세종도서 학술부문

 민주화 이후의 공동체 교육
심성보 지음 | 392쪽 | 값 15,000원
2009 문화체육관광부 우수학술도서

 교과서 밖에서 배우는 인문학 공부
정은교 지음 | 280쪽 | 값 13,000원

 갈등을 넘어 협력 사회로
이창언·오수길·유문종·신윤관 지음 | 280쪽 | 값 15,000원

 오래된 미래교육
정재걸 지음 | 392쪽 | 값 18,000원

 동양사상과 마음교육
정재걸 외 지음 | 356쪽 | 값 16,000원
2015 세종도서 학술부문

 대한민국 의료혁명
전국보건의료산업노동조합 엮음 | 548쪽 | 값 25,000원

 교과서 밖에서 배우는 철학 공부
정은교 지음 | 280쪽 | 값 14,000원

 교과서 밖에서 배우는 고전 공부
정은교 지음 | 288쪽 | 값 14,000원

 교과서 밖에서 배우는 사회 공부
정은교 지음 | 304쪽 | 값 15,000원

 전체 안의 전체 사고 속의 사고
김우창의 인문학을 읽다
현광일 지음 | 320쪽 | 값 15,000원

 교과서 밖에서 배우는 윤리 공부
정은교 지음 | 292쪽 | 값 15,000원

 카스트로, 종교를 말하다
피델 카스트로·프레이 베토 대담 | 조세종 옮김
420쪽 | 값 21,000원

 한글 혁명
김슬옹 지음 | 388쪽 | 값 18,000원

 일제강점기 한국철학
이태우 지음 | 448쪽 | 값 25,000원

▶ 창의적인 협력 수업을 지향하는 삶이 있는 국어 교실
우리말 글을 배우며 세상을 배운다

 중학교 국어 수업 어떻게 할 것인가?
김미경 지음 | 340쪽 | 값 15,000원

 토론의 숲에서 나를 만나다
명혜정 엮음 | 312쪽 | 값 15,000원

 토닥토닥 토론해요
명혜정·이명선·조선미 엮음 | 288쪽 | 값 15,000원

 인문학의 숲을 거니는 토론 수업
순천국어교사모임 엮음 | 308쪽 | 값 15,000원

어린이와 시
오인태 지음 | 192쪽 | 값 12,000원

 수업, 슬로리딩과 함께
박경숙 외 지음 | 268쪽 | 값 15,000원

▶ 남북이 하나 되는 두물머리 평화교육
분단 극복을 위한 치열한 배움과 실천을 만나다

 10년 후 통일
정동영·지승호 지음 | 328쪽 | 값 15,000원

 선생님, 통일이 뭐예요?
정경호 지음 | 252쪽 | 값 13,000원

 분단시대의 통일교육
성래운 지음 | 428쪽 | 값 18,000원

 김창환 교수의 DMZ 지리 이야기
김창환 지음 | 264쪽 | 값 15,000원

 한반도 평화교육 어떻게 할 것인가
이기범 외 지음 | 252쪽 | 값 15,000원

▶ 출간 예정

참된 삶과 교육에 관한 생각 줍기